L'ARGENT NOIR

DU MÊME AUTEUR

Les Émirs de la République, en coll. avec Jean-Pierre Séréni, Seuil, 1982.

Les deux bombes, Fayard, 1982.

Affaires africaines, Fayard, 1983.

V, l'affaire des « avions renifleurs », Fayard, 1984.

Secret d'État, Fayard, 1986.

Les Chapellières, Albin Michel, 1987.

La Menace, Fayard, 1987.

PIERRE PÉAN

L'ARGENT NOIR

Corruption et sous-développement

FAYARD

A l'homme du fleuve,
droit comme un I
sur la pirogue de la vie.

CHAPITRE I

LA CORRUPTION TUE

Plus que la peste hier et le sida aujourd'hui, la corruption tue. Pour parler clair, en détournant à leur profit l'argent public, en méprisant, au-delà de toute décence, l'intérêt général, de nombreuses élites du Tiers monde doivent être tenues pour responsables, au moins partiellement, de la misère dans laquelle croupissent au moins deux milliards d'êtres humains. Par un enchaînement pervers et souvent mécanique, la corruption est devenue l'un des facteurs essentiels du sous-développement. Traitée généralement à la rubrique « faits divers », elle devrait, dans certains cas, passer à celle des « crimes contre l'humanité ».

Sans doute intimidés par la « raison d'État », ni les experts ni les hommes politiques ne lui reconnaissent la place qu'elle mérite : un rouage déterminant dans l'économie du Tiers monde. Nommer soudain, au grand jour, les responsables de la corruption engendrerait nombre de problèmes diplomatiques qu'il est bien plus confortable d'éviter. Mais, faute d'une telle audace, le traitement de certaines questions graves comme celle de la dette du Sud à l'égard du Nord devient impossible, puisqu'il s'appuie sur un diagnostic incomplet.

Cette pudeur est particulièrement étonnante au pays des Droits de l'homme. Un des fondements de la République n'est-il pas l'intégrité des élus et celle des fonctionnaires ? Le mot

« corruption » apparaît d'ailleurs dès le prologue de la Déclaration du 26 août 1789 : « Les représentants du peuple français, constitués en Assemblée Nationale, considérant que l'ignorance, l'oubli ou le mépris des Droits de l'Homme sont les seules causes des malheurs publics et de la *corruption* des gouvernements... » Si le principe d'universalité des Droits de l'homme est admis par tous les pays d'Occident, son corollaire, la dénonciation de la « corruption des gouvernements », ne l'est pas.

Comment expliquer cette extraordinaire discrétion, cet « oubli » suspect ? La première réponse est noble et s'appuie sur une maxime de bon sens : avant de dénoncer les autres, il serait bon de balayer devant sa porte. Et il est bien vrai que ce fléau n'est pas une spécialité du Tiers monde. La corruption existe — et a toujours existé — dans nos pays du Nord. Cependant, si l'on excepte peut-être l'Italie, l'« argent noir » chez nous demeure marginal et son existence ne menace pas, comme dans les pays sous-développés, le tissu économique et social.

Mais cette pudeur a une autre source, plus intéressée : en principe passible des tribunaux, la corruption est tolérée, voire encouragée lorsqu'il s'agit de faciliter la vente des produits *made in France*. Dans les années 70, quand les prix du pétrole sont soudain multipliés par quatre, l'équilibre de la balance commerciale devient un objectif de plus en plus difficile à atteindre. C'est alors que la corruption prend toute sa mesure. Elle est l'*arme secrète*, essentielle pour gagner la guerre économique que se livrent les grands pays industrialisés en vue de conquérir les marchés de la pauvreté. Dans l'arsenal mis en place pour récupérer la part de notre richesse nationale amputée par l'O.P.E.P., la corruption tient alors une place déterminante. Des dizaines de milliards de francs ont ainsi été dérivés vers des comptes en banque secrets de présidents, princes, ministres et hauts fonctionnaires de pays pauvres... Certes, la corruption existait avant l'envolée des prix du pétrole et d'autres matières premières, mais, depuis 1973, elle a changé de nature. Son rôle est devenu capital dans le commerce international. Il est donc naturel que les responsables qui, en France et ailleurs, ont couvert ces pratiques ne soient guère disposés à la franchise ou à la dénonciation.

Pour maintenir notre train de vie, nos exportateurs ont vendu au Sud n'importe quoi. Il s'agissait d'abord de faire tourner l'entreprise « France ». Et tant pis si les usines clés en main, les armes ou les autoroutes ne servaient à rien ; tant pis si les pays acheteurs s'en trouvaient ruinés pour longtemps.

Pendant une dizaine d'années, le système a bien fonctionné, sans à-coups ni crises de conscience. Les ministres successifs du commerce extérieur, mais aussi les Premiers ministres, voire les Présidents se glorifiaient de « contrats du siècle ». L'argent coulait à flots dans les circuits financiers internationaux. Le problème principal qui se posait à l'époque était luxueux : le « recyclage des pétrodollars ». Tout le monde se demandait de quelle façon profiter au mieux des dizaines, puis des centaines de milliards de dollars venus du Golfe persique, comment et où placer la manne pétrolière. Les banquiers occidentaux trouvèrent vite la solution. Sautant de capitale en capitale d'Afrique, d'Asie, sans oublier l'Amérique latine, ils s'employèrent à vendre l'argent des émirs aux dirigeants du Tiers monde. Dans le même temps, les marchands de tout acabit fondirent comme des vautours sur ces mêmes dirigeants. Les pays du Sud achetèrent. Et s'endettèrent. Les élites du Sud décidèrent ou intercédèrent. Et s'enrichirent... Et lorsque, brutalement, le Tiers monde cessa de payer ses dettes, lorsqu'il ne lui fut bientôt plus même possible de régler les seuls intérêts de ces dettes, le Nord s'aperçut qu'il y avait quelque chose de pourri au royaume du commerce. Au sommet de Venise, en juin 1987, les leaders des pays industrialisés reconnurent qu'il fallait traiter de toute urgence ce problème de la dette des pays les plus pauvres d'Afrique, faute de quoi le Nord ne sortirait pas indemne des turbulences qu'il avait lui-même engendrées. Au sommet suivant, à Toronto, les sept

Grands décidèrent d'éponger en partie le passif des plus démunis.

La famine endémique de quelque huit cents millions d'êtres humains, la misère de près de la moitié des habitants de notre planète ne sont pas dues aux seuls aléas de la météorologie et de la nature des sols, ni aux seuls écarts des technologies, ni même au seul « impérialisme » du Nord... Alors que toutes les énergies devraient se mobiliser pour relever le défi du sous-développement, de trop nombreux chefs de bande dirigent leurs pays sans souci aucun des populations qui y crèvent de faim. Des Marcos, Ortega et autres Duvallier, comme beaucoup de leurs collègues, n'ont pensé qu'à accumuler des montagnes de dollars hors de leurs pays, dans des comptes numérotés en Suisse ou en d'autres paradis fiscaux. D'après nombre de sources convergentes, celui qu'un universitaire américain a appelé « le plus grand voleur des annales du crime », Mobutu Sese Seko, aurait confisqué à son seul profit des milliards de dollars (en tout cas un chiffre supérieur à la dette extérieure de l'ancien Congo belge). Si l'information est fondée, chacun peut aisément imaginer les effets dévastateurs, pour le Zaïre et ses 27 millions d'habitants, d'un tel détournement, qu'il ait été le fait d'un seul ou de plusieurs.

Et il ne s'agit pas seulement là d'évasion de capitaux. La corruption des élites entraîne d'innombrables effets pervers. La plupart des projets dits « de développement » ne sont analysés par ces chefs de bande qu'à travers le prisme du bakchich escompté, si bien que beaucoup d'usines clés en main n'ont été en réalité que des usines à fabriquer... des commissions pour les intermédiaires, et des dettes pour les pays sous-développés, aujourd'hui dans l'incapacité de les rembourser. Autrement dit, la corruption n'a pas seulement majoré le prix des produits, elle a perverti les choix des dirigeants et ruiné dans la société tout esprit d'entreprise : pourquoi faire des efforts quand les combines sont reines ?

Le Nord commence enfin à comprendre qu'au-delà d'un certain seuil, la pauvreté n'est plus exploitable. Et que, finalement, cette politique d'exportations à tout prix coûte cher. Sans compter que la corruption inoculée ailleurs nous menace à notre tour[1]...

1. En approchant notre loupe du phénomène de la corruption, nous avons volontairement laissé de côté les autres facteurs du sous-développement. On voudra bien excuser l'auteur de ce parti pris, mais il existe une très abondante littérature qui en traite doctement, tout en oubliant le plus souvent de mentionner concrètement le facteur... « corruption ».

CHAPITRE II

LA CRAVATE ET LA MACHINE A CORROMPRE

Le 15 décembre 1983, à quelques pas de l'Élysée, dans les salons du Cercle Interallié, Charles Hernu, ministre de la Défense, lit avec beaucoup de chaleur un discours devant le Tout-Paris militaro-industriel. Un rapide « panoramique » permettrait de reconnaître, dans la petite foule qui assiste à la cérémonie, des dirigeants de Dassault, de Thomson, de la S.N.I.A.S., de Matra, etc., des généraux, des contrôleurs généraux, des inspecteurs généraux encore en poste à la Direction générale de l'Armement ou venant de « pantoufler »chez l'un ou l'autre des grands fabricants d'armes de la place. Des banquiers sont venus, ainsi qu'un conseiller de l'Élysée, quelques ambassadeurs et préfets, des Libanais, quelques très riches Arméniens, Syriens et Saoudiens, et, bien entendu, le vice-président du Sénat, Étienne Dailly[1]. Tous se sont inclinés, avant l'arrivée du ministre, devant le héros de la fête. Puis Charles Hernu s'est dit « extrêmement touché » d'avoir à remettre la cravate de commandeur de la Légion d'honneur à « un grand ami de la France ».

Le récipiendaire a certainement fait de grandes choses pour la France, car il est rare qu'un étranger atteigne ce grade dans l'ordre créé par Napoléon en 1802. S'agit-il d'un espion

1. Lire à ce propos *D... comme Dailly*, de Claude Roire, Éd. Alain Moreau, Paris, 1988.

d'élite ? Nous a-t-il aidés à gagner une guerre ? Et, si oui, laquelle ?

Charles Hernu conte la vie du futur commandeur. On apprend qu'il a eu la « volonté de découvrir la conscience profonde de la France ». Démarche certes sympathique, mais qui ne suffit pas toujours pour obtenir l'étoile à cinq branches. Puis le ministre explique enfin la raison de la reconnaissance éternelle de la France : Akram Ojjeh est le délégué permanent en Europe du prince Sultan, le ministre saoudien de la Défense, et dans les relations avec un « pays où dominent les marchés d'État, l'amitié des princes n'est pas un mince atout ». L'homme d'affaires saoudien qui, selon Charles Hernu, a le « génie des relations commerciales », est récompensé pour avoir aidé la France à gagner la bataille du commerce extérieur. Les grandes sociétés ici représentées lui doivent quelques gros contrats pour des montants dépassant au total la centaine de milliards de francs !

Le « génie » d'Akram Ojjeh, c'est la distribution de pots-de-vin et de bakchich. Dans le Golfe persique, mais aussi en France. Tous ceux qui participent à la petite sauterie de la rue du Faubourg-Saint-Honoré le savent bien. Le « génie » est loué avec d'autant plus de force par Charles Hernu qu'en cette fin 1983, Français et Saoudiens mettent au point les détails d'un gigantesque contrat (Shahine) qui sera rendu public moins d'un mois plus tard.

Ainsi la République française honore un grand corrupteur. En principe, la Justice pourrait lancer un mandat contre lui, puisqu'il exerce ses talents en territoire français. « Quand c'est vraiment très gros, c'est la loi du silence qui s'applique... Vous imaginez un policier déclencher une enquête contre Akram Ojjeh ? » dit en souriant le spécialiste des problèmes de corruption au parquet de Paris.

Il n'est pas facile d'enquêter dans un domaine où la réalité entière est en trompe l'œil. « A quoi ça sert de lever le voile ? » dit l'un. « On ne peut pas faire autrement », dit l'autre. « Dans ces pays-là, ce n'est pas comme chez nous, un petit bakchich n'est pas considéré comme de la corruption. » Et quand les rares initiés acceptent de distiller quelques révélations, c'est en échange du serment que leur anonymat sera protégé. « La corruption est une donnée. Elle est reconnue par l'Administration. Elle est indispensable pour obtenir de grands marchés, car tout le monde la pratique. Ses taux varient selon les matériels. » Pour ce haut fonctionnaire de la D.R.E.E. (Direction des Relations économiques extérieures, installée quai Branly, et dont la fonction principale est de soutenir notre commerce extérieur), les bakchich ne valent pas un débat. Ils sont aussi naturels que Noël en décembre. Et le grand serviteur de l'État d'égrener sans complexe les noms de grands distributeurs français de « commissions » : Bouygues, Spie-Batignolles, Alsthom, C.G.E., Thomson, Doumenc, etc., etc... Il se livre même à un rapide calcul : « Dans le domaine civil, la corruption s'applique aux contrats de biens d'équipement et à l'agro-alimentaire. Soit quelque 100 milliards de francs par an. Appliquons à ce chiffre un taux moyen de 10 % : l'"arrosage" se monte à 10 milliards de francs. »

Deux documents officiels récents — les conclusions de la commission d'enquête sur l'affaire des « avions renifleurs » et le rapport Barba sur l'affaire Luchaire — ont révélé au grand public l'existence de ces pratiques, et ils fournissent même quelques indications sur la façon dont les grandes sociétés opèrent pour sortir discrètement de l'« argent noir ».

Alexandre de Marenches, l'ancien patron des services secrets français, a déclaré tranquillement devant les parlementaires de la commission d'enquête chargée de voir clair dans le premier de ces scandales : « Il est tout à fait normal que de grandes sociétés, d'État ou non, aient besoin, pour certaines opérations à l'étranger, de distribuer des bakchich : autrement, elles ne feraient pas d'affaires... » Ce sont des sociétés spéciales, installées dans des paradis fiscaux et totalement inconnues du public, qui se chargent du versement des fonds. Dans l'affaire des « avions renifleurs », l'homme qui, pour le compte de l'État, contrôlait les comptes de la société pétrolière Elf, écrit avec beaucoup d'humour à son successeur la raison pour laquelle il ne s'était pas aperçu de la « fuite » de centaines de millions de francs :

> « ... Les comptes de l'Erap — qui étaient de simples comptes de cuisinière — ne faisaient rien apparaître au sujet de cette affaire. Toutes les opérations s'étaient déroulées à l'étranger dans des filiales dont certaines étaient inconnues (par exemple A.M.D.E.N.) et dont le financement était assuré par des emprunts qui n'étaient approuvés par aucun conseil d'administration. Aucune caution n'avait été donnée par l'Erap, ni par la S.N.E.A., ni par une filiale déclarée. Il aurait fallu être plus malin que je ne le suis pour connaître Fisalma en Amérique latine, A.M.D.E.N. au Liechtentstein, etc. Aucune dépense ne figurait dans les comptes de l'Erap ou de la S.N.E.A. »

Cité dans le rapport Barba, Daniel Dewavrin, le P.-D.G. de Luchaire, déclare quant à lui : « Sur le plan financier, les frais commerciaux exceptionnels (F.C.E.) ont été importants (100 millions de francs) et versés par le Banco Nazionale de Lavoro en Suisse au profit des différents intermédiaires italiens et iraniens ; les transferts de fonds qui nécessitaient une autorisation du ministre de l'Économie et des Finances ont été obtenus grâce à l'accord donné par le cabinet du ministre de la Défense. » En quelques lignes, on apprend le nom pudique donné aux bakchich : les « F.C.E. », leur importance (100 millions sur des marchés d'environ 700 millions, soit près de 15 %), et la bénédiction qui leur a été accordée par deux ministères.

Tous les grands marchés d'armes impliquent en effet un accord entre le cabinet du ministre de la Défense et celui de l'Économie et des Finances. Une fois l'accord réalisé — souvent après de très dures tractations au cours desquelles la rue de Rivoli tente de limiter au maximum le montant des pots-de-vin —, le grand argentier envoie une note à la Direction générale des Impôts et aux Douanes pour leur signifier, en termes technocratiques, de fermer les yeux sur les transferts de fonds en Suisse (ou ailleurs) effectués par la société qui vient d'emporter tel ou tel « contrat du siècle ». L'État ne peut en effet rester indifférent aux pots-de-vin : tant à l'égard du contrôle des changes (transferts illégaux de fonds à l'étranger) qu'à celui de la législation fiscale (les commissions sont des charges de l'entreprise et diminuent d'autant l'assiette de l'impôt sur les bénéfices ; autrement dit, par ce biais, le Trésor finance une partie des commissions occultes), l'Administration se doit de prendre position.

De manière générale, comment pratiquent les sociétés françaises qui veulent corrompre avec la bénédiction officielle ? Les très grosses firmes implantées à l'étranger ont l'embarras du choix entre les moyens, et, bien souvent, elles ne prennent même pas la peine de prévenir l'Administration. Les sorties occultes d'argent peuvent, par exemple, s'effectuer facilement par le biais d'une filiale et par la méthode bien connue de la surfacturation. Une usine clés en main dont le prix est de 100 millions de dollars — dont 10 de pots-de-vin — sera vendue par le groupe français 90 millions à une de ses filiales étrangères qui à son tour la cédera pour 100 millions à l'acheteur et ristournera 10 millions à l'heureux intermédiaire. Le groupe ne sortira ainsi de France aucun bakchich. Des sociétés spécialisées dans de telles opérations existent notamment à Hong-Kong et en Suisse. Avec l'accord de l'Administration — et pour plus de souplesse —, certaines sociétés disposent même de filiales dont l'objet social officiel est d'effectuer des opérations en devises étrangères, y compris le paiement de pots-de-vin. C'est par exemple le cas de Renault, avec Renault-Finances. Mais la Régie doit fournir chaque année un compte rendu succinct de ses opérations financières.

Tous les exportateurs ne disposent pas de ces facilités et s'appuient sur la garantie de l'État pour leurs opérations hors de l'hexagone, garantie gérée par un organisme d'assurance-crédit appelé Coface, qui dépend du ministère de l'Économie et des Finances. Cette police d'assurance, qui couvre tous les risques, et d'abord celui du non-paiement, est accordée après passage devant une « Commission des garanties[1] » constituée de hauts fonctionnaires. A l'alinéa 13 de la demande d'assurance-crédit, on peut lire : « *commissions payables à l'étranger* ». C'est sous cette rubrique que se cachent les bakchich et pots-de-vin versés aux hauts responsables politiques et administratifs du Tiers monde. Le fonctionnaire qui instruit le dossier se permet quelques questions indiscrètes au corrupteur. A quelle époque ces sommes doivent-elles être payées ? Ces frais représentent-ils la rémunération d'un service après-vente ? Restent-ils exigibles en cas de non-paiement ? Mais les noms des bénéficiaires ne sont pas demandés. Les indications sur les montants et les modalités de versement peuvent même, à la demande des intéressés, ne faire l'objet que d'une diffusion très restreinte, afin d'éviter que les nombreux banquiers qui voient passer ces polices d'assurance n'en fassent « mauvais usage »...

La « Commission des garanties », on s'en doute, examine avec le plus grand soin ce fameux alinéa 13. Il lui arrive parfois de refuser l'assurance-crédit quand elle sent que tel ou tel projet ne se justifie en fait que par le montant du pot-de-vin. Théoriquement, les pourcentages des bakchich (par rapport au montant total du contrat) sont limités à 5 % pour les pays d'Afrique et à 7,5 % pour les autres pays hors O.C.D.E. Ces limitations déterminent pour chaque police le montant des pots-de-vin qui seraient remboursés par la Coface en cas de sinistre, ce qui n'interdit pas à l'exportateur d'assumer seul le risque d'un bakchich de plus grande ampleur... Ces limitations font évidemment l'objet d'exceptions. Et, pour certaines opérations « sensibles », l'alinéa 13 reste vide ; la demande est alors accompagnée d'un dossier crypté enfermé, après passage devant la Commission, dans les coffres de la Coface. Ces affaires secrètes, qui font l'objet de versements importants, sont généralement très « politiques » et soutenues par l'Élysée

1. Voir à ce sujet, *infra*, le chapitre intitulé « Avec le Sud, ne pas perdre le Nord... ».

et/ou Matignon. Le cabinet du ministre de l'Économie et des Finances en assure directement le suivi.

Le feu vert de la Commission des garanties pour un dossier donné vaut ainsi également pour le pot-de-vin qui l'accompagne. L'État français « blanchit » de la sorte de l'« argent noir » destiné à des souverains ou à des présidents du Tiers monde. En fait, il tient le langage suivant aux exportateurs : si, pour une raison ou une autre, votre contrat venait à être rompu et que vous ayez versé des pots-de-vin à tel roi, tel président ou tel émir, moi, État français, je vous les rembourserai. Si ce « blanchiment » ne vaut pas véritablement *quitus* pour l'administration des Finances, gabelous et agents du fisc donnent en général leur bénédiction au paiement de ces bakchich dès lors que la Commission a accepté la demande de garantie.

Une fois obtenu ce feu vert, deuxième étape : le corrupteur doit faire parvenir l'argent aux corrompus. Pour les petites opérations, ce sont les banques, en qualité d'intermédiaires agréés, qui se chargent de la sortie des bakchich à destination de l'étranger. Mais dès que certains seuils sont dépassés, les sociétés doivent solliciter l'accord de la rue de Rivoli. C'est ainsi que, dans la pratique, les grands noms de nos exportations, tant civiles que militaires, se retrouvent régulièrement dans le bureau du numéro 2 des Douanes pour y être « confessés ». Là, dans le plus grand secret, sont fournis les noms des bénéficiaires et les numéros des comptes correspondants en Suisse ou en d'autres paradis fiscaux. Le Grand Douanier note ces indications. « J'ai dans mon bureau un coffre qui contient une puissance explosive bien supérieure à celle de la bombe d'Hiroshima », se plaisait à répéter un des « confesseurs » officiant au cours de ces dernières années. Pour des opérations hors normes mais de moindre envergure, l'exportateur se rendra à la Tour des Dames, dans un immeuble appartenant aux Douanes. C'est une femme au patronyme arménien qui reçoit, au deuxième étage, les petits et moyens corrupteurs. Son bureau est encombré d'armoires de fer aux serrures renforcées, riches de bien des secrets... L'exportateur lui remet une lettre décrivant l'affaire, le montant de la commission envisagée, la banque qui effectuera le transfert et le numéro du compte du destinataire. Figurera également un engagement sur l'honneur de l'exportateur qu'il ne sera pas lui-même le bénéficiaire de ses propres largesses. La dame des Douanes, devenue experte en corruption, connaît bien son monde. Fort avenante, elle prend connaissance de la missive du corrupteur, demande quelques explications complémentaires, puis lance la question clé :

— A qui est destinée la commission ?

Puis elle inscrit le (ou les) nom(s). La séance est terminée. Il ne reste plus à l'exportateur-corrupteur qu'à prendre congé. La dame des Douanes passera quelques coups de téléphone, notamment au bureau des Affaires internationales de la Direction générale des Impôts (D.G.I.). Quelques jours après l'entretien, elle fera connaître sa décision. En cas d'accord, la banque du corrupteur, informée par la dame des Douanes, assurera le transfert du bakchich vers un compte numéroté, sans exiger de son client la moindre facture ni un quelconque justificatif.

Mais que fait donc le dirigeant de P.M.E. qui, lui aussi, se trouve obligé de corrompre et ne sait comment s'y prendre ? Son premier réflexe sera de se rendre quai Branly, à la D.R.E.E., qui est la protectrice naturelle bien connue des exportateurs. Là lui sera indiqué le nom d'un fonctionnaire, le numéro de son bureau et celui de son poste téléphonique. Installé dans une minuscule pièce au second étage, à quelques mètres du ministre du Commerce extérieur, un ancien agent du fisc sert de cicerone aux béotiens du bakchich. Pour les petits pots-de-vin, il décrochera lui-même son téléphone et défendra le dossier de son « client » auprès des Douanes et/ou de la D.G.I., les directions redoutées de tous les exportateurs.

Pendant longtemps, les deux mastodontes — Direction générale des Douanes et Direction générale des Impôts —

eurent des conceptions différentes sur la façon de traiter les bakchich. Les entreprises pouvaient donc être soumises à un double contrôle : un contrôle *a priori* des Douanes, autorisant ou non le transfert de fonds, et un contrôle *a posteriori* des agents du fisc décidant si, oui ou non, l'exportateur pouvait déduire ces commissions de l'impôt sur les sociétés. Une véritable épée de Damoclès était ainsi suspendue au-dessus de la tête des patrons qui avaient, avec l'accord des gabelous, envoyé en Suisse ou ailleurs de grosses commissions à tel président, ministre ou haut fonctionnaire étranger. Dans une réponse à une question orale du député U.D.F. Gérard Longuet, le ministre du Budget répondait en effet, le 13 octobre 1980 : « Le bien-fondé de la déduction de charges indirectes liées à la conclusion d'affaires à l'exportation ne peut être apprécié par l'Administration qu'*a posteriori*, généralement lors de la vérification de la comptabilité versante. » Concrètement, une entreprise qui avait obtenu l'accord des Douanes pour le versement d'une commission à l'étranger pouvait subir la réintégration de son montant dans ses bénéfices. Ainsi, une commission de 100 versée avec l'accord des Douanes et qui n'aurait en réalité coûté que 50 à l'entreprise (puisqu'elle serait venue diminuer d'autant le bénéfice frappé d'un impôt de 50 %), aurait pu, après réintégration dans les résultats imposables, se traduire par un coût réel (pénalités comprises) de près de 400, soit près de huit fois la charge initiale prévue.

Le risque de réintégration était d'autant plus grand que les conditions légales de la déductibilité sont draconiennes et difficiles à réunir dans la pratique. Le fisc veut en effet tout savoir, notamment l'identité du destinataire final du bakchich, alors que, souvent, interdiction est faite à l'exportateur de livrer ce nom, sous peine de perdre le marché. Une identité qu'au demeurant le vendeur ne connaît pas toujours, puisqu'il ne traite généralement qu'avec des intermédiaires dont le rôle est précisément de servir d'écran, avant qu'il ne soit procédé à la répartition des pots-de-vin, entre tous ceux qui sont censés avoir participé à l'obtention du marché. Le fisc impose également au corrupteur de prouver que la commission rémunère bien un « service rendu ». On imagine la difficulté de satisfaire à une pareille exigence...

Les entreprises exportatrices, au nom de l'égalité des chances avec leurs concurrentes étrangères, ont bataillé pour assouplir les règles inquisitoriales de l'Administration. La rue de Rivoli était partagée entre deux exigences contradictoires : celle de favoriser les exportations, dont l'économie française avait un si grand besoin, et celle de ne pas se faire gruger par les exportateurs. Or le fisc se trouve dans l'impossibilité de suivre la véritable destination des pots-de-vin. Dès qu'ils sont parvenus en Suisse, il perd leur trace. Et il redoute par-dessus tout le retour à l'envoyeur... Rien de plus facile, en effet, pour un exportateur, que de récupérer tout ou partie des sommes censées rémunérer tel « roi nègre » ou tel émir du Golfe...

A la fin de 1984, les Douanes et la D.G.I. sont parvenues à s'entendre sur la délicate question des bakchich. L'accord donné par les Douanes à un transfert de fonds ne sera désormais plus remis en cause par le fisc, sous réserve que ce transfert soit effectué dans les conditions exactes exposées aux douaniers. Le fisc continue néanmoins de suivre de très près les flux d'« argent noir ». Il sait que nombreux sont les mauvais contribuables qui masquent des transferts illégaux par de prétendus pots-de-vin versés dans les pays en voie de développement.

Pour ne pas demeurer en reste, les gabelous de la D.N.E.D. (l'« anti-gang » des Douanes) tentent d'ailleurs à leur tour de corrompre des employés des banques suisses pour savoir si les flux de lingots et d'argent destinés théoriquement aux rois, émirs et présidents du Tiers monde ne reviennent pas, après quelques détours, vers la France. Leurs découvertes sont souvent explosives, mais pas toujours révélées : le financement des partis politiques provient en effet pour une part de ces « retours au pot ». Mais, comme en ce domaine tout le monde se « tient par la barbichette », les dossiers chauds dorment tranquillement rue de Rivoli.

Ainsi, l'Administration, sous la pression des responsables économiques, a sans enthousiasme desserré son carcan. En cas de besoin, elle n'hésite pas à revenir sur ses promesses. La Direction générale des Impôts a ainsi diffusé dans ses services, au début de 1985, une note confidentielle donnant ordre à ses agents de se montrer sévères dans leur appréciation du bien-fondé des bakchich. La note interdit également les versements en espèces. Pour être clair, les fonctionnaires estiment que l'utilisation du bakchich vaut présomption de fraude. Ils disposent d'ailleurs encore d'un arsenal juridique solide (articles 39-1-1° et surtout 238 A du Code général des Impôts) pour piéger les filous.

Vouloir gagner la guerre économique vaut raison d'État, donc recul de l'État de droit. Secrètement, sans que des instructions officielles soient envoyées dans les ministères concernés, maintes pratiques illégales sont ainsi tolérées. Les gouvernements successifs et l'Administration (avec réticence) acceptent que d'importantes sommes d'« argent noir » sortent de France pour corrompre des responsables étrangers. On institutionnalise l'hypocrisie, voire la délinquance financière. Ce recul accepté de l'État de droit est d'autant plus paradoxal et dangereux que ceux qui donnent leur aval à ce jeu illégal savent bien qu'une partie des bakchich autorisés revient dans les caisses des partis politiques pour alimenter le jeu... républicain. Effet boomerang qui risque de porter atteinte une seconde fois aux règles de fonctionnement de la démocratie.

Depuis Robespierre, et peut-être à cause de lui, les Républiques ont développé une politique ambiguë à l'égard de la corruption. La lutte contre ce fléau rappelle par trop la Terreur. « D'où vient le mal ? Des bourgeois ! » écrivait « l'Incorruptible ». A ses yeux, la corruption bourgeoise expliquait les difficultés rencontrées par la République naissante. Si le pain manquait, la spéculation sur les farines en était la cause. Depuis Thermidor, le culte de la vertu n'a jamais été célébré avec grande ferveur. L'ombre de l'échafaud porte encore loin.

Les « affaires » de corruption n'ont cessé depuis lors de ponctuer la vie politique, mais la Justice est devenue bonne fille avec les corrompus. Pour avoir été impliqué dans le scandale de la Compagnie des Indes, Chabot fut exécuté en 1794. Un siècle plus tard, Baihaut, ministre des Travaux publics mouillé dans le scandale de Panama, n'écopa que de cinq ans de prison. Écœurée, l'opinion va s'habituer sous la IIIe République à ne voir dans les ministres, parlementaires, magistrats, policiers et journalistes, que des cohortes de pillards des deniers publics. En 1934, avec l'affaire Stavisky, le discrédit jeté sur la République atteindra une sorte d'apothéose. Dans les maquis de la Résistance, beaucoup ont rêvé de rétablir la vertu comme base cardinale de la nouvelle ère. Puis les « affaires » ont repris : trafic de piastres, scandales révélés par Aranda, « affaires des diamants » et malversations diverses ont fait les choux gras du *Canard enchaîné*, tout en étant désormais banalisées. Les soupçons de corruption pesant sur l'élu, ministre, député ou maire, ne ruinent plus sa carrière. Mais peuvent fort bien ruiner celle de l'accusateur... Ce sont les incorruptibles qui auraient aujourd'hui vocation à périr sur l'échafaud — un échafaud plus « doux », il est vrai, fait de silence condescendant et de mise au placard....

A la faveur de ce fossé de plus en plus large entre principes et pratiques, il n'est pas étonnant que se soit forgée, avec l'accord de l'*establishment* politique et économique, une arme secrète, sorte d'Exocet destiné au Tiers monde, dont la nation entière préfère ignorer les dégâts meurtriers. Les grands corrupteurs ne portent-ils pas tous les insignes auxquels on reconnaît les meilleurs serviteurs de la République ?

CHAPITRE III

AU DÉBUT ÉTAIT LE QUADRUPLEMENT DES PRIX DU PÉTROLE

Le 6 octobre 1973, le Président Sadate donne l'ordre à son armée de franchir le canal de Suez. Contre toute attente, les Égyptiens réussissent une percée spectaculaire. Les Israéliens, qui occupent l'autre rive du canal depuis la guerre de 1967, reculent. Et tandis qu'un gigantesque ballet diplomatique tente de contenir le conflit, le Raïs envoie un émissaire auprès du roi Fayçal d'Arabie Saoudite pour lui demander de cesser ses livraisons de pétrole aux pays industrialisés si les États-Unis acceptent de remplacer le matériel israélien détruit pendant la guerre.

L'idée est simple et court depuis quelques mois les capitales du Moyen-Orient : le pétrole arabe est nécessaire à la survie de l'Occident. Utilisons-le comme une arme pour parvenir à un règlement équitable du problème palestinien. Le marché pétrolier rend possible un tel chantage : faute d'investissements suffisants, l'offre reste généralement inférieure à la demande. Parmi les pays exportateurs de pétrole réunis dans un cartel, l'O.P.E.P., les pays du Golfe persique, où se trouvent les deux tiers des réserves mondiales de pétrole, ont une position dominante. Déjà, l'Arabie Saoudite et son vizir des hydrocarbures, Ahmed Zaki Yamani, devenu un peu plus tard aussi célèbre que Robert Redford ou la reine d'Angleterre, y font la pluie et le beau temps. Dans un tel contexte, le monde entier s'attend à une hausse des cours. Même les États-Unis semblent encourager discrètement une augmentation des prix qui leur permettrait de mieux exploiter leur propre sous-sol et d'envisager, à terme, une moindre dépendance de leurs approvisionnements vis-à-vis du Moyen-Orient.

Le 16 octobre, les ministres du pétrole du Golfe se retrouvent donc dans la « Golden Room » de l'hôtel Hilton de Koweit. Leurs débats marquent un tournant capital dans l'histoire pétrolière : désormais, la fixation des prix affichés sera de la seule compétence des États producteurs. Les compagnies ne seront plus consultées, et les prix affichés seront étroitement liés à ceux du marché. Ainsi, se référant à des contrats récents, les Six pays (Arabie Saoudite, Koweit, Abou Dhabi, Irak, Qatar et Iran) estiment que le prix de marché a augmenté de 17 %. A partir de ce nouveau cours, ils déterminent un prix « affiché » qui doit être égal à 140 % du prix du marché. Cette mesure entraîne donc une augmentation de 70 % des prix affichés. Jamais dans le passé on n'avait enregistré une telle hausse.

Mais les Six ont pris une autre décision qu'ils communiquent le lendemain : celle d'utiliser l'arme du pétrole dans la guerre du Kippour-Ramadan. Cette menace vise la communauté internationale tout entière, tenue pour responsable de la non-application de la résolution 242 prise par le Conseil de Sécurité de l'O.N.U. le 22 novembre 1967. Cette résolution exige d'Israël le retrait des territoires occupés pendant la guerre des Six Jours. Or la communauté internationale n'a rien fait pour obliger les Israéliens à appliquer cette résolution.

En outre, les pays pétroliers arabes estiment qu'ils font un sacrifice pour le bien-être des pays industriels en puisant dans des réserves pétrolières limitées, au-delà du niveau requis par les besoins de leurs économies. Ils ont résolu de cesser ce sacrifice tant que les Occidentaux n'auront pas obligé Israël à appliquer la loi internationale. La pression, selon eux, doit venir des États-Unis. Le scénario est simple : les pays industrialisés, affolés par la pénurie, vont se retourner vers Washington, principal responsable de la situation en raison de son soutien inconditionnel à Israël, et contraindre l'Administration américaine à changer de politique. Comme si l'Europe et le Japon disposaient d'une telle influence sur l'Amérique !

Les Arabes vont ainsi réduire de 5 % leur production par rapport au niveau de septembre 1973. Et chaque mois, elle sera diminuée du même pourcentage jusqu'au « retrait total des forces israéliennes de tous les territoires occupés en juin 1967 et la récupération par le peuple palestinien de ses droits légitimes ». C'est frapper juste, puisque toute la communauté internationale est ainsi touchée. Seuls les « amis » des pays arabes (France et Espagne notamment) font exception : il est prévu qu'ils recevront des quantités inchangées.

Bien que la décision vise directement ou indirectement les États-Unis, ceux-ci font toutefois l'objet d'égards spéciaux : « Les ministres arabes font appel à tous les peuples du monde et en particulier au peuple américain pour qu'il soutienne la nation arabe. » Ce communiqué, diffusé au soir du 17 octobre à l'hôtel Hilton de Koweit, porte l'empreinte du Cheikh Yamani, ami fidèle des Américains. Il y est fait référence à trois reprises aux sacrifices des pays exportateurs qui exploitent plus de pétrole qu'il n'en faut pour satisfaire leurs besoins : c'est surtout le cas de l'Arabie Saoudite. Et la mention des mots « peuple américain » reflète l'espérance des Saoudiens que le problème sera réglé par Washington. En contrepartie de ce règlement, « les Arabes s'engagent à satisfaire tous les besoins du monde en pétrole dès que le monde aura montré sa sympathie envers les Arabes et dénoncé l'agression dont ils sont l'objet ».

Ce nouveau cocktail de pressions politiques et économiques provoque sur l'instant un nouvel envol des prix, et chacun tente comme il peut de garantir son approvisionnement... La situation du marché en cette fin d'année 1973 est telle que les ministres du Pétrole réunis à Téhéran sous le patronage du Shah décident une nouvelle augmentation. Cette logique de hausses durera jusqu'au début de la décennie suivante. Alors, les nouveaux investissements auront fini par porter leurs fruits, le marché deviendra pléthorique et s'achèvera ainsi l'âge d'or de l'O.P.E.P.

Cette brutale flambée des prix, perçue d'emblée comme une grande victoire du Tiers monde, a entraîné depuis lors de profondes transformations dans l'économie mondiale, qui sont loin d'avoir été toutes favorables aux pays en voie de développement. Elle porte en germe l'explosion du phénomène de la corruption. Peu à peu, la victoire du Sud va en effet se transformer en défaite.

Sur les rives du Golfe persique, 75 milliards de dollars jaillissent du sol dès 1974. Au cours des années suivantes, la manne pétrolière dépassera les 100 milliards... Abdel Aziz, parti du Koweit en 1902, a fait la conquête des déserts d'Arabie. Il lui a fallu trente années pour imposer son autorité et celle de sa tribu, les Saoud, sur les provinces de Hassa, du Nedj et du Hedjaz, du Golfe aux bords de la mer Rouge où se trouvent les lieux saints de l'Islam, La Mecque et Médine.

Ce nouveau royaume, grand comme quatre fois la France, n'a eu longtemps pour principale ressource que l'argent des pèlerins. Sa modernisation est récente. L'électricité n'a été installée qu'en 1952, contre la volonté des Ulémas hostiles à tout ce qui pouvait venir d'Occident. Et Ibn Séoud, créateur du royaume, a eu autant de mal à imposer le téléphone que Fayçal en a eu à imposer la télévision, cette « œuvre du diable ». *Imposer* est le mot, car la famille Saoud règne sans partage. Les princes de Ryad comme les émirs voisins du Koweit, d'Abu Dhabi, de Bahrein, de Qatar, considèrent leur pays comme leur chose.

Le roi Fayçal, troisième fils d'Ibn Séoud, conduit l'Arabie depuis 1964 comme un chef tribal. Sa table et sa salle de réception restent largement ouvertes aux Saoudiens qui, selon la tradition musulmane, viennent y remettre leurs doléances. Le monarque a gardé des goûts simples et préfère une maison bourgeoise au somptueux palais construit par son père. Il n'y a ni élections ni partis politiques en Arabie. Tout au plus des clans à l'intérieur de la famille royale (elle représente à elle seule 5 000 personnes). Le vieux monarque ne veut pas d'un développement trop rapide de son royaume. Il a coutume de répéter : « Nous avons besoin de tout dans ce pays. Nous sommes partis de rien et nous devons construire lentement. »

Le quadruplement des prix du pétrole et l'avalanche d'argent qui s'ensuit bouleversent ce pays d'environ huit millions de Bédouins, qui dispose du quart des réserves mondiales d'or noir. Le royaume est agité de profondes convulsions. Le vieux roi est assassiné par un membre de sa famille en mars 1975.

L'homme décoré au Cercle Interallié par Charles Hernu est alors bien placé auprès des princes saoudiens pour agir et toucher sa part du pactole. Qui est Akram Ojjeh ? Né le 21 avril 1918 à Damas, il arrive en 1938 à Paris et veut devenir professeur d'éducation physique. La guerre bouleverse ses plans. En 1942, il se retrouve à Vichy, au ministère de l'Intérieur. Inquiété en août 1944, il est immédiatement relâché et chargé de rétablir les liaisons-radio avec les stations d'Afrique du Nord. Après la guerre, il se lance dans le négoce entre la France et le Moyen-Orient et fonde, le 1er juillet 1946, sa première société d'import-export, les *Deux Mondes* (à la fois tout un programme et une référence à sa propre culture !).

La chance de sa vie est de rencontrer un beau jour, dans sa propriété de Garches, le prince Mansour, ministre saoudien de la Défense, qui souhaite doter le royaume d'une petite industrie d'armement. Akram Ojjeh lui offre ses relations françaises pour l'aider à monter une cartoucherie. Avec le soutien de Brandt et de Manurhin, l'homme d'affaires, qui a reçu entre-temps la nationalité saoudienne, donne satisfaction au ministre. « Le prince Mansour m'a offert la chance d'appartenir à une nation où tout est à faire, à créer. Dans un pays où tous les marchés sont des marchés d'État, l'amitié des princes n'est pas un petit appui... » Ces deux phrases clés d'Akram Ojjeh seront reprises par Charles Hernu dans son allocution au Cercle Interallié.

Il devient ensuite l'agent exclusif de quelques sociétés françaises au Moyen-Orient. Le roi le nomme alors délégué permanent en Europe du ministère saoudien de la Défense et de l'Aviation. A cette époque, les Saoud sont confinés dans un dialogue humiliant avec les dirigeants de l'Aramco, le tout-puissant consortium américain qui exploite le sous-sol du royaume. Ils souhaitent diversifier leurs relations et moderniser progressivement leur pays.

Les relations nouvelles d'Akram Ojjeh sont bien vues à Paris. La pénétration du marché d'Arabie lui vaut d'être adoubé chevalier de la Légion d'honneur dès le 20 mars 1951 par le président Vincent Auriol. Pour faire bonne mesure, Ojjeh crée un hebdomadaire, *Le Monde arabe*, dont l'objectif est de glorifier la coopération franco-arabe.

Cependant, les relations entre la France et le monde arabe se gâtent assez vite. L'attitude de Paris à l'égard des mouvements de libération nationale en est la cause. L'époque est sombre pour Akram Ojjeh, accusé d'infraction à la législation sur les changes. Juste à temps, il quitte la France pour la Suisse et ne reviendra à Paris qu'en novembre 1963...

Patiemment, en dix années d'efforts, Akram Ojjeh renoue les fils cassés entre Paris et Ryad. Depuis 1964, la Société française d'Armement (Sofma), qui s'occupe de l'exportation des matériels fabriqués par les établissements d'État et quelques autres sociétés, tente de vendre des véhicules blindés A.M.L. Panhard à l'armée saoudienne. Pour l'aider dans cette tâche, elle utilise d'abord un intermédiaire belge, André Matossian, lui-même assisté par un Libanais, Walid Koreitem. Déjà, des commissions — encore raisonnables — ont été distribuées à certaines autorités saoudiennes. Dans le courant de 1971, lors de négociations entre les gouvernements de Ryad et de Paris sur la vente de chars AMX 30, les Saoudiens, en accord avec le directeur des Affaires internationales de la Direction de l'Armement au ministère de la Défense, Hugues de l'Estoile, éliminent officiellement les intermédiaires. Koreitem est plus particulièrement visé : il est devenu *persona non grata* en

Arabie, sans doute sous la pression de ses concurrents. Cette disgrâce n'empêchera d'ailleurs pas la Sofma de verser à Koreitem son dû, sitôt le contrat signé. Pour déterminer la somme qui devait revenir au Libanais, il avait été amplement question, dans les discussions et dans les échanges de correspondance, de la « commission destinée à une très haute autorité saoudienne ». Façon pudique de désigner le prince Sultan, en charge de la Défense ? Rien ne permet de le dire ; rien n'interdit non plus de le penser. Tout ce remue-ménage avait en réalité pour seul objet d'installer un nouvel intermédiaire dont la fonction essentielle était d'assurer au mieux la rémunération des services du donneur d'ordres saoudien. Cet homme fort s'appelait... Adnan Kashoggi, lequel avait embauché pour tenir le bureau parisien de sa société Triad... Akram Ojjeh. Celui-ci avait obtenu un intéressement de 10 % sur les affaires de Triad réalisées en France. Le contrat des AMX 30, pour une valeur de 1,115 milliards de francs, fut signé le 7 décembre 1971. La société Triad reçut une trentaine de millions en récompense de ses services.

Jusqu'en 1974, Kashoggi et le patron de l'exportation des armes françaises, Hugues de l'Estoile, sont les passages obligés de toutes les relations entre Paris et Ryad. Mais, non loin d'eux, se tiennent Akram Ojjeh et ses deux fidèles amis français, l'ingénieur général de l'armement Sompeirac et Gérald Cauvin, un des patrons de Thomson-C.S.F. Par exemple, Triad intervient dans ce qu'on a appelé le « contrat Jobert », à la fin de 1973. Du côté français, Hugues de l'Estoile a mené les négociations qui ont abouti à un contrat portant sur la livraison annuelle de 30 millions de tonnes de pétrole brut. Chaque baril de pétrole destiné à la France engendrera près d'un franc de commission, à répartir entre les dirigeants de Triad et des personnalités saoudiennes. Tous les contrats passés par le gouvernement saoudien créeront ainsi des ruisseaux, puis bientôt des rivières de dollars vers les intermédiaires qui, à leur tour, les dériveront vers tel ou tel membre de la famille royale saoudienne. Ce système, qui existait avant le quadruplement des prix du pétrole, a pris une dimension nouvelle en 1973-1974, intermédiaires et princes devenant de plus en plus exigeants.

L'étoile de Kashoggi commence à pâlir en 1974. Le Saoudien a certes rempli son rôle d'écran entre la famille royale et le reste du monde, mais il a toutefois dépassé certaines limites. L'affaire Lockheed a fait trop de bruit, d'autant que les sénateurs américains ont étalé sur la place publique la profonde corruption qui régnait à Ryad. Des rumeurs désagréables ont également couru sur Kashoggi après la mort du roi Fayçal. Il était soupçonné par certains d'intervenir dans les intrigues des palais saoudiens. Akram Ojjeh a eu l'intelligence de prendre à fond le parti du roi Khaled quand celui-ci était malade à Londres et que beaucoup le voyaient déjà renoncer au pouvoir. Son amitié avec le prince Sultan a fait le reste. A partir du début 1975, Akram Ojjeh se substitue progressivement à Kashoggi pour les opérations touchant les pays francophones. Une somme forfaitaire est finalement attribuée en dédommagement à Kashoggi et Akram Ojjeh redevient l'intermédiaire exclusif et obligé des relations franco-saoudiennes. Le 27 décembre 1975, il reçoit de Valéry Giscard d'Estaing les insignes d'officier de la Légion d'honneur.

Le grand public le découvre au printemps 1978 quand il achète le paquebot *France*. L'acquisition du grand navire, qui pourrissait le long d'un quai du Havre, paraît être en réalité un geste de bonne volonté envers notre administration, destinée à se faire pardonner certaines irrégularités fiscales... Les grands magazines publient alors sa photo, évoquent sa flotte d'avions, ses Rolls-Royce, ses Mercedes, ses quatre résidences parisiennes, son château de l'Isle-Adam... Jacques Derogy décrit ainsi dans *L'Express* le Boeing 707 racheté à la M.G.M. d'Hollywood et repeint aux couleurs de Tag, la société d'Akram Ojjeh :

« Sur ce tapis volant qui efface à la fois les contraintes de la promiscuité et l'agacement des douanes, Akram Ojjeh s'est ménagé un domaine intime, à l'écart de son escorte : chambre à coucher, salle de bains, salon privé. C'est qu'il peut rester douze heures en vol sans atterrir. De son lit, à 10 000 mètres d'altitude, il peut téléphoner partout où il y a un téléphone dans le monde. Au bar, le champagne coule en cataractes pour les amis conviés à visionner en plein ciel quelque vidéo-cassette. Le barman, John, n'est pas non plus n'importe qui : c'est l'ancien stewart de l'avion personnel de la reine Elizabeth.

Entre ciel et terre, à 10 000 mètres au-dessus des déserts d'Arabie, l'homme, détendu, philosophe, se raconte un peu : "Mes avions, mes maisons, mes voitures, ce sont pour moi de simples instruments de travail. Je n'ai pas le temps de faire réserver des chambres d'hôtel, de prendre le risque de manquer un courrier aérien, de ne pouvoir improviser une réception, etc. Question d'organisation. Mais je ne cours pas après l'argent. L'argent ne m'intéresse qu'autant qu'il me permet de faire des heureux autour de moi, de réaliser d'autres ambitions, de négocier des contrats difficiles ou obscurs, de susciter des besoins et de pouvoir les satisfaire. Mais pas pour hanter les boîtes de nuit ou les salles de jeu des casinos, dont je me suis fait volontairement exclure depuis octobre 1969. L'émotion du joueur, elle est multipliée à l'infini quand on risque un ou deux millions de dollars dans une affaire qui peut en rapporter cent ou vous coûter votre mise." »

La France, en quelques jours, croit avoir trouvé son prince des Mille et Une Nuits. Alors qu'il n'est qu'un vizir — ou, dans le langage plus prosaïque des hommes d'affaires occidentaux, un simple homme de paille. Certes, Akram Ojjeh n'est pas un prête-nom ordinaire. Il est à l'image de ses mandants : souverain. Et il a toujours réussi — contrairement à son ancien patron Kashoggi — à épargner les éclaboussures des scandales à ses amis royaux. Akram Ojjeh et ses collègues intermédiaires ont en effet pour rôle d'attirer sur eux les feux de l'actualité et de les détourner ainsi des princes.

Ils leur permettent également de placer leur argent en Occident dans le plus complet incognito. Pour créer un écran de fumée sur les affaires princières, Akram Ojjeh a monté un outil efficace : le groupe Tag (Techniques d'avant-garde en France, Trans-Arabian Group en Arabie), constitué d'une quarantaine de sociétés liées entre elles par de savants montages juridiques et installées dans les paradis fiscaux que sont le Luxembourg, la Suisse et le Liechtenstein. Officiellement, Ojjeh détient la totalité des actions des sociétés Tag implantées en Europe. Sa femme et quelques comparses jouent à leur tour dans ces sociétés le rôle de prête-nom. Si l'on peut relever dans la pyramide compliquée du groupe Tag quelques liaisons dangereuses, il est en revanche impossible d'y déceler la moindre trace d'argent royal. Des accords existent pourtant entre Ojjeh et ses mandants, mais ils sont verbaux. Quelles sont les garanties des princes vis-à-vis d'Akram Ojjeh puisque tout s'effectue sous sa seule signature ? La réponse tient en une autre question : quel Saoudien oserait manquer de loyauté à l'égard de la famille royale ?

Toute l'activité d'Akram Ojjeh est fondée sur la confiance, celle que lui témoignent à la fois les princes d'Arabie et les dirigeants de sociétés européennes qu'il introduit à Ryad. Les premiers lui permettent d'exercer sur les seconds les prérogatives de leur toute-puissance.

Exemple : « Le café est dégoûtant », lance-t-il à la fin d'un repas d'affaires, il y a une douzaine d'années, au siège parisien de Thomson. Le lendemain, une camionnette arrive boulevard Haussmann. Un décorateur, suivi de trois plombiers et d'un homme de peine portant un percolateur, en descend et demande à voir le « directeur » : « Puis-je installer la machine à faire des express ? » Le cadre de Thomson est ahuri. « Je vous en supplie, trouvez-moi un endroit, sinon M. Ojjeh va me renvoyer », se lamente l'homme de l'art. L'affaire remonte jusqu'au sommet de l'entreprise... qui donne l'autorisation d'installer la machine dans un couloir. Pas question de refuser les gentillesses « altières » de M. Ojjeh, qui boit désormais du bon café lorsqu'il vient traiter des affaires...

Après l'épisode du *France*, on n'entend plus beaucoup parler d'Akram Ojjeh dans le grand public, sauf lorsque d'anciens associés lui réclament de l'argent : Walid Koreitem le traîne ainsi devant les tribunaux pour une modeste dette de 500 millions de dollars ! Quand il rachète en 1979 les chantiers navals de l'Estérel, son nom revient dans les gazettes. Eu égard à son intense activité, cette discrétion tient du miracle.

Dans le seul domaine de l'armement, Akram Ojjeh joue un rôle capital dans la conclusion de trois énormes contrats. En 1975, Ryad commande à Thomson-C.S.F. et à Matra un dispositif de défense anti-aérienne tout temps et de basse altitude de son corps blindé, composé de chars français AMX 30. En 1980, l'Arabie Saoudite signe encore avec la France un contrat de plus de 14 milliards de francs portant sur la fourniture de quatre frégates de 2 000 tonnes chacune, de deux pétroliers-ravitailleurs de 10 000 tonnes et de vingt-quatre hélicoptères embarqués pour le lancement de missiles air-surface AS-15. En janvier 1984, le gouvernement saoudien achète enfin pour 35 milliards de francs un système d'armes anti-aériennes défensives (Shahine, ce qui veut dire « œil de faucon »). Cette affaire, la plus grosse jamais réalisée par l'industrie française, a été l'occasion de très rudes batailles à l'intérieur de l'appareil d'État. Il s'agissait, semble-t-il, de déterminer le montant de la commission correspondante. Le « pot-de-vin » fut finalement limité à 10 % du montant du contrat, soit environ 3,5 milliards de francs (350 milliards de centimes !).

Tous ceux qui ont eu l'occasion d'approcher ce dossier très sensible n'ont pas manqué de se poser de nombreuses questions :

— de pareilles commissions étaient-elles justifiées ?

— combien touchaient les mystérieuses « autorités saoudiennes » et qui étaient-elles (on parlait beaucoup, parmi elles, d'un des propres fils du roi Fahd) ?

— quelle partie de cette somme revenait en France ? Et au bénéfice de qui ?

Sur ce dernier point, bien des rumeurs ont couru qui toutes évoquaient le financement de partis politiques et reconnaissaient que seules des miettes avaient été attribuées à certains hommes clés du complexe militaro-industriel. Car tel est l'un des effets pernicieux de la corruption : elle atteint aussi ceux qui croient n'être que des corrupteurs...

A partir de 1974, le Veau d'or a aussi élu domicile dans la péninsule arabique. Les Bédouins ont vu défiler des adorateurs serviles, personnalités respectées par ailleurs et souvent respectables, présidents, ministres, grands hommes d'affaires, venus présenter leurs civilités à ceux qu'ils traitaient en nouveaux maîtres du monde, et courbés jusqu'à terre pour tenter de les séduire. Les Bédouins princiers ont eu tôt fait de comprendre et mépriser tous ces quémandeurs, convaincus que tout en Occident pouvait s'acheter. Avec la dîme substantielle qu'ils prélevaient sur toutes les affaires du royaume, ils « bakchichèrent » à leur tour partis, hommes politiques et autres dirigeants occidentaux. Si bien que les Akram Ojjeh, Kashoggi et autres intermédiaires moins connus du grand public devinrent de véritables Janus de la corruption : corrupteurs des princes à partir de la France, corrupteurs de la République à partir de Ryad. Tout Paris a su, par exemple, que la campagne d'affichage et le lancement d'un parti politique créé naguère par un ancien banquier français saisi par le démon de la politique furent financés par Akram Ojjeh. Soutien qui ne fut d'ailleurs guère apprécié par les princes, qui n'y virent qu'une « mauvaise manière » à l'égard du gouvernement socialiste.

Le *New York Times* a montré (en juin 1987) l'ampleur de la diplomatie secrète du pétrodollar. Depuis le début des années 70, l'Arabie a dépensé des milliards de dollars pour financer des mouvements de libération et soutenir des gouvernements modérés. Dans la majeure partie des cas, les largesses saoudiennes ont répondu aux souhaits respectueux du gouvernement américain. Le trésor de la famille royale a ainsi servi de fonds secrets à la Maison-Blanche quand celle-ci ne pouvait ou ne voulait pas les recevoir du Congrès : « Il faut dix secondes au roi Fahd pour signer un chèque. Il faut des semaines de débats au Congrès pour prendre une décision sur la plus petite affaire... » William Quandt, expert des affaires du Proche-Orient et ancien collaborateur du Conseil national de Sécurité sous le président Carter, justifie ainsi avec franchise la collaboration diplomatico-financière qui s'est établie au cours des deux dernières décennies entre Washington et Ryad. « ... Si l'on peut trouver quelqu'un pour régler la facture, c'est bien et c'est pratique », conclut-il.

De l'argent saoudien est également parvenu en Afghanistan, au Nord-Yémen, en Somalie, au Soudan, au Pakistan, au Zaïre et au Nicaragua. L'affaire de l'Irangate a révélé que 32 millions de dollars avaient été ainsi versés aux rebelles anti-sandinistes. C'est Ryad qui finança l'acheminement des troupes marocaines vers Kolwezi lorsque Valéry Giscard d'Estaing décida d'aller prêter main-forte à son ami Mobutu. Les princes ont aidé Savimbi, le leader de l'Unita, dans sa lutte contre le régime angolais. Ils ont soutenu la Somalie qui souhaitait s'affranchir de la tutelle de Moscou. On les retrouve aux côtés du Soudanais Nimeiri — notamment *via* Kashoggi — lorsqu'il entreprend de lutter contre l'agitation entretenue par Kadhafi... L'« argent noir » des princes du désert est ainsi utilisé dans la guerre secrète que se livrent par acteurs interposés les grandes puissances, dans les batailles politiques internes à certains pays occidentaux (argent versé à Nixon par Kashoggi, à des partis politiques français par Ojjeh), dans les luttes fratricides entre pays et sociétés pour décrocher des « contrats du siècle ».

C'est ainsi que la bataille livrée en 1985 entre Paris et Londres pour le marché des avions de combat a laissé des traces profondes après la victoire remportée par les Tornado anglais sur les Mirage de Dassault. Les Français étaient sûrs de gagner. Ils n'ont pas pardonné à Akram Ojjeh de s'être fait battre par Waliq Said, autre intermédiaire, né comme Ojjeh en Syrie, lui aussi naturalisé saoudien et vivant à Londres. Les deux hommes sont également proches du ministre saoudien de la Défense et ont même été pendant un certain temps associés. Ojjeh a été soupçonné d'avoir fourni à Waliq Said des renseignements sur le dossier français. S'il n'a guère défendu la France, ont ajouté certains, c'est parce qu'il avait signé avec son ami un accord secret de partage de la commission. L'*Observer* du 20 octobre 1985 a révélé que les sommes versées par les Britanniques s'élevaient au minimum à 300 millions de livres (et probablement 600 millions : des montants jusqu'alors jamais atteints). Le journal anglais précisait que, selon des sources arabes, « cette commission devait être partagée entre deux ou trois membres importants de la famille royale, deux parents par mariage du roi Fahd et un agent d'affaires lié à deux grands princes », référence probable à Khaled ibn Abdul Aziz el Ibrahim, conseiller du roi et frère de sa dernière femme, et à Waliq Said. L'*Observer* affirmait également que le pourcentage de la commission atteignait 10 %, soit le double des taux habituels.

Les soupçons qui pèsent sur Akram Ojjeh ne sont pas faits pour étonner dès lors que de pareilles sommes sont en jeu et que les pratiques commerciales échappent autant à la logique économique. Il semble (comme l'a révélé le *New Yorker* du 9 juin 1986) qu'en réalité, Ojjeh et Said se soient véritablement battus, mais que le second ait été plus habile. En outre, un prince, Bandar, le quatrième fils de Sultan, ministre de la Défense, serait intervenu directement dans ce combat en établissant une liaison directe entre Margaret Thatcher et le roi Fahd...

La conquête de la Péninsule arabique par quelques tribus de Bédouins aura eu ainsi, au fil du temps, de bien extraordinaires effets sur la moralité de l'Occident[1]...

1. Nous avons fait la part belle à Akram Ojjeh en raison de sa valeur symbolique pour la France, mais nous aurions pu aussi bien faire le portrait de quelques uns de ses grands collègues, comme le Saoudien Gaith Pharaon, ou d'André Kamel qui opère au Nigéria, ou de Saul Eisenberg, le spécialiste des relations d'affaires avec la Chine, de Sarkis, l'Arménien grand marchand d'armes, ou encore de Bruce Rappaport, bien connu en Indonésie et au Gabon, de Henry Fok, le Chinois de Hong-Kong, de Li Kachir ou encore de Samir Traboulsi qui opère en France et dont l'étoile monte aujourd'hui, etc., etc...

CHAPITRE IV

LES INCORRUPTIBLES DE WASHINGTON

Le 8 mai 1975, le *Newday*, journal de New York, révèle que le Saoudien Adnan Kashoggi est sur le point de toucher une commission de 45 millions de dollars de la compagnie américaine Northrop... La S.E.C. (Security and Exchange Commission, sorte de commission des opérations en Bourse, dotée de pouvoirs beaucoup plus étendus) et la sous-commission *ad hoc* du Sénat américain mènent l'enquête, et les révélations stupéfiantes se succèdent. Nous sommes au lendemain de l'affaire du « Watergate » et le Congrès a décidé d'examiner de près les contributions des multinationales aux caisses électorales de Richard Nixon, ainsi que leurs interventions financières à l'étranger. Les liens privilégiés qui existent — depuis une rencontre en 1967 au restaurant *Raspoutine* à Paris — entre Kashoggi et Richard Nixon viennent d'être révélées et le businessman saoudien se trouve dès lors dans la ligne de mire des parlementaires, aux premiers rangs desquels le sénateur Frank Church, celui qui fait office de Robespierre à l'échelle de la planète : c'est lui qui a placé de véritables mines qui, une à une, ont explosé sous les pieds du prince Bernhard en Hollande, de Franz-Josef Strauss en Allemagne, du Premier ministre japonais, de ministres italiens et de hautes personnalités de trente et un pays parmi lesquels l'Iran, la Corée du Sud, la Turquie, l'Espagne, le Gabon, le Maroc...

Le vendredi 6 juin 1975, des dossiers de 530 pages chacun

sont déposés à la salle de presse du Sénat américain. Tous les détails réunis par l'équipe de Church sur Kashoggi, le corrupteur, vont être révélés au monde entier en l'espace de quelques heures. Trois jours plus tard, dans la salle 4221, l'incorruptible Church explique, avant que ne commence l'audition des responsables de la Northrop, que les documents « font apparaître, avec nombre de précisions toutes plus consternantes les unes que les autres, qu'il s'agit d'une sordide histoire de corruption avec des individus on ne peut plus louches tirant les ficelles en coulisses. Un véritable musée des horreurs sur fond d'intrigues internationales... » Jour après jour, malgré les pressions de l'exécutif américain, de Wall Street et de la famille royale saoudienne pour enrayer cette machine infernale, les « scoops » se multiplient au Congrès et dans la presse (notamment, il faut le souligner, dans le *Wall Street Journal*). Les citoyens de tous pays voient s'ouvrir au grand jour l'univers de la corruption.

Adnan Kashoggi, qui a été pendant une quinzaine d'années un symbole des bouleversements et des contradictions provoqués par la crise du pétrole, représente pour le monde entier une caricature du héros-type de l'Amérique : l'homme d'affaires qui a réussi. Mais alors qu'une partie de la planète supporte mal l'augmentation du prix du litre de super, alors qu'une majorité du Tiers monde ne cesse d'année en année de s'appauvrir, l'arrogante richesse de Kashoggi crée un malaise. Ses avions personnels, son bateau de 85 mètres de long, ses treize résidences à Paris, Cannes, au Kenya, à Madrid, à Rome, Djedda, Ryad, Beyrouth, Monte-Carlo, Londres et New York, les créatures de rêve, françaises, suédoises ou californiennes qu'il exhibe dans son entourage au même titre que toutes les vedettes d'Hollywood photographiées à ses côtés (Brooke Shields, Sean Connery, Farrah Fawcett, Raquel Welch, Sinatra, Sammy Davis, Roger Moore...), ont donné le sentiment qu'Adnan Kashoggi peut tout acheter, y compris le pouvoir politique. Voir des Nixon, des Juan Carlos, des Mobutu, des Nimeiri, des Sadate, des Marcos, des rois et des émirs, mais aussi des ministres occidentaux rechercher avec empressement sa compagnie, a quelque chose de choquant quand on sait que la nature de son génie : la corruption de princes et de responsables politiques de la terre entière. Tout comme il est choquant de lire que chacune de ses grandes réceptions coûte l'équivalent des dépenses annuelles d'une ville zaïroise d'une dizaine de milliers d'habitants... Et tout cela parce qu'une famille du désert s'est retrouvée un jour installée sur un magot, un gisement d'or noir convoité par tous parce que nécessaire, aujourd'hui, à la survie de la planète.

L'acharnement du Congrès américain à dénoncer les turpitudes des grandes firmes multinationales et de Kashoggi avait valeur symbolique. Le 12 septembre 1975, le patron d'une autre compagnie d'aviation, Lockheed, avoue avoir versé 106 millions de dollars au même Kashoggi ; une bonne partie de ces sommes aurait été reversée à des officiels saoudiens. Ceux-ci ne peuvent plus ignorer les sermons et les indignations du Capitole, car ils dépendent en définitive de Washington pour leur sécurité. Le Conseil des ministres de Ryad décide au plus vite d'interdire à « tout intermédiaire, agent de vente, représentant ou courtier » de toucher des commissions sur des ventes d'armes. Ce qui n'empêchera pas Kashoggi de continuer à écouler des armes et à toucher des commissions ; mais il protégera jusqu'au bout les princes saoudiens en faisant office de paratonnerre. Les dirigeants de Lockheed furent en revanche contraints de démissionner quelques mois après ces révélations.

Pendant deux ans, l'Amérique entière se passionna pour ce débat : faut-il admettre la corruption comme pratique nécessaire dans les affaires internationales ? Et bien des personnalités remirent en cause le principe même du bakchich. Le secrétaire d'État au Trésor Blumenthal déclara : « Payer des pots-de-vin est tout simplement inutile dans la conduite des affaires, aux États-Unis comme à l'étranger... Je peux l'affirmer au nom de ma propre expérience en tant que président de la Bendix... » Le Congrès américain prolongea la croisade moralisatrice du sénateur Church en votant, en décembre 1977, le « Foreign

Corrupt Practices Act », une loi réprimant la pratique des pots-de-vin à l'étranger. C'était désormais un crime, pour les sociétés américaines, d'« arroser » un officiel d'un gouvernement étranger pour obtenir un contrat. Obligation leur était faite de tenir des comptes très précis de leurs transactions. Le moindre versement destiné à faciliter l'obtention d'un marché était sanctionné par de fortes amendes (jusqu'à un million de dollars) et par des peines pouvant atteindre cinq années de prison. Cette loi était si draconienne que tout patron pouvait désormais être poursuivi s'il avait des « raisons de croire » qu'un de ses agents locaux pratiquait l'« arrosage » et s'il ne l'avait pas empêché d'agir. C'est ainsi que l'on peut voir dans les stands des firmes américaines au salon aéronautique du Bourget des panneaux signalant que ces firmes sont en règle avec la loi et ont reçu l'accord de leur ministère de la Défense.

Intéressante comparaison. D'un côté de l'Atlantique, la République française offre à Akram Ojjeh la cravate de commandeur de la Légion d'honneur ; de l'autre, les États-Unis d'Amérique condamnent Adnan Kashoggi. Les deux hommes non seulement se connaissent, mais ont longtemps été associés et leur métier est semblable : la corruption à grande échelle. Les deux peuvent se prévaloir du même point d'appui dans le royaume saoudien : le prince Sultan, ministre de la Défense. Tous deux se sont d'ailleurs partagé le monde : Kashoggi s'interdit de venir chasser la « com » (commission) en France, et Akram Ojjeh laisse à son ami saoudien l'exclusivité des marchés américano-saoudiens. Mais si Kashoggi a continué à avoir ses entrées à la Maison-Blanche (il aurait joué un rôle clé dans l'affaire de l'Irangate) et au ministère américain de la Défense, il n'en a pas moins été tracassé par le Congrès et la Justice de Washington. Bref, la corruption existe évidemment aux États-Unis comme en France — de récentes affaires le montrent —, mais ceux qui la pratiquent outre-Atlantique s'exposent aux foudres de la loi.

Les États-Unis ont essayé d'inoculer leur fièvre moralisatrice aux autres pays industrialisés. Ils se rendaient compte que leur nouvelle législation pénalisait leurs propres exportateurs. Washington aurait souhaité que ses partenaires s'alignent sur ses décisions. Sans succès. Paris n'a pas voulu remettre en cause son dispositif, tout en confirmant qu'il n'était pas applicable aux membres de l'O.C.D.E. (les exportateurs français ne peuvent donc s'attendre à aucune bienveillance du fisc et des Douanes pour tout pot-de-vin versé dans les grands pays occidentaux : une commission occulte versée par exemple en Belgique ne saurait être déduite du calcul de l'impôt sur les bénéfices d'une société...)

Une fois le débat sur la corruption passé de mode, les lobbies d'affaires américains se mettent en branle pour tenter de faire annuler ou du moins atténuer le « Foreign Corrupt Practices Act ». Dès 1979, la Maison-Blanche crée une « Task Force », dirigée par John Renner, pour étudier le problème posé par cette loi. Il s'agit de déterminer le coût, en recettes d'exportation et en emplois, de la « criminalisation » de la corruption. Première estimation : l'entreprise de moralisation à l'échelle de la planète coûterait aux alentours d'un milliard de dollars par an à l'économie américaine. Mais le conseiller spécial de la Maison-Blanche ajoute, lors d'une audition devant le Congrès, que « si certains pays étrangers étaient très irrités par cette loi, son coût politique était probablement très faible et transitoire ». Au cours de cette séance, la corruption est une fois de plus abordée au grand jour, d'une façon qui fait honneur à la démocratie, alors même qu'en France nul n'ose même effleurer ce sujet brûlant.

La question est « de savoir comment concilier un statut qui éliminerait les pots-de-vin, mais, dans le même temps, donnerait aux hommes d'affaires américains assez de latitude pour conduire leur business d'une manière normale », expose d'entrée de jeu un Représentant, le 14 juin 1979. « Je pense, continue-t-il, qu'il est nécessaire pour les États-Unis de maintenir une forte position à l'exportation, compte tenu d'une sortie annuelle de 50 milliards de dollars vers les pays de l'O.P.E.P. et d'un très sérieux déficit de nos paiements. Je pense que notre pays devrait faire tout ce qu'il peut pour aider les entrepreneurs américains à vendre leurs produits à l'étranger. D'autres pays viennent en aide à leurs industries exportatrices... Quand nous mettons des bâtons dans les roues des nôtres, nous n'aidons pas notre pays, tout simplement parce que les pays étrangers s'adresseront à la France, à la R.F.A. ou à d'autres pays comme le Japon, et achèteront leurs produits à la place des nôtres... »

Bref, comment concilier la morale et les affaires ? Depuis lors, la discussion n'a pas cessé de rebondir.

En mai 1981, une enquête a été lancée auprès de toutes les chancelleries américaines pour mieux apprécier les conséquences de la loi anti-corruption. Plus de cent quinze postes à l'étranger ont fourni des données significatives, confirmant que si la loi n'est appréciée ni par les hommes d'affaires américains — car elle leur complique la vie — ni par les gouvernements étrangers, il y a peu d'exemples concrets montrant qu'elle serait directement responsable de la perte de contrats. L'enquête (qui a été publiée intégralement par le Congrès en 1983) signale néanmoins un certain nombre de difficultés. A Oman, Qatar et dans les autres émirats, presque toutes les grosses sociétés ont des responsables gouvernementaux dans leur conseil d'administration. Traiter avec elles constitue donc un risque pour les groupes américains, eu égard à la loi anti-corruption ; quant à négocier avec les autres sociétés locales, c'est risquer l'échec. En Arabie, les hommes d'affaires saoudiens acceptent très difficilement d'intégrer dans les contrats les clauses de protection exigées par les sociétés américaines pour ne pas être suspectées. Au Venezuela, le respect des dispositions légales entraînerait un surcoût de 30 % : les pots-de-vin versés aux fonctionnaires se révèlent nettement plus économiques ! En Malaisie, un Américain s'est plaint à son ambassade que le paiement régulier des droits de douane le pénalisait de dizaines de milliers de dollars par an ; auparavant, il n'avait à rétribuer que quelques douaniers... Un dirigeant arabe d'une importante compagnie américaine installée à

Athènes affirme que la loi de 1977 ne lui permet pas de mettre une voiture avec chauffeur à la disposition d'un grand technocrate d'un gouvernement arabe lors de son arrivée à l'aéroport, pas plus qu'elle ne l'autorise à lui offrir une corbeille de fruits dans sa chambre d'hôtel... Les difficultés rencontrées pour se conformer à la loi ont en outre probablement effrayé un certain nombre de petites et moyennes sociétés désireuses de s'implanter dans des pays où la corruption est généralisée.

Bref, la loi anti-corruption, source d'une certaine gêne, ne ruinait pas pour autant le *business* américain. Pourtant, le Congrès a décidé, à la fin de 1981, d'amender le texte de 1977 afin d'assouplir quelques-unes de ses modalités, sans toutefois remettre en cause son esprit. Une enquête complémentaire a été lancée auprès des chancelleries pour connaître cette fois « les aspects positifs de la loi ». Cinquante-huit pour cent furent incapables d'en citer. Mais un certain nombre d'exemples intéressants furent évoqués dans les autres rapports. Une grande compagnie pétrolière opérant en Afrique s'était vu réclamer des « arrangements spéciaux » pour obtenir un permis d'exploitation ; elle refusa, s'abritant derrière la loi de 1977 ; l'ambassadeur américain appuya les dires de l'entreprise ; les obstacles sautèrent et les forages purent commencer sans délai et sans versement d'aucun pot-de-vin.

Des histoires semblables se sont produites au Moyen-Orient et en Amérique latine. L'ambassade américaine à Bagdad affirme que cette nouvelle image d'incorruptibilité des businessmen américains a été très appréciée du gouvernement irakien et a eu des effets bénéfiques pour les firmes U.S.

Le pays du libéralisme s'accommode ainsi fort bien des nécessités du commerce, mais ne se croit pas obligé pour autant de graisser — au moins officiellement — la patte à toutes les élites du Tiers monde. L'Amérique accepte d'autre part de laver ce linge sale sur la place publique en prenant le risque d'éclabousser des princes, des rois, des ministres et des présidents.

A Paris, les gouvernants préfèrent fermer les yeux sur les relations coupables entretenues par de grandes sociétés françaises et certains décideurs étrangers. Et Akram Ojjeh peut recevoir sans vergogne la cravate de commandeur de la Légion d'honneur pour services rendus à l'« entreprise France ».

CHAPITRE V

LA CORRUPTION AU MOYEN-ORIENT

La corruption existe-t-elle au Moyen-Orient ? Ou bien ne s'agit-il que de « pratiques commerciales » admises par tous ? Des « pratiques » qui seraient en somme la méthode orientale de répartition des richesses ? « Le mot même de *bakchich* n'est-il pas né là-bas ?... » Pour montrer que la corruption ne joue pas dans la région du Golfe le même rôle néfaste qu'ailleurs, on cite généralement en exemple l'extraordinaire développement qu'ont connu ces pays en dépit de la fortune amassée par leurs émirs et leurs princes : parfaites infrastructures, gratuité des services publics, y compris l'éducation, absence de taxes et d'impôts...

Lieux communs ou réalités ? Le bakchich fait-il bien partie de la « culture » arabe ? Cette assimilation n'est-elle pas un alibi commode pour nos propres corrupteurs, politiciens ou industriels ?

Après le quadruplement des prix du pétrole — en septembre 1974 — je me suis rendu à Abu Dhabi, l'un des émirats du Golfe persique. Je voulais mesurer les effets de la manne pétrolière sur ce minuscule État : 120 000 habitants, dont environ 80 000 expatriés, soit la ville de Caen qui serait implantée dans le désert avec un maire disposant sans partage de tous les pouvoirs. Je suis revenu de mon voyage avec un certain nombre de notations dont beaucoup auraient pu également concerner les autres pays du Golfe bénéficiaires de l'aubaine pétrolière.

Le cheikh Zahed Bin Sultan règne depuis 1966 sur 40 000 km^2 de sables d'où jaillit le pétrole à la cadence annuelle de 82 millions de tonnes. Des chèques pour une valeur de 6 milliards de dollars sont émis à son nom cette année-là. Le cheikh Zahed ne pourra tout dépenser, tant s'en faut, dans « son » pays.

L'accès au monde moderne de l'Émirat est si récent que les structures de ce pays restent très largement tribales, avec pour conséquence une utilisation de l'argent des plus irrationnelles. Abu Dhabi connaît alors le même développement que le Koweit avant 1960. La ville, avec ses centaines de buildings modernes, avec des constructions qui surgissent au rythme des champignons, une corniche en bord de mer qu'envieraient les plus grandes stations balnéaires occidentales, n'était que sables jonchés de misérables bicoques une décennie auparavant. Cet émirat est une sorte de vitrine du monde arabe : tous les problèmes des pays pétroliers à faible population (comme le Koweit, l'Arabie Saoudite, la Libye, et bientôt Sharjah et Oman) peuvent y être appréhendés.

Les chiffres trouvés à Abu Dhabi doivent être maniés avec prudence ; il y a peu de statistiques, pas de comptabilité nationale et un budget qui n'atteint pas 30 % des revenus pétroliers. La frontière entre comptes publics et comptes privés est très difficile à tracer. Et si le cheikh Zahed est à la tête de revenus considérables, il en distribue :

— aux Abu-Dhabiens, pratiquant ainsi une redistribution des richesses comme le ferait un chef de tribu, dont il a gardé l'esprit ;

— aux pays arabes qui ont des difficultés : la Syrie, l'Égypte, les Palestiniens se voient ainsi régulièrement gratifier de centaines de millions de dollars au titre de la participation à l'effort de guerre ou de reconstruction. Les pays défavorisés qui n'ont pas la chance de recéler du pétrole dans leur sous-sol ne sont pas oubliés ;

— le cheikh Zahed alimente le Fonds d'Abu Dhabi pour le développement économique arabe : autre façon de s'assurer les amitiés des moins chanceux ;

— l'émir arme son pays. Nulle trace, en effet, dans le budget public, de l'achat de trente Mirage à la France, dont la première tranche vient pourtant d'être livrée.

Toutes ces dépenses sont le fait du prince. Difficiles à cerner comme à prévoir. Deux principes simples permettent néanmoins de trouver une certaine logique dans ce gaspillage apparent. Ils sont de nature politique :

1) les Abu-Dhabiens doivent être les principaux bénéficiaires des richesses pétrolières ;

2) Abu Dhabi est très vulnérable, car très petit. Il lui est donc impératif de prendre des assurances sur la vie de tous côtés, y compris auprès des progressistes. Comme le dit le principal conseiller en politique étrangère, M. Adnan Pachachi (ancien ministre des Affaires étrangères d'Irak) : « Richesse et faiblesse sont inconciliables. »

Cinquante mille personnes — au maximum — sont intégrées dans la vie économique du pays. Les Abu-Dhabiens ne constituent qu'une faible minorité de ce chiffre : ce sont les ministres, quelques hauts fonctionnaires, des plantons et surveillants, une dizaine de cadres, quatre ou cinq grands commerçants, des agriculteurs dans les oasis. Abu Dhabi, tout en gardant ses structures tribales, a reconstitué le système des cités grecques : ce sont les non-citoyens qui assurent le travail.

Les immigrés sont des Pakistanais (les plus nombreux : 20 000 environ), Omani, Iraniens, Indiens, Yéménites, Irakiens, Libanais, Syriens, Égyptiens et Occidentaux (dans le pétrole, la banque, les travaux publics, la maintenance des Mirage, etc.). La classification de cette population active par secteurs donne une image de la société économique :

— 56 % sont employés dans le secteur tertiaire (services, administrations, transports, banque et commerce) ;

— 26 % dans la construction ;

— 11 % dans le secteur industriel (dont 8 % dans le pétrole) ;

— 7 % dans l'agriculture.

Ainsi, Abu Dhabi, entré depuis moins de dix ans dans le XXe siècle, pourrait, sur le seul critère de la structure socio-économique, apparaître comme un pays arrivé à un stade de super-développement, avec une grande partie de sa population entrée directement dans la société des loisirs. Cette structure laisse néanmoins apparaître de grandes faiblesses et le développement du pays est loin d'être harmonieux. Toute la force vive est importée. Les Abu-Dhabiens ne sont pour l'instant que des intermédiaires et des consommateurs. Dans le futur, il leur sera difficile de s'intégrer à la vie économique, trop habitués qu'ils sont à « gagner leur vie » sans contrepartie.

Les Bédouins d'Abu Dhabi accèdent en effet à l'économie de marché comme l'ont fait plus tôt leurs frères du Koweit : par le *sponsorship* et l'assistance. Toute société, toute personne qui souhaite s'installer dans l'Émirat doit avoir un *sponsor*, c'est-à-dire quelqu'un qui s'en porte garant. Si le sponsor ne prélève pas de commission sur les travailleurs, il en va différemment pour les sociétés. Le sponsor ne peut être qu'originaire d'Abu Dhabi, et il est censé faciliter les relations avec l'Administration, ou, si la société est importante, avec le Cheikh lui-même. Le coût de cette « assurance » varie entre 1,5 et 8 % du chiffre d'affaires. Le meilleur sponsor est évidemment le ministre du secteur dans lequel agit la société. Un bon manager ne limite d'ailleurs pas ses largesses au seul sponsor : il doit « couvrir » du mieux possible les points clés des circuits de décision. La double casquette de ministre et d'homme d'affaires n'est pas interdite. Précisons que les sociétés étrangères n'osent pas trop se plaindre de ce système, car cet « impôt *intuitu personae* » est la seule contrainte financière des entreprises : l'impôt sur les bénéfices n'existe que pour les sociétés pétrolières.

Cette absence de règles est valable également dans le secteur bancaire. Les vingt et une banques alors en activité ne reçoivent pas d'instructions d'une banque centrale et peuvent pratiquer les taux qu'elles désirent.

Outre le sponsorship, et les largesses du cheikh Zahed, les Abu-Dhabiens disposent d'autres canaux pour recevoir les « miettes » du pétrole :

— attribution de terrains ;

— un logement gratuit pour tous ;

— allocation mensuelle pour les déshérités (environ 100 dollars) ;

— primes pour tous les enfants d'Abu Dhabi qui fréquentent l'école ;

— gratuité de la médecine ;

— primes à tous les Bédouins qui se lancent dans l'agriculture, etc.

Le cheikh Zahed tient à assurer ainsi le bien-être de tous ses sujets tout en favorisant la scolarité des jeunes et la sédentarisation des nomades. Il veut jeter les bases d'un État moderne. Mais la bonne volonté ne suffit pas : l'argent du pétrole peut accélérer le cours de l'Histoire, il ne peut effacer tous les handicaps. L'entrée dans la civilisation de consommation n'entraîne pas obligatoirement l'entrée dans une économie de production.

Une faible population, une forte disproportion entre « locaux » et étrangers, des indigènes non intégrés aux circuits de production, une seule richesse et qui s'épuise, un revenu annuel par tête de 50 000 dollars (6 milliards divisés par 120 000 habitants) : telles sont les données qui limitent les possibilités de développement réel de l'émirat. Une seule certitude : l'Abu-Dhabien de demain sera plus ou moins un *rentier*.

Depuis 1974, les buildings ont continué de pousser comme des champignons, d'immenses fortunes se sont édifiées. Mais aujourd'hui, les « rentiers » de l'or noir regardent avec anxiété la chute des cours et donc de leurs revenus...

Le *sponsorship* existe dans toute la péninsule arabique. Pas d'affaires sans sponsors nationaux qui transforment la concurrence entre les produits et projets des sociétés occidentales en une concurrence entre sponsors. Pour les plus grosses affaires, la lutte fait rage entre les princes qui détiennent l'ultime pouvoir de décision.

Outre cette forme de taxation royale sur toutes les affaires, les princes touchent bien sûr directement au magot lui-même : l'or noir. La famille royale saoudienne reçoit ainsi des primes diverses liées au pétrole, primes d'autant plus faciles à camoufler que le pétrole en Arabie Saoudite revient sensiblement moins cher qu'ailleurs. Selon des sources autorisées, c'est dans cette différence que résiderait la principale source de la richesse des princes.

Une véritable folie spéculative a suivi l'envolée des cours de l'or noir. Dans les villes, le prix des terrains a été multiplié en quelques années par 300, voire 500. Au plus grand bénéfice des princes qui, pour beaucoup d'entre eux, possédaient des terres dans ces zones urbaines. On affirme ainsi que le prince Sultan aurait bâti le plus gros de sa fortune grâce à la vente du terrain sur lequel a été construit le grand aéroport de Ryad. Ce terrain lui appartenait-il totalement ? Rien n'est moins sûr. Le ministre de la Défense saoudien (et sa famille) aurait néanmoins gagné plusieurs milliards de dollars dans cette opération. D'une façon générale, les grands princes ont amassé des richesses dont l'unité de compte est le milliard de dollars. Toute la famille Saoud — 5 000 princes — est amplement à l'abri du besoin. Saïd Aburish, Palestinien, lui-même intermédiaire dans le Moyen-Orient, a décrit dans un ouvrage intitulé *Pay off* le monde trouble des affaires dans cette région du monde. Il confirme que la « clé de voûte des affaires au Moyen-Orient est la corruption » :

> « En général, explique Saïd Aburish dans une interview à *Lui*, l'intermédiaire est un Arabe de bonne famille qui vient d'un pays pauvre, c'est-à-dire sans pétrole, comme l'Égypte, la Palestine, la Syrie ou le Liban. Puissamment motivé par

l'argent, il doit inspirer confiance, car il est le gardien des secrets de son maître. Adnan Kashoggi, qui avait assumé toute la responsabilité du scandale Lockheed, s'est ainsi rendu cher au cœur de ses mentors saoudiens et a accru d'autant son influence auprès d'eux. Pour garder son rang face à ses concurrents et à ses clients, l'intermédiaire doit dépenser sans compter, flatter ses maîtres sans craindre les hyperboles, leur procurer demoiselles de compagnie, Mercedes à poignées d'or et caprices du même type pour rester dans leurs bonnes grâces. Cire-pompes des dirigeants arabes, souvent méprisé par eux, il doit également séduire son client occidental. Pour ce, il parle un anglais impeccable, offre une façade respectable et étale des diplômes non moins respectables. Il devient ainsi "functional consultant", "spécialiste opérationnel", "expert in business promotion". Malgré ces titres, les sociétés occidentales s'acharnent à le traiter de "larbin palestinien du prince Abdullah"ou d'"épicier en gros libanais". Le monde est cruel à l'égard de l'intermédiaire qui doit en outre prodiguer ses conseils aux sociétés américaines et européennes désireuses de s'installer au Moyen-Orient, les aider à "penser arabe", les instruire des codes de comportement en vigueur afin de leur éviter les erreurs. »

L'Irak excepté, tous les pays de la région sont ainsi mis en coupe réglée :

« Oman est gouverné par le sultan Qaboos et son oncle Sayed Fahr bin Taymour, Premier ministre adjoint, ministre de la Défense et prince héritier. Aucune société d'armement ou de travaux publics ne peut travailler en Oman sans verser un pourcentage au sultan Qaboos ou à son oncle. En Égypte, Osman Ahmad Osman, gros entrepreneur dont le fils avait épousé la fille du président Sadate, possédait le quasi-monopole de la construction. En Syrie, pas une seule affaire ne peut se régler sans un politicien véreux — et ils le sont tous — et sans payer tribut à Rifaat el Assad, frère du président Hafez el Assad. Et ainsi de suite. Il n'y a guère que l'Irak, seul pays du Moyen-Orient à exploiter lui-même son pétrole depuis plus de vingt ans, qui interdise l'activité des intermédiaires et les punisse de mort dans certains cas. Ce qui ne signifie pas qu'il n'y ait pas d'agents en Irak, mais ceux-ci, officiellement déclarés au gouvernement, voient se limiter leur champ d'action et le taux de leurs commissions. »

Saïd Aburish redoute par-dessus tout les « écumeurs », des personnages redoutables qui peuvent faire capoter au dernier moment le contrat le mieux établi si leurs exigences financières ne sont pas satisfaites. L'écumeur est insaisissable, il a le bras très long et peut faire avorter n'importe quelle négociation. En fait, il est le seul à être payé, quelle que soit la nature de l'affaire, et tous les intermédiaires sont à sa merci. C'est un officiel, inattaquable car très proche du pouvoir :

« Le prince Sultan ben Abdul Aziz, ministre de la Défense d'Arabie Saoudite et deuxième sur la ligne de succession au trône après le prince héritier Abdallah, est le plus bel exemple vivant d'écumeur institutionnel. Rifaat el Assad, vice-président syrien, frère du président Hafez el Assad et chef de la police secrète, en est également un, ainsi que le sultan Qaboos d'Oman et son oncle Sayed Fahr. En fait, tout ministre de la Défense est ou peut devenir écumeur institutionnel. Ces gens-là ne s'intéressent pas aux petits profits. Ils font connaître leurs exigences dès le début de l'affaire et fixent leur pourcentage en fonction de la commission de l'intermédiaire. Nul n'osera braver leur autorité. Lors de la construction du port de Djedda (900 millions de dollars de travaux), une société suédoise avait emporté le morceau moyennant une commission de 2 % à l'intermédiaire. L'adjudication arrivant dans sa dernière phase, le gouvernement saoudien nomma un nouveau gouverneur de la ville de Djedda qui exigea aussitôt la totalité de la commission. Pour l'intermédiaire, le choix était clair : ou il payait de sa poche les 2 %, ou il perdait la faveur de la famille royale saoudienne et se voyait réduit au chômage. Il paya, et gagna ensuite beaucoup d'argent sur d'autres contrats. Si l'écumage institutionnel est un mal auquel on ne peut guère échapper, tout se corse quand on se retrouve aux prises avec un écumeur itinérant, surgi de nulle part au dernier moment, et qui fait jouer sa situation exceptionnellement solide pour racketter le ou les intermédiaires... »

Le résultat de ce racket institutionnel est logique : d'après le Fonds Monétaire International (F.M.I.), les avoirs privés arabes en Occident (66,2 milliards de dollars) sont supérieurs à la totalité des avoirs des États de cette région.

Contrairement à une idée largement répandue, la corruption est de moins en moins tolérée par les masses arabes. Une étude réalisée par deux universitaires américains[1] montre que, depuis 1970, sur les vingt-cinq campagnes lancées contre la corruption dans quinze pays du Moyen-Orient et d'Afrique du Nord, plus de la moitié ont été imposées aux chefs d'État par les populations excédées par ces pratiques occultes.

L'enrichissement des élites et des classes moyennes a eu également pour effet d'augmenter considérablement le nombre d'étudiants arabes venus faire leurs études en Occident. De retour dans leur pays, ils ont supporté de plus en plus mal les systèmes corrompus dans lesquels ils étaient intégrés et qui ne récompensaient pas la compétence et le mérite, mais l'appartenance à une famille ou le trafic d'influences.

Dans ce contexte, deux événements ont encouragé les dirigeants du Moyen-Orient à freiner la corruption : d'une part, la loi américaine de 1977 ; d'autre part, la révolution iranienne. Même le gouvernement saoudien a été obligé d'annoncer officiellement une nouvelle législation réglementant le statut d'agent. Et le Shah, peu de temps avant sa chute, déclara une guerre à la corruption qui atteignit jusqu'à son propre entourage...

Douze régimes sur les quinze étudiés dans l'enquête américaine évoquée ci-dessus interdisaient déjà le détournement de fonds publics et les pots-de-vin. Les circonstances ont rendu

1. Kate Gillespie et Gwenn Okruhlik, « Cleaning up corruption in the Middle East », in *Middle East Journal*.

nécessaires de nouvelles lois ou la révision des anciennes réglementations dans le sens d'une plus grande sévérité.

Ce petit vent de moralité n'a certes pas empêché les fameux agents de continuer à réclamer des commissions pour eux-mêmes et pour leurs mandants. D'autant qu'avec la nouvelle manne pétrolière et l'augmentation subséquente des contrats et dépenses gouvernementales, la masse génératrice de pots-de-vin s'était considérablement accrue. Néanmoins, dès 1973, l'Iran interdisait aux compagnies étrangères d'accroître les honoraires d'agents liés aux contrats passés avec Téhéran. L'Irak et la Libye ont été plus loin, puisqu'ils ont introduit la peine de mort pour sanctionner la corruption.

En Algérie, le président Boumédienne a promulgué en 1978 une nouvelle législation visant elle aussi à éliminer la corruption. Pourtant, malgré son image d'austérité et d'intégrité, l'Algérie n'a pas échappé non plus au phénomène. La mainmise totale de l'État sur l'économie, le choix d'une industrialisation lourde et sa cohorte de projets pachydermiques ont facilité le développement de la maladie. Grâce à ses services secrets omniprésents, le président était tenu au courant de tous les trafics où trempaient ses grands commis comme certains chefs du F.L.N. Il a su utiliser la corruption comme moyen de pression et donc de gouvernement. Mais la situation était telle, les pots-de-vin prenaient une telle importance qu'il fallait agir. Des armes efficaces devaient être employées. Après la mort de Boumédienne, en septembre 1979, le nouveau président Chadli Benjedid annonça avec force publicité qu'il était résolu à faire cesser au plus vite ce fléau. Mais les cibles choisies n'étaient que des lampistes. Les populations, désabusées, comprirent que rien n'avait changé. On avait coupé quelques branches, mais chacun savait que l'arbre entier était pourri. Parfois, sous la pression de l'opinion, on est allé plus loin : c'est ainsi qu'au début de 1981, des anciens ministres et des dirigeants de grosses entreprises publiques ont été mis en cause.

En Syrie, le président Hafez el Assad s'est trouvé obligé de sacrifier — provisoirement — son propre frère Rifaat el Assad*, patron des services secrets. En 1977, le numéro un syrien avait en effet édicté des sanctions plus sévères contre les délits de corruption et quelques dizaines de directeurs de sociétés d'État et leurs agents avaient été arrêtés. Mais, une fois de plus, le peuple ne crut guère à la sincérité de ses dirigeants, car de grands responsables connus pour leur enrichissement illégal n'étaient pas inquiétés. Un peu plus tard, Hafez el Assad dut aller un peu plus loin. Il y avait urgence : l'insurrection des Frères musulmans s'était déjà traduite par une vingtaine d'attentats, dont le plus spectaculaire avait été le massacre de cinquante-quatre cadets de l'école militaire d'Alep. En même temps qu'il réprimait sauvagement l'agitation, le numéro un syrien créait une commission chargée notamment d'enquêter sur l'origine de la fortune des principaux dirigeants du pays. Quelques centaines de prisonniers soupçonnés d'appartenir aux Frères musulmans furent massacrés dans la prison de Palmyre. Simultanément, Hafez el Assad se sentit contraint d'éloigner quelque peu son frère des affaires et de soigner une des causes majeures du soulèvement : la corruption. Ce thème de la moralisation se retrouva donc au centre du débat du 7e congrès du Baath (le parti unique

---

* Le Président du Tribunal
de Grande Instance de Paris,
statuant en référé,
nous a prescrit
de faire état des protestations
de Monsieur Rifaat el Assad
à l'encontre des imputations
le concernant figurant
pages 59 et 60, qu'il
estime diffamatoires.

syrien) tenu en janvier 1980. Mais il fallut attendre mai 1984 pour qu'Assad, obligé d'asseoir son pouvoir après une maladie de quelques mois, osât toucher au symbole même de la corruption des élites syriennes et ordonnât à son frère Rifaat de quitter le pays. Une mesure qui ne pouvait être que populaire, tant Rifaat représentait à la fois la barbarie (exercée par sa milice) et la corruption la plus indécente.

Rifaat, chef des Brigades de défense, surnommées les « Panthères roses », était l'homme de toutes les « missions spéciales ». Selon le rapport de la « Drugs Enforcement Administration » américaine, ses hommes protégeaient les cultures de marijuana et de pavot de la vallée libanaise de la Bekaa depuis 1976. Ils se chargeaient aussi d'escorter les camions emportant les cargaisons de drogue vers l'étranger. La D.E.A. estimait à environ un milliard de dollars le bénéfice tiré de ce *dirty business*. Cet argent alimentait les caisses noires et les services secrets du régime d'Hafez el Assad, mais on ne saurait exclure qu'une partie importante en ait été conservée par « Monsieur Frère » pour son usage personnel.

Rifaat disposerait à présent d'une fortune colossale provenant des trafics en tous genres dont il aurait été ainsi le maître d'œuvre pendant une quinzaine d'années. Attendant que sonne l'heure de son retour à Damas, il vit confortablement en France où il possède de nombreux appartements et résidences (avenue de Lamballe et avenue Foch, à Paris, Saint-Nom-la-Bretèche, Bessancourt...). Il continue d'exercer une réelle influence au travers de ses nombreux réseaux.

L'éloignement de Rifaat rendait crédible la volonté de son président de frère de s'attaquer réellement au mal, même si tout le monde savait qu'Assad lui-même n'était pas « blanc-bleu » en la matière et qu'il réglait, par la même occasion, un tout autre problème : la menace que Rifaat avait fini par constituer pour son propre pouvoir...

Habib Bourguiba, dans les dernières années de son règne, dut également sacrifier, pour sauver son pouvoir, des membres de son propre entourage, donnant ainsi quelques gages à une opposition — surtout syndicale — obnubilée par la corruption gouvernementale.

La lutte contre la corruption menée dans des régimes où elle constitue une tare majeure est un art difficile, car le chef de l'État, qui est aussi fort souvent le corrompu-en-chef, peut, en voulant sauver l'essentiel, mettre en branle un processus qui, au bout du compte, l'emportera.

L'exemple iranien est à cet égard riche d'enseignements. Il faut d'abord savoir que si l'Islam condamne la corruption, sa version chiite en fait une œuvre satanique. Laissons la parole à l'ayatollah Khomeiny[1] :

> « Tout pouvoir laïque, quelle que soit la forme sous laquelle il se manifeste, est forcément un pouvoir athée, œuvre de Satan ; il est de notre devoir de l'enrayer et de combattre ses effets. Le pouvoir « satanique » ne peut engendrer que la « corruption sur la terre », le *mal suprême* qui doit être impitoyablement combattu et déraciné. Pour ce faire, nous n'avons d'autre solution que de renverser tous les gouvernements qui ne reposent pas sur les purs principes islamiques, et sont donc *corrompus et corrupteurs.* »

Les opposants au Shah avaient donc fait de la corruption leur principal cheval de bataille. Dès novembre 1973, on l'a vu, c'est-à-dire entre la réunion de Koweit et celle de Téhéran qui aboutit au quadruplement des prix du pétrole, le régime impérial promulgua une loi interdisant aux agents d'augmenter leurs commissions dans le cadre des contrats gouvernementaux. En 1975, les Iraniens collaborèrent avec les enquêteurs américains sur les versements de pots-de-vin par les firmes multinationales. Mais voici qu'en 1976, la loupe des limiers yankees s'approcha de fort près du Shah : il apparaissait que son entourage immédiat — notamment sa sœur — était « mouillé » dans la vente d'un Boeing 747 de la T.W.A. Puis

1. *Principes*, Éditions Libres-Hallier, 1979.

ce fut le tour d'un général proche de l'Empereur d'être soupçonné d'avoir touché un pot-de-vin de la société d'aviation Grumman. Une société de télécommunications fut également poursuivie pour avoir effectué des paiements destinés à influencer « les plus hauts niveaux du gouvernement iranien »...

Le Shah n'en garda pas moins la même volonté officielle de lutter contre la corruption en lançant, le 17 août 1977, une nouvelle offensive : les ministres et les hauts fonctionnaires étaient désormais obligés de déclarer leurs avoirs et revenus provenant de sources privées. Des corrompus se retrouvèrent en prison.

Au début de 1978, le piège continue à se refermer sur le Shah : une nouvelle enquête américaine touche cette fois le propre beau-frère de l'Empereur, le général Khatemi, chef des forces aériennes. Le Shah promet de contrôler les agissements de la famille impériale et charge Amir Abbas Hoveida, ex-Premier ministre, de préparer un code de bonne conduite à l'usage des membres de ladite famille. Fin septembre, le code est publié. Le 6 novembre, le Shah reconnaît, dans un message à la Nation, les fautes commises par son régime, notamment sa corruption. Le lendemain, douze hautes personnalités sont arrêtées.

L'Empereur préparait sa propre perte : il avait participé activement à sa propre déstabilisation en s'attaquant trop tard au camp de ses ultimes supporters. Il dut quitter le pays en janvier 1979...

Pendant quelques années, le régime de l'Ayatollah Khomeiny dépensa une grande énergie pour retrouver les milliards du Shah évadés en Occident. Sans succès. Ce trésor, estimé, selon les différentes sources, à un montant compris entre 500 millions et 3 milliards de dollars (large fourchette, qui montre bien la difficulté de son évaluation) demeure là où il se cachait.

Puis on apprit au fil des jours que les mollahs qui s'étaient déclarés des ennemis impitoyables de la corruption avaient rapidement appris, à leur tour, à ouvrir des comptes en Suisse et à toucher d'importantes commissions sur les achats d'armes[1]...

Au Soudan, pays également très corrompu, le président Numeiri, comme le Shah, déclencha trop tard une campagne anti-corruption qui, de toute façon, n'avait aucune chance d'être crédible, tant le chef de l'État était lui-même coupable du mal dont il accusait les autres. L'ami du corrupteur Kashoggi fit arrêter surtout des juges... Mauvais calcul, car l'ensemble de la corporation se mit en grève, mouvement qui porta un coup sérieux au régime. L'opposition réclamait toujours la condamnation des vrais corrompus. En 1985, Numeiri fut balayé par une nouvelle campagne qui n'épargna pas, cette fois, les parents du président, son vice-président et bon nombre de ses ministres...

« Je brandirai bien haut l'épée de la Justice pour lutter contre la corruption », déclara Moubarak lors de son discours d'investiture, le 14 octobre 1981. L'Égypte avait atteint sous Sadate des sommets de malhonnêteté institutionnelle. Là comme ailleurs, la manne pétrolière avait tourné la tête des Cairotes. Le correspondant du *Monde*, J.-P. Péroncel-Hugoz, notait déjà en 1979 :

> « Jusqu'à une époque récente, la pratique du "bakchich", bien ancrée dans les mœurs administratives égyptiennes depuis l'époque ottomane, et qu'aucun gouvernement n'était jamais parvenu à supprimer, se cantonnait, si l'on ose dire, dans des limites raisonnables et affectait plus les échelons modestes de l'Administration que les hauts responsables. Il y a peu de temps encore, des hommes arabes ou occidentaux affirmaient que "les tarifs des pots-de-vin cairotes étaient bien inférieurs à ceux des autres capitales arabes". Cependant, le retour en force, dans le pays, du courant d'affaires international, que l'État n'a pas

1. Cf., du même auteur, *La Menace*, Fayard, Paris, 1987.

voulu trop contrôler afin de ne pas décourager les investisseurs, a développé la concussion. »

Les investigations américaines soulevèrent sur les bords du Nil quelques scandales. Un ancien vice-président du Conseil, un ancien ministre de l'Aviation civile et trois hauts fonctionnaires furent poursuivis pour concussion dans l'affaire des Boeing. Leurs activités avaient conduit l'Égypte à contracter des prêts à des conditions désastreuses et à acheter les avions américains sur la base « d'une fausse étude ». Sadate avait été contraint d'aborder le sujet tabou de la concussion administrative en préférant accuser les firmes étrangères. Il menaça « celles qui versaient des dessous-de-table à des fonctionnaires égyptiens » d'une sorte d'interdiction : il les ferait inscrire sur une liste noire des entreprises avec lesquelles l'État égyptien ne traiterait plus. De même, disait-il, « les bénéficiaires des pots-de-vin seront châtiés sévèrement ». En 1980, il créa même un « tribunal de l'Éthique » pour lutter contre l'immoralité...

Sadate mort, Moubarak poursuit cet effort et décide de s'attaquer à la racine du mal. Dès octobre 1982, le frère du président assassiné et ses trois fils sont jetés en prison pour avoir amassé frauduleusement une fortune de 120 millions de dollars. Quelques mois plus tard, le procureur du tribunal de l'Éthique déclare : « Il est impossible d'innocenter l'ancien chef de l'État d'un point de vue légal dans une affaire de corruption touchant l'un de ses proches. » Mais, peu après, le président Moubarak freine des quatre fers : « Je ne cesse pas de demander aux organismes de l'État de lutter contre la corruption sous toutes ses formes. Certains réclament l'application de mesures draconiennes, mais je suis contre de tels procédés. Je laisse à la Justice le soin de condamner ceux qui se livrent à des actes de corruption. » Début août 1983, le frère de Sadate et ses fils sont libérés, et les divers scandales dénoncés par l'opposition ou la presse étrangère tournent court...

L'Arabie Saoudite — le pays probablement le plus atteint par le fléau — réussit pour l'essentiel à masquer les très violentes secousses qui l'agitent depuis l'envolée des cours du pétrole. Sans la sollicitude constante des grands pays occidentaux, notamment des États-Unis, de la Grande-Bretagne et de la France, il est probable que le régime n'y aurait pas survécu. A Washington comme à Paris, on considère que la sécurité de l'Occident passe par la stabilité du royaume des Saoud. Tout est mis en œuvre pour l'assurer. Le siège de la grande mosquée de La Mecque, en 1979, n'en a pas moins fait trembler toutes les chancelleries d'Occident. Pour voler au secours d'une famille royale soudain apparue comme très fragile, le président Valéry Giscard d'Estaing n'hésita pas à envoyer ses super-gendarmes, avec à leur tête le fameux capitaine Barril.

Le 20 novembre 1979, des Bédouins du Hedjaz, dirigés par Mohammed Abdallah el Oteiba, attaquent la grande mosquée de La Mecque, le plus haut lieu de l'Islam. Le roi Khaled aurait dû se trouver dans cette mosquée, mais un malaise l'a contraint à annuler son déplacement. A l'aide d'un haut-parleur, Oteiba lit aux pèlerins terrorisés une longue déclaration[1]. Il dénonce les turpitudes des princes, les gaspillages dans les casinos de la Côte d'Azur, les fabuleuses commissions touchées par des intermédiaires sur les contrats d'armements, les films pornos introduits en Arabie... Deux mots reviennent à plusieurs reprises sur ses lèvres : le premier, c'est *Paris*, le second, *Oug-Étoile*, est un nom-symbole. Il s'agit en réalité d'Hugues de l'Estoile, le directeur français des Affaires internationales de l'Armement, qui a signé, on l'a vu, les fabuleux contrats avec le prince Sultan. « Cette opération-suicide est menée pour attirer l'attention du monde islamique sur l'oppression dont les populations saoudiennes sont victimes, sur la dégradation économique, morale et sociale que connaît le pays », s'écrie Oteiba. Via les amis français d'Akram Ojjeh, Paris est appelé à la rescousse. Des agents des services spéciaux

1. *Cf. Le Nouvel Observateur*, 3 décembre 1979.

et le G.I.G.N., munis de bonnes quantités de gaz de combat, s'envolent pour La Mecque. Paris comme Ryad se devaient de mettre fin au plus vite à ce désordre.

La presse du monde entier a insisté sur le caractère religieux de cette révolte — on évoqua à longueur de colonnes le rôle déterminant d'un Mahdi, c'est-à-dire d'un Messie. Selon les journaux, il s'agissait là d'une sorte de génération spontanée, sans aucun lien avec l'environnement. Seuls une police efficace et le verrouillage absolu de toute possibilité d'expression dans le pays ont permis de faire accepter une telle version des faits. Mais le calme rétabli ne signifiait aucunement la sérénité.

Ceux qui connaissaient le pays voyaient avant tout dans cette révolte une manifestation d'opposition farouche à la famille royale. Même traqués, les ennemis des Saoud n'en existaient pas moins, et, comme de l'autre côté du Golfe, où l'Ayatollah Khomeiny avait chassé le Shah, ils déclinaient sur tous les tons le thème de la corruption. Cette opposition ne se recrutait pas parmi les masses populaires, mais dans la nouvelle bourgeoisie, classe qui bénéficiait d'une partie de la manne pétrolière, mais dans des proportions jugées par elle inacceptables. Les miettes du festin ne calmaient pas sa faim. En outre, pour cette opposition, les Saoud, qui avaient joué autrefois un rôle utile pour le pays, en empêchaient maintenant le développement.

C'est ainsi qu'un texte des « Jeunes Révolutionnaires » saoudiens est parvenu en 1980 dans les principales rédactions occidentales. Envoyé de Djeddah — la ville commerçante la plus ouverte sur l'extérieur —, il comporte quatorze feuillets qui ont été disséqués par les différents services secrets. Une rapide enquête a permis de conclure que ses rédacteurs étaient fort bien renseignés et se situaient dans des cercles proches du pouvoir. Les erreurs qui s'y étaient glissées ne diminuaient en rien la valeur globale de ce document qui permettait notamment de mesurer les ravages souterrains de la corruption.

D'entrée, l'objectif des « Jeunes Révolutionnaires » est clair :

« Nous libérer de la dictature barbare de la famille royale saoudienne. » Ils poursuivent :

« Les rois et les princes ont utilisé l'Islam pendant les cinquante dernières années comme une façade pour contrôler et asservir notre peuple. Le premier roi, Abdulaziz..., confisque les biens du peuple, viole nos femmes, et, à chaque occasion, célèbre sa victoire avec cinq ou dix vierges choisies dans les tribus vaincues. Au moment de sa mort, il avait officiellement cent douze femmes et vivait entouré de quarante-six fils et soixante-douze filles. Eux seuls furent reconnus de la famille royale. Abdulaziz disposait à sa mort de 11 718 esclaves... Ce n'est qu'en 1968 que les esclaves furent libérés dans le Royaume sous les pressions conjuguées des pays voisins et des condamnations du monde entier. Nous savons tous qu'il y a encore aujourd'hui des esclaves possédés par la famille royale dans le nord du pays et près de la frontière du Yemen. En août 1979, un bus rempli d'esclaves s'est retourné sur une autoroute. Tous les occupants, sauf trois, sont morts parce qu'ils étaient enchaînés aux sièges en bois...

Tout sujet peut être mis en prison sous n'importe quel prétexte. Des milliers de gens sont emprisonnés dans des cellules d'un mètre sur un mètre et restent là pendant des années sans que leurs familles reçoivent la moindre information. Ces cellules se trouvent sous le ministère de l'Intérieur et à travers tout le Royaume. Il n'y a pas de lumière, seulement un trou dans le sol pour des raisons d'hygiène... Une police du type *Savak* (la police secrète du temps du Shah) interdit aux Saoudiens de se confier librement, fût-ce à leur propre frère ; autrement, ils risquent de disparaître... »

Suivent alors, sous la plume des « Jeunes Révolutionnaires », quelques portraits peu amènes, c'est le moins qu'on puisse dire, des principaux membres de la famille royale :

« 1) *Le roi Khaled*, qui est bédouin et manque tant d'instruction qu'il peut difficilement parler l'arabe sans commettre des fautes à chaque phrase. Il serre les mains et salue chaque jour les délégations. Ses fils et filles vivent dans des palais dont chacun a coûté des centaines de millions de dollars. Son fils Bandar, un agent, touche des commissions de 20 à 30 % sur des contrats gouvernementaux et utilise des gangsters palestiniens pour se faire payer et collecter ses pots-de-vin.

2) *Prince Sultan :* ministre de la Défense, il a sa propre milice privée. Ses deux fils Khaled et Bandar travaillent au ministère de la Défense. Ils vivent en Amérique en jouant aux commandants de l'armée saoudienne et en collectant des commissions sur les achats d'armements dans le monde entier.

3) *Prince Naif :* ministre de l'Intérieur, il n'est pas un pouce du pays qu'il ne terrorise au nom de la sécurité et au nom de l'Islam... Il n'y a pas de Cour de Justice en Arabie. La loi est celle de la famille royale. Quand quelqu'un est jeté en prison, il n'y a pas de loi pour l'en faire sortir. Des centaines de juges saoudiens qui ont étudié aux États-Unis ne peuvent pas exercer leur métier, car le Prince Naif a pris un décret royal les obligeant à retourner six ans de plus à l'école pour étudier la loi coranique...

4) *Prince Souleiman :* gouverneur de Ryad et frère du roi, il vient juste de toucher un chèque de 4,2 milliards de dollars en paiement du terrain où sera édifiée la nouvelle université de Ryad. Ce terrain appartenait à l'État. Le roi l'a donné à son frère, qu'il a par ailleurs autorisé à ponctionner 11 % de la totalité du budget de l'année pour mener à bien cette opération. Du fait de cette dépense énorme, il n'y a plus eu assez d'argent pour réaliser le projet initial. La firme française Bouygues a remporté l'appel d'offres grâce à deux agents : le Prince Saoud, le fils du Prince Fahd, et le Prince Ahmed Ben Abdulhaziz, vice-ministre de l'Intérieur. Chacun d'eux a prélevé sur la construction une commission de 15 %, soit 900 millions de dollars. De la sorte, le prix du terrain et les commissions réparties entre les trois princes ont absorbé plus des deux tiers du budget de l'université de Ryad. C'est ainsi que l'argent du pétrole va dans les poches de la famille royale.

5) *Prince Abdallah :* commandant de la Garde nationale..., il dispose dans le Royaume d'au moins cinquante villas et palais... Il a passé un contrat de 1,2 milliard de dollars pour la construction d'hôpitaux avec une société belge incompétente et

qui avait fait faillite quelques mois auparavant. Une commission de 360 millions de dollars a été touchée par le Prince et par son beau-frère et agent Mahmoud Fustok. Nous possédons tous les documents révélant ces transactions et l'implication du Prince...

6) *Prince Mutib :* ministre des Travaux publics et de l'Urbanisme, il affirme ouvertement avoir gagné 4 milliards de dollars en détournant la quasi-totalité de son budget. Régulièrement, la presse gouvernementale annonce de nouveaux plans d'urbanisme qui ne voient jamais le jour...

7) *Prince Fahd* (le prince héritier) *:* il y a quelques semaines, le *Financial Times* et le *Herald Tribune* ont annoncé la disparition de 7,7 milliards de dollars de la SAMA (la Banque centrale). C'était la semaine du siège de La Mecque. La vérité est différente : sur les 21 milliards de dollars de dépôts, 14 ont disparu pendant l'attaque de la mosquée, et des princes ont dérobé 46 tonnes de lingots d'or qu'ils emportèrent avec eux à l'étranger. Trois Altesses ont été arrêtées et décapitées. Et le gouvernement a racheté l'or volé, estimé à 1,2 milliard de dollars. Le ministre des Finances et le patron de la SAMA n'ont pu expliquer au *Financial Times* les raisons du trou constaté. En réalité, ce sont les princes Fahd, Abdallah et Sultan qui firent main basse sur l'argent et le placèrent en Suisse... »

Les « Jeunes Révolutionnaires » n'en finissent pas d'égrener les accusations :

— Fahd toucherait des intérêts (interdits par l'Islam) sur les réserves financières du royaume ;

— Fahd, par l'intermédiaire de son fils Mohammed, toucherait des commissions sur les gros contrats. Le texte cite de nombreux exemples qui représentent un montant de quelques milliards de dollars. Entre-temps, des sommes ridicules sont consacrées à la lutte contre l'analphabétisme et à la formation...

« Où sont passés les milliards de dollars du pétrole depuis 1973 ?... Que deviendrons-nous lorsque les puits seront à sec, la famille royale installée en Suisse et sur la Riviera, jouissant de ses commissions ?...

Un employé du gouvernement avec quatre enfants à charge ne peut manger de la viande qu'une fois par mois, à cause de la corruption de la famille royale... Au prix actuel du pétrole, le revenu par tête devrait être de 21 000 dollars. Un fonctionnaire au sommet de la hiérarchie gagne 14 000 dollars. Où va la différence ? Deux mille princes bénéficient d'une allocation mensuelle allant de 15 000 dollars pour un enfant à 3 millions de dollars pour une Altesse royale...

Le pétrole saoudien est délibérément vendu au-dessous du prix du marché, de telle sorte que la famille royale peut toucher la différence sous forme de commissions. Le Prince Mohammed vient de signer un contrat pour 200 000 barils par jour, qui lui rapportera 1,350 milliard sur trois ans. C'est ce prince qui décapita sa fille en public, sans procès, parce qu'elle avait pris un billet pour l'Europe sans lui avoir demandé la permission... Pas un Saoudien n'osa lever le petit doigt ou proférer un seul mot sur ce meurtre...

Maintenant, vous pouvez comprendre pourquoi a eu lieu le siège de La Mecque. *C'était une révolution politique contre la famille royale...*

Après la capture de nos révolutionnaires, le Prince Fahd et son ministre de l'Intérieur, Naif, promirent d'organiser un procès télévisé. Celui-ci n'eut jamais lieu. Ils coupèrent sur-le-champ les bras de notre chef et torturèrent les autres en leur arrachant les ongles, en leur enfilant des choses dans le rectum, en leur coupant la langue, en leur envoyant des décharges électriques, et, finalement, en leur tranchant la tête...

La famille royale a corrompu chaque politicien qui est venu dans ce pays...

Avec tous ces milliards de revenus, les seules choses qu'ait faites le gouvernement ont été la construction de trois ports, de quelques routes, de quelques écoles en matière plastique ; la plupart de ces réalisations ne sont pas viables, car les constructeurs ont utilisé des matériaux à bon marché pour pouvoir payer les commissions des Princes... »

Ainsi, pour ces opposants farouches au régime saoudien, c'est dans la corruption des Princes de la famille royale que réside leur illégitimité. Elle serait source d'un énorme gaspillage des richesses nationales et laisserait dans la pauvreté la grande majorité des Saoudiens. Ce texte, pour excessif qu'il puisse paraître à première lecture, dément le discours officiel tenu en Arabie comme en Occident où tout un chacun a intérêt à considérer la corruption comme une sorte de phénomène « naturel », inscrit dans les traditions et la culture. L'exemple iranien est pourtant là pour montrer qu'au pays du bakchich, la corruption n'était pas aussi unanimement acceptée par la société ...

Depuis quelques années, du fait de la chute des cours et de la diminution de la part du Moyen-Orient dans l'approvisionnement mondial, les revenus pétroliers des pays arabes se sont effondrés. Par voie de conséquence, les tensions sociales se sont dangereusement exacerbées : le nombre de participants au festin est désormais trop grand pour des recettes ramenées à la portion congrue.

CHAPITRE VI

AVEC LE SUD, NE PAS PERDRE LE NORD...

Le litre de super coûtait 1,75 F. Un vrai traumatisme : au début de l'année précédente, il ne valait encore que 1,21 F. Une augmentation de 44,6 % ! Les Français allaient devoir rouler moins vite, mais pas question, dans notre pays, d'interdire la circulation un jour ou deux par semaine. Les images des autoroutes hollandaises désertes avaient déprimé tous les automobilistes, c'est-à-dire presque tous les citoyens. Le Cheikh Ahmed Zaki Yamani était devenu le symbole de la toute-puissance. Père Noël, il maintenait ouverts les robinets du pétrole. Père Fouettard, il les fermait. La France, nous disait-on, serait toujours approvisionnée, car elle est l'amie des Arabes. Quelques mois plus tôt, Michel Jobert, ministre des Affaires étrangères, avait d'ailleurs rapporté de Ryad un contrat qui nous mettait à l'abri du besoin. Nous pouvions donc rouler, même si nous savions que lourde serait la facture...

Le premier problème de l'heure étant le paiement de cette fameuse « facture pétrolière », les Français, logiquement, élurent à la tête du pays son grand argentier. Valéry Giscard d'Estaing venait de passer douze années (1959-1966, 1969-1974) rue de Rivoli. Un record absolu puisque, avant V.G.E., celui qui avait passé le plus de temps au même bureau depuis la Révolution, Léon Say, n'y était resté que cinq ans. Jamais un locataire de l'Élysée n'avait aussi bien connu les rouages financiers du pays, les brasseurs d'affaires qui comptaient, et, plus généralement, l'ensemble du monde industriel et financier, le ministère des Finances étant devenu depuis l'après-guerre le centre névralgique de l'économie française.

Le nouveau président connaissait particulièrement bien, pour les avoir remodelés, affinés, développés, tous les mécanismes des aides à l'exportation. L'année précédente, il avait d'ailleurs arbitré un conflit entre deux des principales directions de son ministère, la D.R.E.E. (Direction des Relations économiques extérieures) et le Trésor, chacune estimant avoir la primauté sur l'autre dans la définition et l'exécution de la politique française d'exportation. Un Yalta avait été décidé : la D.R.E.E., installée quai Branly, recevait l'assurance-crédit ; le Trésor prenait la responsabilité des crédits de développement.

Valéry Giscard d'Estaing arrivait à l'Elysée en plein cataclysme international. L'envolée des prix du pétrole avait bouleversé les flux traditionnels du commerce mondial. En quelques semaines, la facture pétrolière de la France se trouvait multipliée par trois. Où trouver les 30 milliards de francs nécessaires ? L'équilibre de notre balance des paiements était menacée. Les décisions de Koweit et de Téhéran amputaient une part importante de la richesse nationale. Il fallait réagir au plus vite. C'est dans ce climat de crise que le président choisit de privilégier les grands contrats, les « coups », au lieu de moderniser en profondeur notre industrie. C'est, en partie dicté par l'urgence, le choix d'une politique ostentatoire, contre un travail de fourmi. Les hommes politiques français — Giscard et Chirac en tête — se transforment en hommes-sandwich de quelques grands groupes auprès des responsables politiques du Moyen-Orient et d'Afrique. Partout, à chaque voyage, ils cherchent à vendre des armes, des avions, des routes, des aéroports, des centrales électriques et des systèmes de télécommunications... Le rêve français se moule dans une combinaison à l'enseigne des maisons Bouygues, Dumez ou autres Creusot-Loire, et démarche dans les déserts d'Arabie ou sur les bords du Congo pour apporter la Technologie française, c'est-à-dire le bonheur clés en main aux civilisations lointaines. La politique-spectacle se marie à l'économie-spectacle. A chaque retour de voyage, nos V.R. Politiciens présentant leurs shows. Ils sortent de leur attaché-case des contrats mirifiques aux montants impressionnants. Dès l'automne 1974, Chirac se rend en grande pompe à Bagdad et les commandes qu'il en rapporte ont des couleurs de Mille et une Nuits... Ébloui par les mirages persans, V.G.E., en 1976, revient de Téhéran, triomphant, avec, dit-il, 15 milliards de francs dans ses valises. Les grands hommes d'affaires sont ravis. Ce sont eux qui touchent d'abord les dividendes de la politique française. Ils bénéficient de toute la logistique de l'État. Ambassadeurs et fonctionnaires de tout poil deviennent ainsi des *missi dominici* de Matra, de Thomson ou de l'Aérospatiale. Nirvanâ suprême pour ces quelques grands groupes, l'exécution des commandes ne comporte aucun risque, puisque l'État, par tout un système compliqué qui se perfectionne sous le règne de Giscard, garantit contre tous les risques, notamment celui du non-paiement par le client. L'État leur permet enfin, par le biais de bonifications d'intérêt, de proposer leurs contrats et usines clés en main à des conditions financières particulièrement intéressantes. De surcroît, en se prêtant au spectacle, les grands patrons et leurs sociétés se retrouvent souvent sous les spots de l'actualité. Du jour au lendemain, on les consacre héros du grand combat commercial mené par la France. Ces quelques groupes sont très vite assimilés à la nouvelle force de frappe de la France. Le discours officiel laisse désormais entendre que les intérêts de Bouygues ou ceux de Matra se confondent avec ceux de la France et des Français...

Jamais politique n'a été aussi personnalisée, jamais elle n'a laissé autant dans l'ombre ses vraies motivations et les moyens réels de sa mise en œuvre. Hugues, Akram, Marcel et quelques autres forment le « noyau dur » du club fermé des grands exportateurs. Tout-puissants, ils peuvent en arriver à se sentir au-dessus des lois. Ils font partie intégrante du pouvoir, favorisant le spectacle des hommes politiques tout en en assurant l'essentiel du financement. Ce sont des as du « retour au pot ». Par définition, un gros contrat engendre une grosse commission qui n'ira pas seulement vers les émirs et les potentats africains, mais reviendra également alimenter les caisses de nos partis politiques.

A cette époque où l'alternance n'est encore qu'un épouvantail, l'U.D.R. d'abord, les Républicains indépendants ensuite sont, de loin, les principaux bénéficiaires de cette manne. Le club apporte son soutien à ses hommes politiques favoris qui, en retour, assurent légitimité, honneurs et beaux bilans à ses membres. Finalement, pour le club, il n'y a pas de différence de nature entre les enveloppes, qu'elles parviennent aux formations politiques françaises ou aux dirigeants des pays en voie de développement. Dans les deux cas, il s'agit d'obtenir des décisions favorables à leurs groupes. Avec les politiciens français, aucun contrat n'est passé, il n'existe pas de lien officiel ni formel entre l'argent versé pour une campagne électorale et telles ou telles facilités accordées pour telle ou telle affaire. On demeure dans le non-dit. Et chacun joue son rôle. Le politicien veut ignorer de qui et comment le trésorier de son parti reçoit de l'argent. Et les donateurs trouvent naturel que les groupes qui « œuvrent pour la France » soient aidés par les représentants du peuple. Ce jeu se complique encore quand les « corrompus » des pays en voie de développement ristournent une partie de leur bakchich aux « corrompus » français. Il est par exemple de notoriété publique que le Gabon, la Côte d'Ivoire, l'Irak, entre autres, ont, par le passé, versé leur obole à différents partis politiques. L'existence de cet « argent noir » permet au demeurant de mieux comprendre l'irrationnalité apparente de certaines grandes décisions françaises en matière de commerce international.

Dans ce jeu dont les règles occultes comptent plus que les lois officielles, les acteurs sont peu nombreux. Ils se connaissent tous et sont liés par la solidarité de ceux qui savent à quoi s'en tenir les uns sur les autres. C'est l'époque où V.G.E. peut demander à Bongo ou à Hassan un service, une faveur, sans avoir à en référer à qui que ce soit. Bongo ou Mobutu comprennent bien qu'il faut acheter du Thomson pour faire plaisir à leur « parent ». Les sociétés françaises récompensent les uns et les autres : les usines tournent, l'emploi est sauvé, et tant pis si toute l'opération ne tient que par le crédit. Qui aurait la mauvaise grâce de demander à quoi peuvent bien servir les luxueux centres d'information vendus par V.G.E. pour le compte de Thomson au Zaïre et au Gabon ? Est-il bien nécessaire de s'interroger sur l'utilité réelle de ces « transferts de technologies » pour les peuples des pays acheteurs ? Ceux qui posent de telles questions ne sont que des tiers-mondistes attardés, doublés de gauchistes irresponsables qui se soucient comme d'une guigne de l'intérêt de la France. Et il est vrai que personne ne force les Eyadema, les Bongo, les Mobutu, les Hassan et autres émirs à acheter des cathédrales industrielles aux membres du club. L'État français ne joue-t-il pas son rôle en procurant les meilleurs atouts aux plus beaux fleurons de son économie ? La bataille commerciale fait rage, les états d'âme ne sont pas de mise. Ces groupes utilisent la corruption pour emporter des marchés ? Nul besoin de s'en émouvoir, tout le monde en fait autant. Les bakchich augmentent dans des proportions que l'on s'accorde à trouver malsaines sous les lambris d'or du pouvoir ? Les grands contrats n'en tombent pas moins comme à Gravelotte.

Cette politique d'encouragement à l'exportation coûte cher, sans doute. Mais, d'abord, il faut être au moins énarque pour s'y retrouver dans les informations et les interpréter, tant les éléments du puzzle sont disséminés et soigneusement camouflés. Chaque année, depuis longtemps, les rapporteurs du budget du Commerce extérieur se plaignent de la totale opacité des opérations sur lesquelles ils doivent se prononcer. En 1988, ce budget n'atteint officiellement que 1,2 milliard de francs, moins d'un millième du budget de l'État. Mais ce chiffre ne recouvre en fait que les dépenses correspondant au financement des postes d'expansion économique à l'étranger et des directions régionales du Commerce extérieur. On peut y ajouter quelques subventions, comme celle accordée au C.F.C.E. (Centre français du Commerce extérieur). L'essentiel se dissimule ailleurs, dans d'innombrables comptes du ministère des Finances et dans quelques livres de la Banque de France. Scandaleuse pratique de technocrates couverts par tous les ministres des Finances, de droite comme de gauche, mépris élitiste à l'égard du peuple et de ses représentants. Depuis longtemps, le Parlement aurait dû créer une commission d'enquête sur « le coût de la grande exportation et ses conséquences pour le contribuable et pour le Tiers monde ». Un rapport fut élaboré en 1979 par un inspecteur des Finances, Hervé Hannoun, aujourd'hui chargé de mission auprès du Président de la République. Neuf ans après, ce rapport, qui traitait en partie ce sujet, est encore classé « secret ». Pourquoi cette prudence ? Parce que le fameux « rapport Hannoun » aboutit, preuves à l'appui, à une vérité qui dérange : quelques industriels français (les membres du « Club ») ont été les principaux bénéficiaires des aides de l'État destinées à soutenir leurs « efforts » d'exportation. Le Club s'est partagé sans véritable contrôle un colossal magot.

Essayons de comprendre ce système où le non-initié peut avoir de la peine à se retrouver :

1) LA PANOPLIE D'AIDE AUX GRANDS EXPORTATEURS :

— *Les crédits-acheteurs ou fournisseurs* bonifiés par la Banque de France et la Banque Française du Commerce Extérieur (B.F.C.E.) permettent à ces industriels d'accorder des prêts à leurs clients au-dessous des taux du marché. Ces facilités se justifiaient lorsque les taux d'intérêt étaient très élevés en France. En réalité, il est équivalent, pour l'acheteur, d'emprunter à taux élevés dans une monnaie faible ou d'emprunter à taux bas dans une monnaie forte.

— *Les garanties à l'exportation* assurées par la Coface : elles permettent à l'industriel ou à son banquier de se faire payer quand le client — ou plutôt le pays acheteur — est défaillant.

Du point de vue des risques, il faut distinguer deux phases dans le déroulement d'une opération d'exportation : la période pendant laquelle l'exportateur exécute son contrat et le moment où il doit recevoir le paiement des fournitures livrées.

• *Pendant la période précédant la livraison*, entre le moment où il a reçu commande de ce qu'il doit fournir et celui où il a rempli ses obligations contractuelles, le risque essentiel auquel est exposé l'exportateur est celui d'une interruption du contrat pour un fait échappant à sa volonté, qui laisserait à sa charge les dépenses engagées alors que la fourniture en cours de fabrication ne peut être revendue qu'avec des pertes importantes. Ce risque est désigné par le terme de risque de fabrication.

• Après la livraison, le risque le plus important entraîné par l'opération d'exportation est évidemment, pour l'exportateur, celui de ne pas encaisser à bonne date, dans la devise convenue, sa créance sur son débiteur étranger. Ce risque, couvert par la garantie du risque de crédit, comporte en fait deux éléments : en cas de créance à l'exportation, le non-encaissement peut être dû soit au non-paiement par le débiteur dans sa monnaie, soit à l'impossibilité de transférer la contre-valeur en devises des sommes versées par le débiteur en monnaie locale.

En cas de sinistre de fabrication, la Coface indemnise la perte de l'exportateur, c'est-à-dire la différence entre les dépenses engagées et les recettes encaissées, à l'exclusion du bénéfice escompté. En cas de sinistre de crédit, la Coface indemnise l'exportateur, qui a alors exécuté ses obligations contractuelles, sur la base du montant de la créance impayée.

La garantie du risque de fabrication est toujours accordée à l'exportateur qui a signé le contrat d'exportation. La garantie du risque de crédit est accordée au titulaire de la créance sur le débiteur étranger, c'est-à-dire à l'exportateur s'il a lui-même consenti le crédit à son acheteur par un crédit fournisseur, ou à la banque si le financement du contrat d'exportation se fait au moyen d'un crédit acheteur, c'est-à-dire grâce à un prêt consenti par la banque à l'acheteur étranger pour lui permettre de régler l'exportateur au comptant.

A cette assurance-crédit proprement dite, il convient encore d'ajouter l'assurance-prospection, la garantie du risque économique, qui protège l'industriel contre la hausse des coûts due à l'inflation, la garantie de change...

2) L'AIDE AU DÉVELOPPEMENT

Apparemment, comme son nom l'indique, elle n'a pas pour objet de soutenir nos exportations. Mais, en réalité, notre aide est, dans sa quasi-totalité, « *liée* », c'est-à-dire que les pays du Tiers monde qui en bénéficient sont obligés d'acheter français. Si bien que l'aide de la France au Tiers monde finit par se retrouver, pour une large part, dans l'escarcelle des grands groupes industriels français. Si cette aide est destinée à l'Afrique, elle transite par la Caisse centrale de Coopération économique ou le F.A.C. (Fonds d'Aide et de Coopération). Pour les autres pays, l'aide est directement gérée par le Trésor. Celui-ci passe des *protocoles* avec des pays tels que le Maroc, la Tunisie, l'Inde, l'Indonésie, la Chine... La rue de Rivoli fixe ainsi l'enveloppe des prêts qui peuvent être signés dans l'année (5 milliards en 1987, autrement dit 10 milliards de financement grâce à 5 milliards de crédit-export). Et c'est la D.R.E.E. (quai Branly) qui décide avec les fournisseurs quels projets elle soutiendra, sans se soucier généralement d'étudier leur impact sur les pays acheteurs.

3) LE DÉCLENCHEMENT DES GARANTIES DE L'ÉTAT

Le « noyau dur » des aides à l'exportation est constitué par les membres de la Commission des Garanties, puisque c'est elle qui donne le feu vert (ou met un feu rouge) à l'ouverture des garanties Coface. Elle se réunit tous les quinze jours, quai Branly, sous l'autorité du directeur de la D.R.E.E. qui, depuis 1973, a reçu délégation du ministre de l'Économie et des Finances. En réalité, la Commission, sauf cas exceptionnels, est présidée par un sous-directeur de la D.R.E.E. et réunit les représentants du Trésor, du ministère de l'Industrie, du Quai d'Orsay, du ministère de la Coopération (quand il est question de projets africains), du ministère de l'Équipement... Jusque dans les années 80, cette réunion bi-mensuelle commençait le vendredi à quinze heures et durait jusqu'à épuisement des dossiers. Elle était précédée par la réunion d'une « précommission » qui se déroulait le mercredi à partir de neuf heures, jusqu'au soir, tard et sans interruption...

Le rapporteur général de la Commission est un responsable de la Coface (de 1958 à 1982, ce fut Jacques Guesnon). Le rôle de la Commission est plus technique que politique. Pour chaque projet elle demande d'abord si le montage est sain du point de vue financier. L'idée maîtresse, bien sûr, est d'éviter le plus possible les sinistres. Sauf aberration manifeste et grossière, les membres de la Commission ne s'inquiètent pas de savoir si le projet est utile au développement du pays client... Les règles du jeu pour l'attribution des garanties sont fixées par le cabinet du ministère de l'Économie et des Finances. (C'est ainsi que Valéry Giscard d'Estaing a été le maître-d'œuvre, pendant plus de quinze ans, de la politique d'aide à l'exportation, y compris après son installation à l'Élysée). Tous les ans, une note de la rue de Rivoli, envoyée à la D.R.E.E., classe les pays en quatre catégories. La première comprend les pays sans risques, pour lesquels les garanties de l'État français peuvent être données sans limite. La deuxième catégorie est signalée d'un feu orange : la Commission doit étudier le dossier avec beaucoup de circonspection. Lorsqu'un pays appartient à la troisième, la Commission introduit un plafond des crédits garantis. Une quatrième catégorie, enfin, comprend les pays avec lesquels la conclusion de grands contrats à crédit est quasiment prohibée. Dans la décennie 70, seuls l'Albanie et le Yemen du Nord étaient ainsi frappés d'infamie (une quarantaine de pays le sont aujourd'hui). Plus tard, avec la généralisation de la crise et de l'endettement, de nombreux autres pays sont entrés dans cette zone rouge. Jusqu'au début des années 80, et sur instruction du « Château », le Zaïre, qui commençait pourtant à rencontrer des problèmes de solvabilité, restait classé dans la première catégorie. La Commission des garanties a donc toujours joué un rôle technique en appliquant des règles fixées en dehors d'elle, dont l'objectif premier reste néanmoins de développer les exportations. Sur la corruption, elle n'intervient qu'à propos du montant des commissions quand celles-ci dépassent les normes admises (5 à 7,5 %). Il est arrivé qu'elle refuse des projets-alibis, servant uniquement à la production de commissions occultes. Beaucoup plus fréquemment, des *instructions politiques* lui enjoignent d'accepter et de garantir des commissions fort importantes.

La mécanique mise en place pour traiter spécifiquement des projets à destination de l'Afrique a facilité les arbitrages politiques. C'est évidemment sur ce continent que les interventions politiques ont été et demeurent les plus fréquentes. L'examen du dossier devait intervenir après deux investigations qui aboutissaient fréquemment à des avis contradictoires : celle du chef de mission d'Aide et de Coopération et celle du Conseiller commercial dans les pays concernés. Cette divergence de points de vue a souvent permis de masquer l'aspect éminemment politique de certaines interventions. La grand-messe des garanties est surtout marquée par les luttes intestines entre le Trésor et le D.R.E.E., le premier se montrant plus soucieux des deniers de l'État, la seconde étant imprégnée de la religion du « tout pour l'exportation ». *Le Nouvel Économiste* décrit ainsi le cérémonial de la Commission tel que le lui raconte un habitué :

> « Si l'on discute d'un chantier en Ouganda pour Campenon-Bernard, d'un montant de 200 millions de francs, systématiquement ou presque, la D.R.E.E., qui a les yeux rivés sur la balance commerciale, dira : “On est pour.” Régulièrement, le Trésor fera la fine bouche : “L'Ouganda ? Est-ce vraiment raisonnable ?” Tout le jeu est alors de savoir quelle sera l'ampleur de son opposition : réserves simples, réserves formelles ou saisie du ministre. Dans les deux premiers cas, la D.R.E.E., généralement, passe outre. Dans le dernier, elle est soumise à l'arbitrage. » Réflexion d'un dirigeant de la D.R.E.E. : « Dans 98 % des cas, la décision finale nous est favorable. »

Deux secteurs ont fait l'objet, pendant les années 70, d'une attention particulière de l'État : les Travaux publics et les armes. Ces deux secteurs ont beaucoup de choses en commun : de puissants lobbies les soutiennent ; la corruption y est pratique courante ; les marges y sont très importantes, la concurrence est faible ; ils sont les principaux bailleurs de fonds des partis politiques ; et les sinistres y sont courants, marchands d'armes et vendeurs de béton s'étant spécialisés dans la vente aux pays les plus endettés. Toutes caractéristiques qui ne sont évidemment pas dues au seul hasard...

Les Travaux publics

L'industrie des Travaux publics a une longue tradition internationale. Des noms jalonnent son histoire : Suez, Panama, Rosario... A la fin du plan Marshall, les entreprises françaises disposaient d'un potentiel excédentaire. L'État les a alors incitées à utiliser ce trop-plein d'énergie hors de l'Hexagone. Celles qui avaient construit les aérodromes de l'Otan en France se sont ainsi retrouvées en Grèce et en Turquie... Et c'est finalement le contribuable français — par le biais de la Coface — qui paya, par exemple, à la place des Turcs défaillants... Quand, en 1956, à la suite de la triste expédition de Suez, l'Irak rompit ses relations diplomatiques avec Paris, c'est encore une fois ces « cochons de payants » français qui réglèrent les factures de Dumez, qui édifiait dans ce pays le barrage de Derbendi Khan, et de Fougerolles qui y construisait la route Bagdad-Kirkouk. Les sinistres des Travaux publics ponctuent ainsi l'histoire de la Coface et du Commerce extérieur. Les conséquences de l'engagement de l'État n'ont jamais été expliquées aux contribuables. Les représentants du peuple, et à plus forte raison les citoyens français, ne savent pas qu'une partie non négligeable de leurs impôts a abouti de la sorte dans les caisses des « grands » des Travaux publics. Ils ne connaissent pas non plus, il est vrai, les liens ambigus tissés au fil du temps entre certains de leurs hommes politiques et tels ou tels grands patrons de ces entreprises...

Un exemple permet d'illustrer la nature de ces liens. En Libye, plusieurs entreprises françaises réalisèrent, sous le régime du roi Idriss, la route du littoral. La société Jean Lefebvre subit des pertes tellement élevées, sur le tronçon dont elle était responsable, que le spectre de la faillite se profila. Sans sourciller, elle avala la pilule. La Compagnie Française d'Entreprises (C.F.E.) connut les mêmes déboires. Elle ne pouvait pas faire appel à la Coface, tant son dossier était loin de remplir les conditions requises. Mais le banquier de la C.F.E. était Suez, dont le président s'appelait Georges-Picot, oncle de Valéry Giscard d'Estaing. Le problème fut-il évoqué à un niveau suffisamment important ? Toujours est-il que, quelque temps plus tard, la Coface accepta de prendre en charge la moitié du déficit, dans des conditions de parfaite irrégularité. Il fallait évidemment trouver un « habillage ». Plusieurs réunions se seraient alors tenues rue de Rivoli, sous la présidence de Jacques Wahl (futur secrétaire général de l'Élysée), en vue d'étudier le versement d'une grosse indemnité à la C.F.E. Impossible, néanmoins, d'éviter la Commission des Garanties. Pour la première fois de son histoire, on résolut de la réunir à huis clos et en comité restreint. Un procès-verbal manuscrit fut établi et transmis avec des commentaires peu amènes par Michel Freyche, alors président de la Commission, à son ministre — à l'époque, Valéry Giscard d'Estaing — pour que celui-ci se prononçât personnellement sur la décision de versement d'indemnités. La Coface n'aurait plus alors qu'à puiser dans ses caisses pour renflouer la C.F.E. Une difficulté, toutefois, subsistait : l'opération ne devait pas être passée en écritures, afin de ne pas éveiller l'attention du Conseil d'administration de la Coface, auquel un compte rendu mensuel des sinistres était adressé. Une instruction aux services comptable, statistique et informatique, fut envoyée pour leur imposer le black-out total sur cette affaire. Black-out qui fut respecté jusqu'à... la publication de ces lignes.

Si le grand public ignora tout de cette affaire, la profession (des Travaux publics) ne tarda pas à en connaître les dessous. Un jour que le nouveau président de la C.F.E. réclamait un nouveau traitement de faveur, à l'occasion d'un autre sinistre, un haut responsable de la D.R.E.E. s'emporta : « Ce n'est pas parce que tel ou tel a fait dans le passé, en faveur de votre société, un geste qui aurait dû l'envoyer devant les tribunaux, qu'il faut vous croire tout permis !... »

L'histoire rebondit en 1973... Quatre sociétés — S.A.E. (Société Auxiliaire d'Entreprises), Sainrapt et Brice, Viasphalte et l'Européenne d'Entreprises — s'étaient essoufflées à construire des routes dans les déserts d'Arabie. Une fois de plus, elles s'étaient retournées vers la Coface, qui avait purement et simplement rejeté leurs dossiers, tant ceux-ci paraissaient avoir été surestimés pour obtenir des indemnités sans commune mesure avec la réalité du sinistre. Les quatre sociétés constituèrent un syndicat d'intérêts animé par un ancien ingénieur de Sainrapt et Brice, passé maître dans l'art de tirer les sonnettes... A la longue et à force d'interventions, les dirigeants des quatre entreprises de Travaux publics se retrouvèrent donc rue de Rivoli dans le cadre d'une réunion animée par Philippe Pontet, conseiller technique du ministre, et en présence de Jean Chapelle, président de la Coface. Énervé par l'intransigeance de Pontet, l'un des participants lui lança :

— Monsieur le Directeur, il ne faudrait pas que l'attitude restrictive que vous semblez prendre nous contraigne à évoquer ici certain précédent...

Et un autre d'enchaîner :

— Monsieur le Directeur ne voudrait certainement pas nous pousser... à nous interroger sur le bien-fondé de notre action, qui a contribué à faire élire M. Chinaud député de Paris.

(Celui-ci avait été le seul Républicain indépendant, parti dirigé par V.G.E., à avoir été élu dans la capitale aux élections de mars 1973...)

Philippe Pontet ne put prendre d'autre décision que celle de s'en remettre à son ministre...

Les exemples de connivences ou de pressions pourraient être multipliés indéfiniment. Les chantiers d'Iran et d'Irak ont montré à quel point la République était bonne fille avec ces grands baroudeurs des chantiers de travaux publics : « Hors de la Coface, saint-bernard des entreprises de Travaux publics, point de salut ! » conclut avec humour un haut fonctionnaire.

Les armes

« L'accord Reagan-Gorbatchev a eu pour effet de faire baisser le niveau de la peur dans le monde, expliquait en substance Alain Gomez, P.-D.G. de Thomson, à son Conseil d'administration au mois de juin 1988. Ce phénomène, que nous avons baptisé "baisse d'induction", se traduira par une réduction sensible de tous les marchés d'armements de la planète. » Il ajoutait : « Nos plus gros clients potentiels sont au Proche-Orient. Mais presque tous nos clients dans cette région se trouvent dans une impasse financière. Quant à l'Arabie Saoudite, elle est suréquipée. » Et de conclure : « Nous sommes complètement dépendants de la guerre Irak-Iran. Si elle s'arrête, nous plongeons[1]. »

Quelques semaines plus tard, un cessez-le-feu intervenait entre Téhéran et Bagdad... Mais ce qu'Alain Gomez ne disait pas, c'est que, sans l'État français, Thomson aurait déjà « plongé » depuis longtemps, car l'Irak n'est plus solvable depuis la fin 1982. Saddam Hussein faisait la guerre à crédit. La plus grande part des dettes irakiennes était prise en charge par un pool de banques françaises, sous la coordination de la B.F.C.E. et avec la couverture de la Coface qui offrait sa garantie pour environ 95 % du refinancement total. Depuis lors, on a d'ailleurs fait mieux : on a refinancé le... refinancement ! Résultat : Thomson (mais aussi, en d'autres secteurs, Spie-Batignolles, Fougerolles, Technip, Renault-Industrie, etc.)

1. *Le Canard Enchaîné*, juillet 1988.

pouvait continuer à travailler pour son principal client. La vente d'armes à crédit — de surcroît à des pays insolvables — avec la garantie de la Coface, c'est-à-dire de l'État, est une spécialité bien française : les Hermes, Ducroire et autres systèmes d'assurance mis au point par nos voisins européens, ne garantissent pas les contrats d'armement.

Pour permettre aux usines d'armement de travailler à plein, les pouvoirs publics acceptèrent, dans les années 60, qu'elles se tournent vers l'extérieur et recourent à la Coface, comme n'importe quelle autre entreprise. Michel Debré donna un nouveau coup de pouce, à la fin de 1970, au développement de nos ventes d'armes en permettant aux arsenaux de conclure eux-mêmes des contrats à l'exportation et à crédit, grâce à l'intervention d'une société financière-écran, la Sofrantem, créée dans la mouvance de la Société Générale. La Sofrantem payait comptant les arsenaux et montait un crédit acheteur...

La Direction des Affaires internationales de la Délégation générale aux Armements du ministère de la Défense allait jouer le rôle de fer de lance des exportations françaises dans ce secteur. Son directeur — longtemps, ce fut Hugues de l'Estoile —, homme phare du complexe militaro-industriel, avec ses réseaux, ses intermédiaires corrupteurs comme Akram Ojjeh, ses sociétés-écrans (la Sofrantem venait s'ajouter aux Sofma, Oga, Cofras...), devenait, à l'intérieur même de l'appareil de l'État, un super V.R.P. dont la capacité de corruption sans véritable contrôle s'évaluait en milliards de francs...

Devant la multiplication des affaires militaires, la Coface dut créer une cellule spécialisée et autonome, installée rue Marbeuf, à l'abri des regards indiscrets et protégée par des systèmes électroniques. Une Commission des Garanties « bis » fut instituée. Sa composition était restreinte, et ses décisions venaient en aval de celles de la C.I.E.E.M.G. (Commission interministérielle pour l'Etude des Exportations des Matériels de Guerre).

Une mécanique très efficace a ainsi été imposée au pouvoir politique par le « complexe militaro-industriel » composé des responsables de la D.G.A., de la D.A.T., des arsenaux et des grands de l'armement du secteur privé (Thomson, Aérospatiale, Dassault, Snecma et Matra). L'amiral Antoine Sanguinetti, dans *Le Monde diplomatique* d'avril 1988, montre bien comment ce « complexe » peut se jouer des règles de l'État républicain :

> « Dans les cabinets du ministre de la Défense, comme dans celui du délégué, les ingénieurs de l'armement sont assez nombreux pour veiller efficacement aux intérêts de la corporation. Ils s'y créent des relations et solidarités utiles. Avec leurs collègues inspecteurs des finances ou contrôleurs des armées, ils reçoivent les dividendes de leur efficacité et de leur dévouement en pantouflant dans les postes de direction de l'industrie d'armement, sans abandonner pour autant leurs retraites "militaires".
>
> Plus grave encore, les chefs militaires de très haut niveau ont été contaminés et se recasent, en violation de la loi, dans les mêmes conditions. On veut espérer que ce n'est pas en fonction de la souplesse ou de la compréhension témoignées envers leurs fournisseurs de matériels quand ils étaient en service actif.
>
> La mainmise totale du corps de l'armement sur la tutelle des industries dont il procède a une conséquence immédiate : le complexe tentaculaire ainsi créé avec les principaux secteurs industriels du pays — mécanique, aéronautique, électronique, informatique, nucléaire et chimique depuis peu — est en position de détourner les crédits militaires d'investissements vers un soutien incontrôlable d'intérêts techniques ou financiers particuliers. Les armes ne sont plus étudiées et fabriquées en fonction des doctrines de défense réfléchies à l'échelon politique. Ce sont les doctrines qui sont adaptées, tant bien que mal, à l'emploi des armes produites. »

Pour vendre davantage d'armes, l'État a donc généralisé le crédit, offert sa propre garantie et autorisé la corruption. Dans un rapport demeuré secret, l'inspecteur des Finances Pierre Meyer a révélé que les commissions signées directement par la D.A.I., c'est-à-dire concernant les transactions d'État à État, étaient notablement supérieures à celles habituellement pratiquées par les sociétés privées. Bien entendu, durant les années 60 et le début des années 70, une partie de ces commissions revenait au parti gaulliste. Après 1974, l'État n'a pas oublié les caisses des partis soutenant Valéry Giscard d'Estaing, et, après 1981, celles du P.S. ne furent sans doute pas épargnées par la distribution !

Les chiffres sont là pour attester que le « complexe » vend bien. En 1970, il exportait pour un peu plus de 2 milliards de francs ; en 1980, 23,4 milliards ; en 1984, 35 milliards. Mais, à l'exception de l'Arabie Saoudite, nos clients sont souvent pauvres, pour ne pas dire insolvables. Par exemple, le Pérou a acheté à Dassault 26 Mirage[1]... alors qu'il négociait avec le F.M.I. le troisième rééchelonnement de sa dette. Le Maroc (notre troisième client) a bénéficié d'une « restructuration » de sa dette militaire, ce qui signifie qu'une bonne partie des armes vendues à ce pays par les grandes sociétés françaises ont été prises en charge par le Trésor, autrement dit par les contribuables français. Dans tous les cas, les armes sont livrées, et les commissions bel et bien versées... D'où le résumé de la situation brossé par un sénateur dans un rapport publié en 1979 : « Souvent, nous nous vendons à nous-mêmes tout en livrant la marchandise aux autres... » Il n'empêche que, dans toutes ces affaires, les grandes sociétés, elles, trouvent largement leur compte.

Pour ce qui est de l'intérêt de l'État français et de celui des pays du Tiers monde, la réponse est beaucoup moins certaine. Le pouvoir politique se trouve « piégé » par les agissements du « complexe militaro-industriel ». Une fois la mécanique enclenchée, il est bien difficile de l'arrêter : il y va du respect des engagements signés, de la politique de l'emploi (arrêter ou réduire les ventes au Tiers monde reviendrait, dit-on, à supprimer des dizaines de milliers de postes de travail...), de

1. Ramenés ultérieurement à 12.

l'équilibre de la sacro-sainte balance commerciale. On a vu comment François Mitterrand, à peine élu Président en 1981, est revenu à son tour sur ses déclarations : « Depuis 1981, j'ai pris en compte la nation française dans sa réalité. Nous avons un effort d'indépendance nationale soutenu par une armée et une défense qui doivent avoir les moyens. Et, pour avoir les moyens, il faut avoir accès aux marchés étrangers. » L'action du « complexe » n'avait pas tardé à retrouver toute sa légitimité. Même le plus éminent des socialistes finissait par lui accorder implicitement sa bénédiction.

Quand les commandes d'armes se sont mises à baisser, en 1983, la délégation générale à l'Armement, avec le plein accord de Charles Hernu, est entrée en loge pour réfléchir à la définition d'un nouvelle ligne de conduite en matière de ventes d'armes[1]. Dans une note « Confidentiel Défense » révélée par *Le Monde*, le délégué général à l'Armement demanda au directeur de la D.A.I., Marc Cauchie, successeur d'Hugues de l'Estoile (« passé » depuis longtemps chez Dassault), de mieux étudier les marchés extérieurs « en vue de redéfinir les zones et les pays sur lesquels doivent être accentués nos efforts, de prévoir les inflexions à donner pour tendre à une répartition géographique plus équilibrée de nos ventes, de réexaminer les moyens d'attaquer le marché avec le maximum d'efficacité (aides au financement, réseaux commerciaux) ».

Logique sinistre de vente d'engins de mort qui n'est pas contrôlée par le Parlement, contrairement aux pratiques en vigueur aux États-Unis où tout envoi d'armes est considéré comme un *acte politique* qui doit, à ce titre, être approuvé par le Congrès. Pierre Marion, ancien patron des services spéciaux français, écrivait à ce sujet dans *Le Monde* du 28 novembre 1983 : « La classe politique n'est pas capable de contrôler le complexe militaro-industriel. Elle n'est pas capable de le ramener à sa place, celle d'un exécutant des politiques voulues

1. *Le Monde* du 19 janvier 1984.

par le pouvoir civil et élaborées par un processus démocratique. Elle n'ose pas le dénoncer clairement à l'opinion publique. »

C'est ainsi que les Travaux publics et le « complexe militaro-industriel », tous deux grands corrupteurs et grands utilisateurs d'aide extérieure, ont été les deux plus gros fabricants de la dette du Tiers monde, avec la complicité intéressée des élites locales, utilisées comme de simples intermédiaires.

L'État est tenu d'éponger les déficits de l'assurance-crédit. Actuellement, la Coface a garanti environ 500 milliards de francs, correspondant pour moitié à des commandes en cours d'exécution, pour l'autre moitié à des contrats menés à bien. Dans cette seconde catégorie, 70 milliards de crédits d'exportation ne seront probablement jamais remboursés. Par un artifice dont les financiers ont le secret, 35 milliards de ces sinistres ont été « refinancés » par la B.F.C.E., c'est-à-dire que la France a prêté de l'argent à ses clients défaillants pour qu'ils s'acquittent de leurs dettes auprès de la Coface ! On n'a pas osé expliciter la vérité aux Français en inscrivant ces sommes au Budget...

Les sinistres augmentent chaque année d'une manière inquiétante : la Coface a payé aux industriels et banquiers français une ardoise de 24 milliards en 1987 (19,3 en 1986, 14,6 en 1985). Nous approchons à grands pas de l'absurdité : de plus en plus de contrats signés, ces dernières années, avec l'étranger, sont en réalité financés par le contribuable français ! Des contrats qui ont assuré la prospérité (ou évité la faillite) de quelques groupes, garni des comptes en Suisse au profit de quelques dirigeants du Tiers monde, et freiné le développement de ces pays, voire accru dramatiquement leur pauvreté.

Michel Noir estimait ainsi en privé que le groupe C.G.E., par exemple, avait « bénéficié » de 4 milliards de francs de la Coface en 1987. L'essentiel des sinistres concerne en effet les grands contrats (donc toujours les mêmes sociétés) qui, malgré les efforts gouvernementaux déployés depuis le premier choc pétrolier, ne représentent en fait qu'une faible partie de nos exportations totales : moins de 12 %. Toujours la même alliance : politique-spectacle et économie-spectacle !

S'il est assez facile de connaître le montant global des sinistres, il est en revanche impossible de s'en faire communiquer le détail. La Coface ne publie pas la liste des sinistres, de même que les banques ne fournissent généralement aucune information sur leurs « provisions sur prêts douteux ». La Banque Mondiale estime qu'en Europe, au début de 1987, les banques ont constitué des provisions correspondant à 30, 40, voire jusqu'à 70 % de leurs prêts aux pays en voie de développement.

L'idée que le Commerce extérieur coûte cher à l'État, mais qu'il ne bénéficie prioritairement qu'à une poignée de sociétés, commence à faire son chemin depuis quelques années. L'augmentation des sinistres a favorisé un débat sourd mais violent sur ce sujet à l'intérieur même de l'Administration.

Le Trésor face à la D.R.E.E.

Par son caractère très personnalisé et très politisé, la politique d'encouragement à l'exportation — surtout à la grande exportation — laisse une grande marge d'appréciation aux deux directions chargées de la mettre en œuvre. Dans cet espace de liberté, elles ont développé deux logiques différentes qui sont progressivement devenues contradictoires, voire violemment antagonistes.

Dans l'esprit du rapport Hannoun, les *Tresor's boys* marquent très étroitement ceux du Quai Branly, défendus par François David. Plus ou moins ouvertement, les premiers reprochent aux seconds de défendre avec trop d'acharnement les grands contrats sur des pays fragiles, et, par voie de conséquence, de soutenir le club de la grande exportation. Ils ne sont pas loin de penser que leurs collègues du Quai Branly défendent avant tout leur propre fonds de commerce. La D.R.E.E., disent-ils, est bien trop laxiste dans l'attribution d'aides qui coûtent fort cher à la France...

Profitant de ce combat, quelques « correspondants de guerre », parmi lesquels Alain Vernholles, du *Monde*, et Gilles Le Gendre, du *Nouvel Économiste*, ont réussi à percer les secrets du système. Grâce à eux, et pour la première fois, les Français peuvent commencer à s'y retrouver dans l'inextricable maquis de l'aide à l'exportation. Le Trésor a encore haussé le ton, à l'automne 1987, lors de la préparation de la Loi de finances. Une note confidentielle de la rue de Rivoli désignait l'assurance-crédit comme un « guichet de subventions aux exportateurs ». Après le lancement de cet Exocet, elle stigmatisa les débudgétisations et leur « effet anesthésiant » sur la D.R.E.E., elle-même implicitement accusée de laxisme. Les gens du Trésor se battent en effet avec acharnement pour que toutes les aides apparaissent « en clair » au budget de l'État, et, depuis juin 1985, ils ont déjà marqué des points sur ce terrain en matière de bonifications de taux d'intérêt. Mais l'attaque frontale reste néanmoins dirigée contre le dispositif de soutien public à la grande exportation.

Dans une note tout aussi confidentielle, le haut responsable de la D.R.E.E. répondit sèchement en prenant la défense de sa direction : « La D.R.E.E. ne se permet pas, pour sa part, de porter des jugements sur la façon dont le ministère du Budget gère ses propres affaires. » Le Trésor a néanmoins obtenu une gestion plus stricte du plafonnement (pour certains pays « dangereux », nous l'avons vu, les industriels ne peuvent dépasser un certain seuil de crédit) et des interdictions (pour les pays les plus dangereux, au nombre d'une quarantaine, les industriels n'ont plus accès à la garantie Coface).

Mais les Finances veulent davantage et souhaitent entraîner la D.R.E.E. dans une vaste « Opération Vérité ». Comme l'explique *Le Nouvel Économiste*, « le saint-christophe des exportateurs gère, au nom de la puissance publique, un compte qui enregistre trois types de mouvements : les primes versées par les industriels ou les banques, les indemnités versées par la Coface, enfin les récupérations. C'est justement sur ces récupérations que porte tout le débat. Lorsqu'un pays ou un acheteur est en cessation de paiement, la Coface indemnise la banque ou le fournisseur français, ce qui apparaît en sinistres dans les comptes de la compagnie qui détient alors une créance sur le pays défaillant. Mais, parallèlement, ce dernier bénéficie, la plupart du temps, d'un accord, conclu dans le cadre du Club de Paris, lui permettant de rééchelonner ses dettes, c'est-à-dire de les rembourser plus tard, ou bien l'autorisant à se refinancier, c'est-à-dire à obtenir un nouveau prêt remplaçant le précédent. Du strict point de vue de la Coface, les effets sont très différents. Dans le premier cas, elle doit attendre pour faire honorer sa créance. Dans le second, elle est immédiatement remboursée, et ses comptes sont allégés d'autant. Par cet artifice, les sinistres n'apparaissent pas visiblement dans le budget. »

Depuis peu, le financement direct des sinistres par l'État est préféré au refinancement par les banques. On prête au nouveau ministre de l'Économie et des Finances, Pierre Bérégovoy, la volonté d'inscrire au Budget des sommes correspondant mieux à la réalité des sinistres. En 1987, le Budget avait déjà inscrit plus de 10 milliards de francs pour les compenser.

Au cours de cette confrontation interne à l'Administration, des découvertes stupéfiantes ont été faites : la Coface aurait dans ses livres 50 % de créances irrécupérables. « Extravagant ! » rétorque François David, qui, dans sa note de l'automne 1987, suggérait que l'assurance-crédit relevait plus de l'aide au développement que de l'aide à l'exportation. Il signalait également que « chez aucun de nos partenaires, l'assurance-crédit n'est équilibrée ». En réalité, ni l'Eximbank aux États-Unis, ni Hermes en R.F.A., ni l'Eggd en Grande-Bretagne, ni Ducroire en Belgique, ni Eid-Miti au Japon n'aident autant leurs industriels en concours publics. Et comme le soulignait Alain Vernholles, « autant qu'on puisse y voir clair, la Coface est bien l'organisme d'assurance-crédit qui détient le record du monde des volumes assurés par l'État, mais aussi des sinistres enregistrés ».

Point d'orgue à ce conflit : le coût annuel total des aides et des garanties à l'exportation serait actuellement de 30 milliards de francs. Chiffre énorme qui, selon toute probabilité, va augmenter dans les prochaines années, et qui sera progressivement intégré dans le budget de l'État. Ce chiffre, qui mesure la faiblesse de notre appareil industriel, est une conséquence manifeste des décisions prises au moment du premier choc pétrolier.

Cette aide est-elle utilisée efficacement pour le bien public ? Pourquoi ses bénéficiaires sont-ils si peu nombreux ? Est-il sain que quelques groupes récoltent une telle manne sans contrôle ni contrepartie ?

Il est clair que l'intérêt à court terme de certaines entreprises ne correspond pas toujours aux intérêts à long terme de notre économie. Nos grands aventuriers en fauteuil, qu'on nous présentait comme des casse-cou de la guerre économique affrontant les périls aux quatre coins de la planète, se contentaient en fait le plus souvent d'occuper les marchés où la concurrence était la moins forte et où la corruption permettait de tout régler, avant de venir pointer aux guichets de la Coface. Sans aucun risque réel — ce risque qu'implique pourtant leur fonction et qui justifie leurs profits —, ils ont ainsi consolidé leur fortune et leur puissance, réinvestissant au passage dans des diversifications juteuses... Cette spécialisation dans les affaires traitées avec les pays les plus endettés (42 % des exportations des B.T.P. ont trait à l'Afrique) permet de comprendre pourquoi la France, à elle seule, « porte » *le quart* des rééchelonnements négociés par le Nord avec les pays du Tiers monde, alors que son propre potentiel industriel et commercial est très loin de représenter le quart de celui des pays occidentaux. Cette attitude explique également que la France enregistre *trois à quatre fois plus* de sinistres que la R.F.A. Censée diminuer le chômage, elle a enfin engagé notre industrie dans des voies sans avenir, retardant d'autant l'heure des véritables confrontations avec nos concurrents dans la conquête des marchés porteurs, et aggravant ainsi les problèmes de reconversion et d'emploi.

Et que dire de la cruelle expérience vécue par ceux qui sont de l'autre côté, les peuples du Tiers monde ? A l'évidence, leurs intérêts à long terme ont été encore plus oubliés que ceux de la France. Ce sont eux les principales victimes de l'« affairisme d'État » (un affairisme privé encouragé par l'État). Laissons, sur ce point, le mot de conclusion à André Postel-Vinay, inspecteur général des Finances, ancien patron de la Caisse centrale de Coopération économique :

> « L'affairisme est devenu si fort dans les grands États occidentaux que les principaux groupes exportateurs y réussissent habituellement à se faire accorder ces garanties, même quand ils veulent traiter avec un acheteur plus ou moins insolvable. *Ce sont ces systèmes d'assurances et leur mauvais emploi qui expliquent le dynamisme des entreprises des pays riches dans leur politique de vente aux pays sous-développés.* Certaines de ces entreprises sont même devenues assez puissantes pour obtenir que des membres du gouvernement de leur pays se transforment en commis-voyageurs et aillent appuyer leurs propositions commerciales auprès des autorités du pays acheteur, sans que ces missionnaires complaisants paraissent se soucier des risques financiers des marchés en discussion. L'affairisme exerce désormais une telle influence qu'il conduit des États occidentaux à rivaliser entre eux de façon ridicule : on les voit sans cesse s'arracher des contrats d'équipements ou de travaux proposés par des pays incapables de les payer. “Ils nous vendraient la corde pour les pendre”, disait Lénine. Des systèmes de garanties analogues vicient de la même façon les investissements du Nord vers le Sud. Grâce à ces garanties et à quelques habiletés complémentaires, les groupes privés occidentaux *peuvent réduire à des sommes relativement faibles les risques de leurs investissements dans les pays sous-développés.* Dès lors, comment continuer de croire à la validité économique de ce type d'investissements privés ? »

CHAPITRE VII

LA GRANDE SECOUSSE MEXICAINE

Jusque-là, les dirigeants des pays pauvres accumulaient avec facilité les prêts que leur consentaient les plus riches. Au passage, il leur arrivait de s'enrichir et ils achetaient ce qui était censé — selon les riches — développer leurs pays, mais qui n'était en réalité le plus souvent que des sortes de pains de glace : la glace fondait, les dettes augmentaient... Brutalement, en août 1982, ce système, qui semblait fonctionner à la satisfaction générale, se lézarda dangereusement.

On apprit que les caisses de l'État mexicain étaient vides. Le ministre des Finances de ce pays ne voyait pas comment il allait honorer le paiement des intérêts de son énorme dette, qui atteignait 80 milliards de dollars (somme comparable au montant de l'endettement de tout le continent africain). Le ministre prévint ses créanciers, parmi lesquels les grandes banques américaines étaient les plus engagées. Si une solution rapide n'était pas trouvée, l'ensemble du système financier international risquait de s'effondrer. Cette (très mauvaise) nouvelle était d'autant plus surprenante que le Mexique se présentait, quelques mois plus tôt, comme un bon élève qui allait bientôt pouvoir jouer dans la cour des grands pays industrialisés. Grâce à l'augmentation des prix du pétrole, le Mexique s'était en effet retrouvé à la tête d'un extraordinaire magot. Ce pays était couvé par la communauté occidentale, son or noir (ainsi que celui de la mer du Nord) permettant à l'Occident d'envisager, à terme, le desserrement de l'étau de l'O.P.E.P., voire l'éclatement du cartel des producteurs. Les banques du monde entier lui avaient donc ouvert en grand les portes de leurs coffres.

Profitant de cet afflux d'argent, le secteur public mexicain signait chaque mois des contrats mirifiques : aciéries, complexes touristiques, métro de Mexico, raffineries, grands travaux d'infrastructure... Aucune prudence, aucun échelonnement des projets : le Mexique voulait tout faire en même temps. Une petite équipe veillait à la passation de ces contrats depuis 1976 : animée par Lopez Portillo, le président de la République, elle comprenait quelques-uns de ses amis, tel Jorge Dias Serrano, nommé patron de la Pemex, la société pétrolière nationale, devenue la principale « pompe à phynances » du pays. Ces hommes allaient permettre à la corruption, mal ancien et endémique au Mexique, de connaître un essor jamais atteint jusque-là.

Depuis longtemps, chaque nouvel élu à la charge suprême dénonçait plus ou moins ouvertement les pratiques de son prédécesseur et promettait d'y remédier. En 1952, Adolfo Ruiz Cortines évoquait dans son discours inaugural le rôle des « fonctionnaires vénaux ». En 1970, Luis Echevarria Alvarez déclarait que « la Présidence n'est pas un butin », tandis que Lopez Portillo, en 1976, voyait dans la « malhonnêteté un cancer rongeant notre société ». Pour ne pas être en reste, son successeur, Miguel de la Madrid, reprendra comme en écho : « Nous n'accepterons pas la corruption comme le coût de la stabilité ou de l'efficacité de notre système. »

Un livre d'Alan Riding[1] montre bien à quel point la nature de la corruption a changé au Mexique, comme partout ailleurs dans le Tiers monde, avec le surgissement de la manne pétrolière (et, en l'espèce, avec l'arrivée au pouvoir de Lopez Portillo). Avant, l'« argent noir » permettait d'acheter la loyauté

1. *Distant Neighbours : Portrait of the Mexicans*, publié chez Knopf par le chef du bureau du *Times* à Rio de Janeiro.

de la machine politique. La corruption servait à redistribuer des richesses et contribuait à la stabilité politique. La bande de Lopez Portillo n'a pas respecté les impératifs de cette vieille mécanique. Au lieu d'irriguer les classes politiques et administratives, l'argent de la corruption dégagé par les contrats publics s'est dirigé exclusivement vers la présidence et ses satellites. La volonté d'accumuler très rapidement de grosses fortunes a bien sûr pesé fortement sur le choix des projets. « Le problème avec la corruption, expliqua un officiel mexicain à Alan Riding, c'est que pour voler 10 pesos, 100 peuvent être dépensés de façon tout à fait inutile. »

En six ans, Lopez Portillo, d'après des sources concordantes, serait devenu l'un des dix individus les plus riches du monde. Au fur et à mesure qu'il accumulait, son népotisme ne faisait que croître et son sens de l'intérêt général diminuait en proportion. Deux jours avant de quitter le pouvoir, il présentait son fils, qu'il avait installé comme sous-secrétaire d'État à la Planification et au Budget, comme sa « fierté » — parfaite illustration de son sens des intérêts familiaux.

Dans les premiers temps, cette logique affairiste fut masquée par le spectacle des réalisations que rendait possibles le flot d'argent du pétrole. Le gaspillage et l'incohérence n'apparaissaient pas ouvertement. Entre 1976 et 1981, le patron de la Pemex pouvait en effet exhiber ses succès : triplement de la production, décuplement des réserves prouvées. Cette belle façade — comparable à celle de Pertamina, en Indonésie — cachait un extraordinaire ballet de corrompus qui puisaient sans vergogne dans les caisses. Sur chacun des milliards de dollars investis dans l'exportation ou dégagés par la production et le transport de l'or noir, Serrano et les grands dirigeants de la société pétrolière prélevaient un minimum de 10 %. Tout Mexico le savait. Mais Serrano était si puissant, du fait de son argent et de la personnalité de son protecteur, que personne — pas plus le Parlement que le ministre des Finances — ne pouvait se permettre de lancer sur ses activités le moindre début d'enquête. Vers la fin de son mandat, le directeur général de la Pemex, installé comme sénateur par son « ami » Lopez Portillo, se voyait déjà futur président du Mexique. Il tomba en juin 1981.

Les trucages de Serrano apparurent alors au grand jour. Par exemple, les preuves apportées qu'il avait touché une commission de 34 millions de dollars sur la vente de deux chargements de pétrole brut. Mais le directeur déchu de la Pemex bénéficiait de l'immunité sénatoriale ! Serrano finit pourtant par se retrouver en prison. Beaucoup de ses collaborateurs directs eurent le temps de passer la frontière avant d'être arrêtés.

Mexico est la seule grande capitale au monde à abriter un musée de la corruption. Pour sensibiliser le peuple à ce fléau, le successeur de Lopez Portillo, Miguel de la Madrid, a installé ce musée dans une superbe maison néo-gothique, construite au milieu d'une immense propriété dominant la ville de Mexico par un des personnages les plus corrompus et les plus haïs du précédent régime, l'ancien chef de la police de la capitale, Arturo Durazo Moreno. Le week-end, les Mexicains viennent en famille contempler les colonnes de marbre, les murs tapissés de nymphettes, tous les symboles de la richesse illicite du policier dont la résidence avait coûté quelque 2,5 millions de dollars aux contribuables. Ce haut fonctionnaire avait, en quelques années, édifié un véritable empire du crime dont l'un des secteurs les plus florissants était le trafic de drogue. Il faudrait des volumes pour raconter ses turpitudes, tout comme à dénombrer les abus de Lopez Portillo, mais une telle personnalisation de la corruption reviendrait à laisser dans l'ombre le fond du problème. C'est la gestion du Mexique par quelques individus soucieux de leurs seuls intérêts qui a failli provoquer l'effondrement du système financier international. Or à aucun moment les représentants de la communauté financière internationale, accourus au chevet du malade au mois d'août 1982, n'ont diagnostiqué le mal principal. Comme toujours, ils ont préféré administrer un sirop contre la toux plutôt que de soigner les bronches. Des envoyés spéciaux de la Réserve fédérale (Fed), du Trésor américain, du Département d'État, des banques impliquées, bien sûr, sans oublier le médecin-chef, l'inévitable F.M.I., entamèrent donc, le 13 août, avec le ministre des Finances mexicain, une négociation dont le caractère dramatique n'échappait à personne. Si le gouvernement mexicain avait cessé de payer les intérêts de sa dette, la panique se serait rapidement emparée des actionnaires des grandes banques américaines. Par un effet de dominos, la crise se serait immédiatement propagée à travers le monde entier. Et toutes les bourses d'Occident se seraient effondrées. Avec 80 milliards de dollars de dettes, le Mexique se retrouvait paradoxalement en position de force pour réclamer de l'argent frais et le report de ses échéances.

Le grand corrompu Lopez Portillo, co-responsable (avec la chute des prix du pétrole) de la grave crise que traversait son pays, faillit alors faire perdre patience à l'aréopage de docteurs. Le 1er septembre, juste avant de quitter son fauteuil présidentiel, il prononça un violent réquisitoire contre la purge que voulait lui administrer le F.M.I. :

> « La peste financière fait de plus en plus de ravages de par le monde. Comme au Moyen Age, elle fond sur un pays après l'autre. L'épidémie est transmise par les rats et a pour conséquence le chômage et la pauvreté, la faillite industrielle et l'enrichissement par le biais de la spéculation. A cela, les sorciers recommandent un remède : le jeûne et le repos absolu. Ceux qui protestent doivent être purgés et ceux qui survivent doivent faire preuve de leur moralité face aux prédicateurs d'une doctrine dominante et démodée, dont l'égoïsme aveugle fait autorité. »

Belle envolée qui attira des centaines de milliers de paysans dans le centre de Mexico pour y conspuer les experts de Washington. Les banquiers américains exigèrent alors des banques mexicaines le remboursement immédiat de leurs dettes... Cependant, un accord fut signé, quelques semaines plus tard, grâce à la fermeté du patron du F.M.I., le Français Jacques de Larosière, qui « obligea » la communauté financière internationale à accorder un nouveau ballon d'oxygène au Mexique, pour un montant de 8,2 milliards de dollars, à charge pour ce pays de « renforcer son économie », de procéder à quelques « ajustements structurels » et de respecter les nouvelles échéances fixées pour les remboursements de sa colossale dette.

En contrepartie de leurs efforts, les banques les plus engagées à l'égard du Mexique retrouvèrent la confiance de leurs clients et actionnaires. Considérées comme fort « douteuses » au début d'août 1982, leurs créances sont redevenues « saines ». Le sauvetage mexicain allait d'ailleurs être suivi de pas mal d'autres, car les pays du Tiers monde se trouvaient de plus en plus nombreux dans l'impossibilité de rembourser : la dette des pays sous-développés a augmenté de 21 % par an entre 1970 et 1980[1]. Durant cette décennie, elle est passée de 85 milliards à 580 milliards de dollars. Beaucoup de pays s'étaient montré bien imprudents : le rapport entre le montant de leur dette et leur richesse (mesurée en termes de produit national brut) était passé, en moyenne, de 18 à 28 % — bien trop lourd handicap pour le fonctionnement de leur économie ! Une bonne partie des énergies du Sud était ainsi mobilisée pour rembourser les prêts du Nord. Dans le même temps, le flux net des mouvements de capitaux dont bénéficiait le Tiers monde se réduisait jusqu'à devenir un mince filet. Durant ces dernières années, le Sud a même davantage versé au Nord qu'il n'a reçu de lui. Presque tous les pays en voie de développement ont eu recours à la cavalerie, soit en sollicitant de nouveaux prêts pour rembourser les anciens (voire les seuls intérêts), soit en engageant de nouvelles et grandes dépenses gagées sur de futures recettes — pétrolières notamment. Seule cette cavalerie a permis à un système très fragile de perdurer encore quelques années.

Le deuxième choc pétrolier a changé le comportement des

1. Chiffres tirés des *World Debt Tables* de la Banque Mondiale, édition 1987-1988.

pays industrialisés et la logique économique internationale. Les taux d'intérêt se sont élevés et la demande de capitaux s'est réduite. Les banquiers et autres créditeurs qui « portaient » déjà 60 % de la dette du Tiers monde n'ont plus voulu accorder de nouveaux prêts aux pays pauvres. Depuis 1982, la situation des pays du Tiers monde s'est donc considérablement dégradée. Leur dette dépasse aujourd'hui les 1 200 milliards de dollars. Tout le monde parle à présent de « crise de la dette ». Les banquiers, inquiets, redoutent l'écroulement de tout le système financier. Sans doute ces apprentis sorciers auraient-ils dû s'inquiéter plus tôt. L'affaire mexicaine était plus qu'un signal d'alarme...

CHAPITRE VIII

LA LOURDE RESPONSABILITÉ DES BANQUIERS

Au milieu des années 70, la mode était au *triangle d'or*, sorte de circuit magique auquel Valéry Giscard d'Estaing faisait sans cesse référence : les surplus en pétro-dollars des princes du désert se déversaient sur un Tiers monde assoiffé d'équipements, tandis que l'Occident calmait cette soif par un « transfert de technologies »... financé par l'argent du pétrole.

L'Arabie, le Koweit et quelques autres pays ont, malgré leur boulimie d'investissements, accumulé des excédents qui atteingnent 400 milliards de dollars en 1981. Mais ils n'ont pas voulu transférer l'essentiel de leurs ressources dans des pays peu développés dont ils craignaient notamment l'instabilité politique et économique. Ils ont surtout investi dans le monde industrialisé. Si bien que le « recyclage » de ces monceaux de dollars s'est effectué au travers des marchés financiers de capitaux. Concrètement, les banquiers se sont mis en quête de placements. Ils achetaient de l'argent des émirs sur ces marchés et le revendaient plus cher qu'ils ne l'avaient acheté...

Les banquiers se sont donc retrouvés dans les premiers rôles de la pièce que nous tentons de décrire : ils aidaient leurs clients occidentaux à monter, avec l'aide de l'État, des crédits pour vendre leurs produits au Tiers monde ; dans le même temps, ils vendaient de l'argent aux pays en voie de développement, épongeant ainsi le surplus de liquidités du système. Il ne s'agissait plus en priorité de financer des projets précis —

une usine clés en main, un avion ou un système de faisceaux hertziens —, mais de prêter des liquidités à des États qui en faisaient ce qu'ils voulaient : combler le déficit de leur balance des paiements, construire un palais, acheter des produits superflus...

La surenchère entre banquiers était telle qu'il fallait être héroïque pour refuser leur argent, d'autant que certains d'entre eux n'hésitaient pas à rendre de grands services aux dirigeants des pays en voie de développement : ristournes de commissions, facilités de transferts et de placements en Occident ou dans des banques *off-shore*... Si bien que, comme l'a écrit James S. Henry dans *The New Republic* : « les banques les plus agressives, du genre de la Citibank, ont probablement récolté autant d'avoirs dans les pays pauvres qu'elles leur en ont prêtés. Leur véritable rôle a consisté à récupérer les fonds que les élites du Tiers monde avaient dérobés à leurs gouvernements et à reprêter cet argent, de façon à gagner sur les deux tableaux. »

Richard W. Lombardi, ancien vice-président de la First National Bank of Chicago, a publié en 1985 un livre sur la Dette. Il a décrit le triste rôle des banquiers dans les pays pauvres, et leurs responsabilités dans la situation catastrophique actuelle du Sud. Il regrette notamment que « dans le Tiers monde, les banques se soient comportées davantage en courtiers qu'en institutions de prêts ». Le recyclage — service dont les banquiers se flattent — est une opération de change, non un investissement. Conséquence de cette attitude : plus de 60 % de la dette du Tiers monde sont « portés » par des banques privées. Plus de 720 milliards de dollars ! On comprend l'attention portée par les banquiers à la situation actuelle des pays en voie de développement... A la question : « Pourquoi vous êtes-vous tant engagés ? », ils répondent que les gouvernements les ont encouragés à canaliser les pétro-dollars vers les pays qui en avaient besoin. Explication partielle, mais qui correspond bien à la réalité. On a vu comment, en France, tout le système économique et financier était axé sur la priorité à l'exportation. Susan Georges, dans son livre *Jusqu'au cou*, rapporte qu'au printemps de 1983, un représentant de l'American Bankers Association déclara devant une commission de la Chambre des Représentants : « Aucune directive gouvernementale n'invitait les banques à recycler les fonds, mais il était clair que c'était ce qu'on attendait d'elles. »

L'exemple des banques françaises

Au printemps de 1982, le Crédit Lyonnais a livré au Quai d'Orsay un mémoire présentant « quelques réflexions sur le rôle des banques françaises dans le développement économique de l'Afrique sub-saharienne ». Après avoir souligné le rôle croissant des banques dites « commerciales » dans le financement des pays en voie de développement, ce texte aborde ainsi le fond du problème : « On peut se demander aujourd'hui si les modalités de cette intervention financière répondent aux besoins réels des pays emprunteurs en matière de développement économique. L'intervention des banques françaises est principalement le fait des trois nationalisées — Crédit Lyonnais, B.N.P. et Société Générale — et de la B.I.A.O., et concerne principalement l'Afrique francophone. Continuation de l'action menée à l'époque coloniale, avec toutefois des percées importantes au Zaïre et au Nigeria. Elles sont généralement associées avec les États de ces pays. Et ces banques associées demeurent les principales banques dans les six pays suivants : Cameroun, Congo, Côte d'Ivoire, Gabon, Sénégal et Togo. En 1980, dans ces six pays, elles ont distribué 25 milliards de francs français de crédits, soit environ deux fois l'équivalent du P.N.B. du seul Sénégal. Leur part de marché est supérieure à 90 % du marché total. »

A la fin de 1980, les banques françaises avaient monté pour 80 milliards de crédits à l'exportation vers le Tiers monde, garantis par l'État, dont 50 % pour l'Afrique sub-saharienne. Et l'encours total des autres prêts bancaires français non garantis par l'État atteignait, fin 1981, 75 milliards de francs.

Pourquoi ce développement rapide des crédits bancaires français aux États ? Les causes sont globalement les mêmes qu'ailleurs, notamment la recherche par nos industriels de marchés extérieurs lucratifs. Mais la note du Crédit Lyonnais soulignait aussi « les impératifs de la politique économique française du précédent régime (le "tout à l'exportation"). C'est particulièrement significatif pour les affaires de Travaux publics. Face au ralentissement de l'activité en France à partir de 1973, les entreprises du secteur ont dû rapidement développer leurs activités dans les pays du Tiers monde où elles réalisent la majeure partie de leurs bénéfices ». Ajoutons que cette conquête de nouveaux marchés s'effectue sans inquiétude pour les entrepreneurs, car ce sont l'État et les banques nationalisées qui se partagent l'essentiel des risques. Les banques françaises se sont également précipitées sur le créneau du Tiers monde pour contrer la concurrence grandissante des banques étrangères et notamment américaines. Enfin, rappellent les experts du Crédit Lyonnais, il y avait « nécessité de recycler les excédents financiers des pays producteurs de pétrole qui transitent par le système bancaire mondial », d'autant plus que le Tiers monde, de manière générale, manque d'épargne nationale et souffre d'un déficit commercial chronique qu'il lui faut bien financer d'une manière ou d'une autre.

Avec une grande franchise, cette note confidentielle explique pourquoi l'intervention de nos banques dans les pays du Sud est partiellement inadaptée : la distribution de crédits est inégalitaire, leur coût est très élevé, leur durée bien souvent trop courte, ils financent des projets qui ne correspondent pas toujours aux besoins réels du pays considéré. Bref, une « évolution qui débouche à terme sur une impasse » :

> « Ce ne sont pas les pays qui en ont le plus besoin qui reçoivent la part la plus importante des financements, mais les pays considérés par les banques comme les plus solides économiquement et financièrement, ce qui d'ailleurs n'est pas anormal, compte tenu des impératifs normaux de gestion d'une

banque commerciale. A la fin de 1981, les encours en risques-pays des banques françaises sont principalement concentrés sur la zone franc, le Nigeria et l'Afrique du Sud. Les taux d'intérêts liés à ces crédits sont de plus en plus élevés, puisqu'ils sont en fait basés sur le taux de rémunération des capitaux sur le marché monétaire des États-Unis d'Amérique. De plus, à ce taux qui se situe actuellement entre 14 % et 16 %, s'ajoute la marge des banques (leur rémunération) qui évolue entre 1 % et 2,50 %.

Le coût global pour le pays emprunteur peut être estimé évoluer actuellement dans une fourchette de 16 % à 19 %. *On peut dire, sans exagérer, que le recyclage des pétro-dollars constitue en pratique une véritable entreprise de* "racket" *financier international, au profit non des banques, mais notamment des pays excédentaires de l'O.P.E.P.* »

Le Crédit Lyonnais, c'est logique, cherche là à atténuer la responsabilité des banques et à en rejeter la plus grande part sur les seuls pays pétroliers :

« Les pays emprunteurs paient des intérêts très élevés — dont le niveau dépend aujourd'hui de la politique monétaire américaine — alors que leurs recettes d'exportation, du fait de la stagnation des cours des matières premières, stagnent quand elles ne diminuent pas.

La durée de remboursement du crédit est très souvent inadaptée et à l'objet et au montant du projet à financer, notamment en ce qui concerne les crédits financiers. Néanmoins, on peut noter depuis deux ans une évolution favorable sur ce point, sous la pression des pays emprunteurs et des experts financiers internationaux. »

Ces crédits finançaient peu de projets essentiels, mais des opérations de prestige (palais, stades, etc.) ; des opérations immobilières spéculatives ; des installations industrielles sophistiquées et en général plus tournées vers l'exportation que vers le marché intérieur.

« Il est bien évident, concluait la note du Crédit Lyonnais, que le système actuel des prêts bancaires aux pays du Tiers monde ne pourra fonctionner longtemps sans d'importantes modifications. Ces modifications devraient s'intégrer dans une politique globale qui visera à s'attaquer aux causes profondes des déficits extérieurs des pays du Tiers monde, aux causes profondes du *mal-développement* de ces pays. »

Cette note date du printemps de 1982. Depuis lors, la dette a encore dramatiquement augmenté. L'Occident tout entier a enfin pris conscience des risques de crise financière mondiale. Le « triangle d'or » est devenu celui des Bermudes...

CHAPITRE IX

DE LA DETTE ET DU VENT

Marchands de vent, vendeurs de miracles, séducteurs, profiteurs, escrocs de tout poil ont débarqué en file indienne dans les palais des dirigeants du Tiers monde avec, dans leurs attaché-cases, des réponses à tous les problèmes, des théories économiques ficelées par des esprits brillants, vantant les mérites de l'« industrie industrialisante » et des grosses usines clés en main. Moyennant quelques sacrifices, le rattrapage des économies occidentales était garanti. Et l'argent était offert, de l'argent bien au-delà des besoins ! D'innombrables projets étaient présentés, plus mirobolants les uns que les autres, que la plupart des dirigeants du Sud se voyaient d'avance parrainer avec délectation. Tout n'était-il pas à crédit, hormis les commissions offertes par ces marchands du Nord et versées dans des paradis fiscaux ?

Fabuleuse machine qui brillait de mille feux tout en distribuant prébendes et gadgets ! Fée tentatrice qui cachait ses véritables desseins : censée amener une vie meilleure, elle semait la désolation. Mais personne n'était obligé de succomber à toutes ses séductions. Les élites des pays en voie de développement portent une lourde responsabilité devant l'Histoire, et d'abord devant leurs peuples. Elles se sont laissées corrompre par les idées et par l'argent. Leur vanité et leur goût du luxe ont généralement été plus forts que la recherche du Bien public. Elles peuvent, certes, plaider les circonstances atténuantes. Mais il n'y a pas de corrupteurs sans corrompus...

Il est vrai que marchands et industriels n'ont pas lésiné. Ils ont traité le Zaïre comme l'Arabie, le Togo comme le Brésil, ceux qui avaient de l'argent comme ceux qui n'en avaient pas. Ils ont vendu en Algérie et au Nigeria des usines sidérurgiques comme en Lorraine. Des raffineries en Mauritanie, au Togo, au Congo, au Gabon, au Nigeria, au Cameroun..., comme si chacun de ces pays pouvait non seulement consommer le produit de ces usines, mais également l'exporter. A tous le même discours, pour tous la même catastrophe. L'Afrique est jonchée de cimetières d'usines, d'« éléphants blancs », de cathédrales modernes en plein désert, de palais somptueux, de routes qui n'aboutissent nulle part. Mais peut-on mécontenter un Président de la République française qui prend la peine d'appuyer une société comme Thomson, qui propose des Cités de l'Information dignes des films de science-fiction comme à Kinshasa (l'opération est arrêtée) ou la Cité de Libreville (le matériel rouille dans les caisses) ? Comment aller contre ses propres conseillers qui se comportent en réalité non comme des serviteurs de l'intérêt général, mais comme des V.R.P. ? La seule façon de résister à l'affairisme, c'est de toujours penser au Bien public... ou d'y être obligé par l'opinion publique et divers contre-pouvoirs. Le couple que forment l'affairisme et la corruption ne peut s'ébattre librement que dans des pays non démocratiques. Les pays les plus corrompus sont ceux qui sont les plus tyranniques... Ce n'est pas un hasard si des peuples souffrent tout à la fois des atteintes aux droits de l'homme et de la corruption de leurs dirigeants.

On devait leur transférer notre technologie, notre *know-how*. Il leur reste des carcasses aujourd'hui vides, des investissements coûteux à entretenir, et surtout beaucoup de dettes. Quelques années après le passage des marchands, tous les dirigeants économiques et politiques parlent, avec des trémolos dans la voix, du « problème affreux de la dette ». Par une abstraction bien pratique, on n'évoque, on n'étudie, on n'analyse la dette qu'en termes financiers. Pas question d'évoquer les mécanismes qui ont secrété cette dette et de dresser le vrai bilan des crédits qui l'ont engendrée... Il n'existe pas d'étude synthétique de la Banque Mondiale, du F.M.I. ou de l'O.C.D.E. permettant de répondre à ces questions. Ces organisations ne s'intéressent qu'aux conséquences de la dette, non à ses causes. Prétexte invoqué : l'argent est fongible, et il n'est donc pas possible de suivre les flux financiers, d'autant que nombre de prêts ont été affectés directement aux gouvernements...

La dette du Tiers monde représente aujourd'hui, on l'a vu, environ 1 200 milliards de dollars. Difficile de se représenter une telle somme. C'est un peu plus de la moitié de la dette publique des États-Unis, ou six fois le budget de la France, ou encore de quoi acheter 120 millions de R 5 GT, ou encore l'équivalent de 100 000 tonnes d'or. Mais le plus important n'est pas son montant ; ce sont les conséquences économiques de cette dette sur l'avenir des pays en voie de développement.

Tous ces pays ne sont pas touchés de la même façon. Les pays les plus pauvres d'Afrique ont vu leur revenu baisser de 25 % depuis le début de la décennie. L'investissement par habitant en 1987 était redescendu à un niveau inférieur à celui qu'il atteignait au milieu des années 60[1]. Alors que la Corée ou Taïwan se trouvent dans une situation complètement différente, l'incapacité d'une grande partie du Tiers monde à assurer le service de sa dette a pour effet de diminuer les flux de capitaux du Nord vers le Sud. Les banquiers qui, hier, faisaient queue chez les ministres du Sud, ne veulent plus prêter à des pays insolvables. Ainsi, entre 1982 et 1987, il est plus sorti d'argent du Sud qu'il n'en est entré (85 milliards de dollars). Autrement dit, le Nord, malgré l'état de délabrement du Tiers monde, ponctionne encore le Sud et l'appauvrit davantage. Le service de la dette représente plus de 30 % des exportations du Sud. Vingt-deux pays sont en état de détresse totale et ne peuvent plus rien rembourser...

1. *Source* : Banque Mondiale.

Que sont devenus ces 1 200 milliards de dollars ? Difficile de répondre avec précision, mais, en acceptant une marge raisonnable d'erreur, l'approche de la vérité devient possible. L'analyse de la balance commerciale des pays en voie de développement non exportateurs de pétrole[1] montre que leur déficit n'a pas été provoqué, contrairement à une idée répandue, par les chocs pétroliers, mais par les importations de *produits manufacturés*, notamment les *produits d'ingénierie*, rubrique regroupant « les machines pour industries spécialisées, les équipements de télécommunications, les véhicules, les autres équipements de transport et d'industrie et les fournitures domestiques ».

« Tout se passe en fait comme si les pays industrialisés avaient fait payer aux autres les hausses des prix du pétrole par une surfacturation des biens d'équipement produits chez eux », écrit Jean-Claude Willame dans *Zaïre, l'épopée d'Inga*[2].

Autre certitude qui explique la « crise » de la dette : le lien entre son remboursement et la production qu'auraient dû engendrer ces crédits s'est brisé. Il n'y a pas de commune mesure entre les bénéfices tirés des opérations financées par ces 1 200 milliards et les sommes que doivent payer les pays emprunteurs pour honorer leurs engagements.

Le Gatt ose expliquer cette monstruosité dans sa livraison intitulée *Les Perspectives du Commerce international*[3] :

> « L'une des difficultés du système financier provient du fait qu'une proportion importante, mais qu'il est impossible de déterminer avec précision, de la dette additionnelle contractée au cours des années 70, peut être considérée comme un poids mort, en ce sens qu'il s'agit d'une dette à laquelle ne correspond aucun moyen de production nouveau qui permettrait d'en assurer le service... Élément plus important encore, peut-être : la rentabilité d'un grand nombre de projets d'investissement

1. Gatt, Statistiques du Commerce international.
2. L'Harmattan, 1986.
3. Genève, août 1982.

que cette expansion du crédit a permis de financer est très inférieure à ce que l'on escomptait à l'origine. »

Voilà bien le cœur du problème.

Tentons de classer les emplettes des pays en voie de développement sous quelques grandes rubriques. Des emplettes qui n'ont certes pas été payées avec le seul argent venu du Nord, mais qui n'auraient pas été possibles sans lui.

Les armes

« 30 à 40 % de la dette extérieure (des pays latino-américains) sont dus à l'achat d'armements, affirmait M. Perez de Cuellar, secrétaire général de l'O.N.U., dans une interview accordée au *Monde* le 24 avril 1985. Je m'excuse si cela concerne votre pays, mais qui est le plus coupable : celui qui vend ou celui qui achète ? Celui qui tente ou celui qui se laisse tenter ? C'est comme le commerce de la drogue. Qui est responsable : le gosse qui en use ou celui qui la lui vend ?... »

L'Institut international de Recherches sur la Paix de Stockholm (S.I.P.R.I.) a consacré en 1985 un chapitre de son rapport annuel à ce sujet : « Que resterait-il aujourd'hui de la dette extérieure du Tiers monde si on en déduisait les achats d'armes ? » Le S.I.P.R.I. estime que 20 % de la dette des pays non exportateurs de pétrole sont consacrés à ces achats. Le pourcentage est beaucoup plus élevé pour les pays exportateurs de pétrole.

Longtemps, la Banque Mondiale et le F.M.I., qui imposaient aux États du Tiers monde des purges aux effets pervers sur le tissu social, restèrent muets sur ces achats d'armements qui ne sont jamais créateurs de richesses. Pour la première fois, dans son « Rapport sur le développement dans le monde pour 1988 », la Banque Mondiale a abordé ce sujet sensible :

« Ce sont les pays en voie de développement qui dépensent le plus en pourcentage du P.N.B... Dans la région du Moyen-Orient et en Afrique du Nord, les dépenses militaires ont atteint 11 à 14 % du P.N.B. entre 1974 et 1985. »

Prenant le contrepied des théories selon lesquelles les dépenses militaires auraient des effets d'entraînement positifs, la Banque Mondiale écrit :

« Ces effets positifs semblent cependant plus que compensés par l'impact négatif à long terme des dépenses militaires... Des recherches effectuées au cours de la dernière décennie font apparaître une relation négative entre les dépenses militaires et la croissance économique... Les faits montrent de plus en plus qu'un niveau élevé de dépenses militaires contribue aux crises budgétaires et à l'endettement, complique la stabilisation et l'ajustement, et a un effet négatif sur la croissance et le développement économique. »

Un seul exemple : la France a vendu, nous l'avons vu, des Mirage au Pérou en 1983, l'année même où ce pays négociait le deuxième rééchelonnement de sa dette. Il s'agissait donc d'une vente à un pays virtuellement en faillite, aux prises avec des difficultés sociales profondes, et qui, bien entendu, n'avait aucun besoin de Mirage. Un troisième rééchelonnement de la dette a été accordé au Pérou en 1985. Quelque temps après, le contrat avec Dassault était confirmé...

La fuite des capitaux[1]

Les banquiers, secrets par nature, ont finalement été obligés de lever progressivement le voile sur un des plus grands scandales du siècle : la fuite des capitaux du Sud vers le Nord,

1. Sources principales pour ce sous-chapitre : une étude du F.M.I. parue dans *Finances et Développement*, mars 1987, et un article de la revue *Index*.

alors même que le Sud avait un besoin vital de capitaux. Le grand public avait certes pris l'habitude de découvrir l'ampleur de la fortune des dictateurs déchus (Marcos, Duvallier, le Shah d'Iran...) qui se chiffrait généralement en milliards de dollars, toujours placés à l'extérieur de leur pays. Mais l'opinion n'avait pas pris conscience que ce phénomène touchait en réalité la quasi-totalité des pays du Tiers monde. La communauté financière internationale, quant à elle, n'a pas été brutalement envahie par des scrupules moraux. Mais elle s'est enfin posée la question vitale : peut-on continuer à financer, par de nouveaux prêts, la future fuite des capitaux qui, par définition, ne produira pas les ressources permettant de rembourser l'emprunt ? La menace d'une catastrophe a obligé les banquiers à dépasser leurs propres contradictions.

« Quand les résidents refusent de rapatrier leurs capitaux pour investir dans leur propre pays, les pays débiteurs ne peuvent s'attendre à une attitude plus favorable de la part de leurs créanciers étrangers », ont écrit les économistes de la banque américaine Morgan Guaranty Trust (selon *World Financial Markets*, février 1986). Quant aux banques françaises, elles ont, par l'intermédiaire de leur Association, évoqué dans un communiqué l'existence de ce phénomène : « ... Contrairement aux banques américaines, les banques françaises ne bénéficient pas de l'évasion des capitaux latino-américains, non négligeables dans certains cas. »

La revue économique de la Banque Indosuez s'est montrée encore plus explicite dans sa livraison du quatrième trimestre de 1985 :

> « Là où il y a eu relève gouvernementale (en particulier en Argentine, au Nigeria et dans une moindre mesure au Mexique), il a été facile aux nouvelles autorités de montrer qu'une partie importante de la dette avait « disparu » des circuits économiques internes, et donc que les banques occidentales avaient en fait participé au financement des fuites de capitaux, ce

qu'illustre le tableau sur l'importance du "sur-endettement' pour quelques pays en voie de développement[1]. »

Une partie non négligeable de la dette du Tiers monde avait donc « disparu », c'est-à-dire qu'elle avait fui pour venir se réfugier dans des abris proposés par le système financier international dans les années 70. Les pays industriels avaient accueilli avec joie ces capitaux en provenance des pays en voie de développement. Les banquiers avaient créé pour eux des produits nouveaux. La revue du F.M.I., dans l'étude déjà citée, évoque à titre d'exemples :

> « ... les bons au porteur pratiquement sans risques et les certificats servant des intérêts au taux du marché, l'assurance couvrant les dépôts qui est une subvention intéressante offerte aux investisseurs non-résidents, et l'absence de retenue à la source sur certains types d'avoirs détenus par des non-résidents (y compris les certificats de dépôt) auprès du système bancaire. Dans certains pays, le secret bancaire facilite aussi les transactions illégales et l'évasion fiscale. Ces facteurs jouent un grand

1. *L'importance du sur-endettement dans quelques pays en voie de développement (1979-1982)*

Ratio : variation de la dette (solde cumulé de la balance courante plus variation des réserves). Un ratio supérieur à 100 dénote des fuites de capitaux.

Argentine	275,5
Indonésie	157,2
Mexique	179,3
Nigeria	107,6
Brésil	81,8
Pérou	72,8
Philippines	94,4

Un pays est supposé s'endetter pour « payer » les déficits de sa balance courante et/ou accroître ses réserves sur une période donnée. Toute variation de la dette qui excède le solde cumulé de la balance courante et de la variation des réserves est synonyme de fuites de capitaux. D'où la définition retenue du ratio de « sur-endettement ».

Ajoutons que, même si le ratio de sur-endettement est inférieur à 100, ceci ne veut pas dire que le pays a emprunté pour financer son développement : le déficit des paiements courants peut, en effet, correspondre à des dépenses de luxe ou superfétatoires.

Source : Calculs Indosuez d'après F.M.I., B.R.I.

rôle dans l'appel des capitaux provenant de pays en développement. Les grands centres financiers proposent aussi toute une gamme d'instruments offrant à l'investisseur un choix beaucoup plus large que ce dont il dispose chez lui. De fait, *on peut dire que la fuite des capitaux profite aux pays industrialisés, puisqu'elle leur apporte l'épargne étrangère et, dans la mesure où les transactions se font dans leur propre monnaie et par leurs circuits bancaires, représente en quelque sorte le profit de la frappe des monnaies.* D'abord, les gouvernements des pays industrialisés peuvent profiter des prêts à faible intérêt que leur octroie l'obligation de réserve sur les dépôts des non-résidents, tandis que, parallèlement, les gouvernements des pays en développement doivent emprunter auprès des banques au taux d'intérêt du marché. Enfin, l'écart entre les taux de prêts et les taux de rémunération des dépôts peut être très rentable pour les banques des pays industrialisés concernées par ces transactions. »

On ne peut être plus clair sur le partage des responsabilités dans un phénomène aussi dramatique. Et les dirigeants des pays en voie de développement ne manquent pas de le rappeler à leurs partenaires occidentaux quand ils discutent du rééchelonnement de leurs dettes. Tout le monde se souvient des publicités particulièrement attrayantes qui fleurissaient dans les journaux vendus en Afrique pour attirer au Nord l'« argent noir » des élites. Personne n'a oublié les démarchages à domicile effectués par les banquiers auprès des gros clients potentiels. Les banques françaises n'étaient d'ailleurs pas demeurées en reste : elles avaient créé pour l'Afrique francophone des abris à Monaco, à quelques kilomètres de l'aéroport de Nice, escale très fréquentée des vols UTA. Tout se passait comme si les banques « prenaient le maquis » pour une part non négligeable de leurs activités. Les « caches » les plus attirantes pour les élites du Tiers monde, outre les traditionnelles banques suisses, ont sans doute été les nouveaux centres bancaires *off-shore* que sont Hong-Kong, Singapour, Bahrein, les Bahamas, les îles Caïman, les Antilles néerlandaises,

Panama, l'île de Man et quelques autres, dont Jersey et Guernesey. Dans ces refuges, aucun regard indiscret, pas de contrôle, pas de taxe[1]. Ce maquillage institutionnalisé explique en partie l'existence du fameux « trou noir », estimé en 1982 à *plus de 100 milliards de dollars*[2] !

La facilité avec laquelle les résidents de nombreux pays en voie de développement envoient à l'étranger leurs capitaux est liée directement à la disponibilité de ces pays en devises, laquelle dépend à son tour des emprunts à l'étranger. A tous les maillons de la chaîne, on retrouve les banques. Il arrive souvent que l'« argent noir » emprunte des circuits compliqués avant de réintégrer des chemins plus clairs et balisés. L'avion de Garuda Airlines, entre Singapour et Djakarta, est rempli, le dimanche soir, de femmes de responsables indonésiens qui viennent de déposer l'argent de la corruption dans la Ville-État, et s'en retournent chez elles les bras chargés des somptueux cadeaux qu'elles se sont offerts pendant l'escale. Il est également connu que la création de la ligne Genève-Abidjan par Swissair répondait au besoin impérieux des élites de Côte-d'Ivoire et des pays voisins de transporter en toute sécurité des valises remplies de billets.

Pour l'essentiel, la fuite des capitaux est constituée des fruits de la corruption ou de l'argent facilement gagné dans des situations de monopole. Il est désormais admis — notamment par le F.M.I. — que ces fuites, en réduisant les ressources dont disposent les pays en voie de développement, représentent « une perte de croissance potentielle[3] ».

Peut-on chiffrer l'ampleur d'un tel phénomène ?

L'opération est difficile, pour des raisons aisées à comprendre.

1. Selon une étude du F.M.I., plus de 20 % de l'ensemble des dépôts bancaires dans le monde sont regroupés dans les sept plus grands centres *off-shore*.

2. La somme des soldes créditeurs des balances de paiements devrait correspondre exactement à celle des déficits. Or, les dettes sont supérieures aux créances. D'où ce « trou noir »...

3. *Cf.* l'article publié dans la revue du F.M.I. par deux économistes pakistanais, Mohsim S. Khan et Nadeem Ul Haque.

La fuite des capitaux, généralement illicite et inavouable, s'effectue secrètement. Il faut donc se contenter, au mieux, de calculs indirects, avec une grande marge d'erreur, comme le souligne le F.M.I. Les auteurs de l'étude publiée par *Finances et Développement* ont choisi un échantillon de huit pays particulièrement endettés : Argentine, Brésil, Chili, Corée du Sud, Mexique, Pérou, Philippines et Venezuela. La période retenue s'étale entre 1974 et 1982, temps durant lequel les banques ont prêté beaucoup au Tiers monde. Sans entrer dans les détails des différents modes de calcul, l'étude conclut que « le rapport de la fuite cumulée des capitaux à la dette extérieure de 1982 pour tous les pays était *de l'ordre de 30 %.* En fait, pour chaque dollar prêté à ces pays pris collectivement, 30 *cents* ont refranchi les frontières ». A l'automne 1987, partant sans doute de cette étude, entre autres, le F.M.I., par la bouche du directeur-adjoint de son service économique, s'est jeté à l'eau en chiffrant l'ampleur de cette fuite : « Elle s'est élevée à 300 milliards de dollars de 1974 à 1985, dont plus de la moitié en provenance de l'Amérique latine, le continent le plus endetté. » Constat dramatique qui confirme, s'il en était encore besoin, l'irresponsabilité — dans la meilleure hypothèse — des dirigeants de ces pays, une irresponsabilité encouragée, il est vrai, par les pays industriels et leurs banques.

A leur habitude, les experts du F.M.I. ne voient que des raisons techniques à ces fuites de capitaux, se gardant bien de mettre en cause l'attitude des dirigeants des pays en voie de développement. Il suffirait, selon ces spécialistes, de modifier les taux de change, les taux d'intérêt, de rétablir l'équilibre budgétaire, pour que les détenteurs de capitaux du Tiers monde retrouvent la voie de la sagesse, et surtout celle de la morale nationale. Tautologie qui revient à dire qu'il suffirait que les pays en voie de développement se développent pour qu'ils deviennent des pays industrialisés...

Voici quelques extraits de leur diagnostic :

« Des facteurs divers, souvent connexes, aboutissent à la

fuite des capitaux. Certains sont imputables aux politiques menées par les pays d'où fuient les capitaux, mais d'autres échappent à toute responsabilité officielle.

Surestimation du taux de change. Tout le monde est d'accord pour dire qu'une des causes principales de la fuite des capitaux est la probabilité d'une variation du taux de change. Toutes choses étant égales par ailleurs, une dévaluation prévisionnelle de la monnaie nationale, pour quelque raison que ce soit, incite les résidents à transformer leurs avoirs de monnaie nationale en avoirs extérieurs. La motivation est la même que pour la substitution de monnaies, c'est-à-dire la conversion de la monnaie nationale en devises étrangères. Il est certes difficile de mesurer avec précision les anticipations de taux de change, mais il est raisonnable de prévoir une dévaluation future de la monnaie de quelques points si le taux de change réel en vigueur est jugé surévalué. Dans ce cas, les résidents essaient d'éviter la perte de capital potentielle en convertissant des avoirs intérieurs en créances sur l'étranger. Plusieurs études ont mis en évidence de façon empirique qu'une surestimation du taux de change réel joue un rôle déterminant dans la fuite des capitaux dont sont victimes les grands pays débiteurs.

Contraintes financières. Dans beaucoup de pays en voie de développement, les taux d'intérêt et d'autres aspects du marché financier sont soumis à de nombreux contrôles. Souvent, ces pratiques se traduisent par des taux d'intérêt nominaux inférieurs aux taux des instruments financiers étrangers comparables, ainsi que par des taux d'intérêt négatifs (définis comme le taux d'intérêt nominal moins l'inflation prévisionnelle). De toute évidence, l'investisseur résidant dans un de ces pays a intérêt à rechercher des avoirs étrangers qui rapportent davantage. D'autres facteurs institutionnels peuvent encourager des résidents à investir à l'étranger ; ce sont, par exemple, la rareté des occasions d'investir sur le marché boursier intérieur et l'absence d'assurance totale ou crédible concernant les avoirs confiés au système bancaire. Le risque afférent aux investissements intérieurs est alors plus grand que pour les avoirs extérieurs.

Déficits budgétaires. A une ou deux exceptions près seulement, la fuite des capitaux des grands pays débiteurs était accompagnée d'une aggravation des déficits budgétaires. Le financement d'un déficit croissant par la planche à billets suscite des pressions inflationnistes. Les résidents sont alors incités à réduire leurs avoirs en monnaie nationale pour éviter une érosion de leur valeur par l'inflation. L'achat d'avoirs étrangers est un moyen d'échapper à cet *impôt inflation.* Même si les déficits budgétaires sont financés par la vente d'obligations ou d'emprunts extérieurs, les résidents peuvent s'attendre que, tôt ou tard, le gouvernement soit amené à monétiser la dette (en imprimant des billets), ou à augmenter les impôts pour la rembourser. Cette anticipation encourage aussi les résidents à réduire leur revenu imposable en transférant des avoirs à l'étranger.

Facteur de risque. On peut dire aussi qu'investir dans des pays en voie de développement est perçu comme une opération plus risquée qu'investir dans les pays industrialisés, et que cette différence de risque relatif émane des caractéristiques qui distinguent pays en développement et économies industrialisées. La plupart de ces dernières ont des systèmes politiques bien établis avec des dispositions constitutionnelles assurant une infrastructure institutionnelle favorable à l'épargne et à l'investissement ; en revanche, les pays en développement en sont souvent dépourvus. Par exemple, des dispositions institutionnelles et juridiques de nature à assurer la protection de la propriété privée n'existent pas toujours : les périodes d'instabilité politique peuvent être relativement plus fréquentes ; les régimes politiques et économiques peuvent faire l'objet de changements radicaux. Les risques que doit affronter l'investisseur national dans le pays en développement sont, notamment, l'expropriation et le contrôle des changes. En clair, le résident national risque de perdre la valeur de ses avoirs sans compensation, alors que ce risque est sensiblement moindre à l'étranger, pour des avoirs comparables. L'investisseur national est plus tenté par ces derniers. Ce type de raisonnement a abouti à la théorie des *abris* régissant les mouvements de capitaux. En fin de compte, les pays industrialisés, et surtout les États-Unis, peuvent être considérés comme des abris pour des capitaux fuyant des contextes nationaux plus risqués, même si les taux de rendement pourraient être nettement supérieurs dans les pays en voie de développement. »

Toutes les causes de la fuite des capitaux décrites par le F.M.I. sont autant de caractéristiques du sous-développement, et, à ce titre, ne représentent que des « lapalissades ». Mais l'on retrouve dans cette description de la fuite des capitaux des phénomènes déjà rencontrés à propos de la corruption. En fait, il s'agit de deux aspects du même problème :

« Si la fuite des capitaux est permanente, c'est-à-dire si un pays perd régulièrement ses ressources, ce phénomène a plusieurs effets à long terme sur l'économie. Premièrement, on observe une diminution des ressources disponibles pour financer les investissements nationaux, ce qui se traduit par une diminution de la formation de capital et nuit gravement au taux de développement du pays. Deuxièmement, en raison de la fuite des capitaux, le gouvernement ne peut plus percevoir l'impôt sur la totalité des revenus de ses résidents, car il a du mal à imposer des avoirs détenus à l'étranger ainsi que les revenus générés par ces avoirs. La fuite des capitaux réduit donc les recettes de l'État et son aptitude à assurer le service de sa dette extérieure. Troisièmement, comme les recettes de l'État diminuent avec l'érosion de l'assiette fiscale, il a besoin d'accroître ses emprunts à l'étranger, ce qui alourdit d'autant sa dette extérieure. »

Quelques exemples suffisent à montrer que la fortune de certains dirigeants du Tiers monde représente des montants significatifs, dès lors qu'on les compare à la dette de leurs pays respectifs. Mobutu, on l'a vu, disposerait d'un magot estimé à 4 ou 5 milliards de dollars, soit l'équivalent de la dette du Zaïre. D'aucuns parlent même d'une dizaine de milliards ! Marcos et sa famille auraient soustrait à leur pays un minimum de 6 milliards de dollars, alors que la dette des Philippines se monte à 26 milliards de dollars. Le président de la commission d'enquête chargée de retrouver trace de la fortune des Marcos a révélé quelques pans de cet « empire » ramifié, en toile d'araignée. Marcos et sa famille contrôlaient d'innombrables sociétés, telles que la compagnie électrique Meralco. Il prélevait sa part sur les bénéfices des casinos, mais aurait également bénéficié d'actes d'escroquerie pure et simple dont auraient été victimes les gouvernements américain et japonais (livraisons d'armes et équipements de construction). Les documents saisis prouvent que les Marcos nourrissaient une prédilection pour les placements en liquide et en or, ainsi que pour l'immobilier. L'ancien couple présidentiel aurait acquis des dizaines de propriétés aux Philippines, sur l'ensemble du territoire américain, au Canada, en Grande-Bretagne, en Australie, en Italie. La commission d'enquête a démontré que les Marcos avaient acheté un ensemble d'immeubles à New York — évalués à un montant compris entre 230 et 350 millions de dollars — par le biais d'un réseau d'hommes de paille.

Selon cette commission, Marcos arrondissait encore ses comptes en banque avec des pots-de-vin versés par des firmes américaines et japonaises (Westinghouse notamment). A cela, il faudrait ajouter que Ferdinand et Imelda Marcos étaient tellement riches qu'« ils devaient ignorer eux-mêmes l'étendue de leurs biens ; grâce à nous, ils savent maintenant ce qu'ils ont perdu... », déclara non sans humour le président de la commission d'enquête.

Somoza, au Nicaragua, aurait détourné une bonne partie des trois milliards de la dette de son pays contractée avant sa chute en 1979. Les détournements prouvés de « Baby Doc » en Haïti se monteraient à 120 millions de dollars. Les détournements du Shah n'ont jamais pu être évalués avec précision, mais se seraient montés à plusieurs milliards de dollars. Tout en ne fournissant pas d'éléments permettant d'amalgamer son cas aux précédents, *Fortune* estime à 1,3 milliard de dollars les avoirs personnels du roi du Maroc...

Une partie de l'argent de la corruption reste parfois dans le pays ou bien y revient, comme dans le cas ivoirien (voir *infra*).

Une autre partie n'a nul besoin de « fuir » : dans les grands contrats passés entre les États et les sociétés étrangères, la commission est directement versée dans des paradis fiscaux...

En fin de compte, on peut estimer que l'« argent noir » de la corruption *s'évalue en centaines de milliards de dollars.*

Pétrole, biens de consommation...

William Cline[1], de l'Institut international d'Économie de Washington, estime que « le premier facteur externe de l'endettement des pays du Tiers monde non producteurs de pétrole a été l'augmentation des prix du pétrole, d'abord en 1973-1974, puis à nouveau en 1979-1980 ». Cline cite le chiffre de 345 milliards de dollars pour la période 1974-1982. Sans les augmentations de l'or noir, cette facture n'aurait été que de 85 milliards. Le coût des deux chocs pétroliers s'est donc élevé pour ces pays à 260 milliards de dollars. Pour financer ce surcroît de dépenses, les pays du Tiers monde n'avaient le choix qu'entre le recours à l'emprunt et la baisse de consommation de pétrole... qui aurait eu des effets encore plus dévastateurs sur leurs économies.

Dans les années de folie consécutives au premier choc pétrolier, les banquiers ont, comme on l'a vu, prêté directement aux États pour financer les déficits de leurs balances des paiements. Ce qui signifie en clair qu'une partie de la dette a tout simplement permis aux pays en voie de développement d'acheter au Nord des biens de consommation destinés d'abord à leurs élites.

1. Cité par Suzan George dans *Jusqu'au cou.*

Dépenses de prestige

Une partie significative de la dette a en effet servi à financer des dépenses somptuaires, comme les palais et bâtiments administratifs grandioses. La liste en serait interminable. Citons le palais d'Omar Bongo, la ville de Yamoussoukro, le village natal de Mobutu, Gbadolite, les innombrables palais du Shah et des émirs du Golfe Persique, la fastueuse mosquée construite par Bouygues au large de Casablanca pour la somme de 800 millions de dollars et qui devrait laisser, dit-on, une commission estimée à 20 %..., mais aussi les achats d'avions, de Rolls-Royce, et tout ce qui donne aux chefs d'État un sentiment accru de leur puissance.

« *Dépenses de développement* »

Beaucoup de projets dits de développement seraient mieux à leur place dans la catégorie précédente. Une route, un chemin de fer, un aéroport peuvent servir grandement le développement d'un pays, mais peuvent aussi contribuer à l'appauvrir irrémédiablement. Exemples : une autoroute qui relie une capitale au village natal d'un président ; un chemin de fer qui relie la capitale au village du président et transporte peu de matières premières ; un aéroport international dans le village natal d'un autre président...

Une fois enlevées ces dépenses de « prestige-développement » qui ont encore dévoré des dizaines de milliards de dollars, combien, parmi les 1 200 milliards de dette, ont réellement servi à financer des usines, des complexes agro-alimentaires, des projets de développement agricole, des routes utiles ?

La portion congrue

Si l'on additionne le coût des armes, le surcroît des achats de pétrole, les sommes liées au financement des déficits des balances de paiements, les dépenses de prestige et les fuites de capitaux, on arrive à une somme supérieure à 1 200 milliards de dollars ! En effet, beaucoup de crédits n'étant pas affectés à des projets précis, il est impossible, pour les États, de s'y retrouver entre les devises obtenues par des prêts extérieurs et la part provenant de leurs exportations. L'Occident et le Japon ont prêté, durant la période considérée, environ 300 milliards de dollars pour financer des projets qui — au moins dans les discours officiels du Nord — étaient présentés comme des projets de développement. Mais il faut rappeler que ces projets ont *d'abord* été conçus pour faire tourner la machine économique du Nord. C'est-à-dire que les crédits accordés par la Coface et autres organismes similaires avaient, nous l'avons vu, pour *but premier* d'assurer la bonne santé des entreprises françaises tout en les garantissant contre les risques de non-paiement.

Les usines clés en main

Un chapitre ne suffirait pas à énumérer tous ces grands projets qui sont devenus autant de cauchemars. Certains de ces « éléphants blancs » seront évoqués dans les pages consacrées au Zaïre, à la Côte-d'Ivoire et à quelques autres pays d'Afrique. Mais rappelons ici quelques symboles de cette grande duperie qui devait, *via* l'industrialisation lourde, conduire le Tiers monde à marches forcées vers le développement.

Le Plan « Acier » du Nigeria, auquel quelques grandes entreprises françaises participent, en est l'un des plus beaux exemples. Ce projet n'a pas tenu compte de la crise mondiale qui, depuis longtemps, secoue ce secteur. Installée au centre du pays pour un coût de 3 à 4 milliards de dollars, la nouvelle sidérurgie intégrée d'Adjaokuta ne pourra jamais tourner à pleine capacité. Inadaptée aux billettes produites par l'aciérie d'Aladju (qui a été elle-même implantée dans une région forestière, marécageuse de surcroît), mal approvisionnée en électricité, cette usine géante avait été prévue pour utiliser le minerai local, qui s'est finalement révélé trop pauvre en fer. Elle est obligée d'importer, à des coûts prohibitifs, du minerai du Libéria et du Brésil ! Comme le souligne Willame, « le consommateur local, lui, paie deux fois plus cher l'acier local, tandis que l'on découvre aujourd'hui que la sidérurgie du Nigéria n'est en fait capable de produire que des câbles, des boulons et des barres d'acier, et non des tôles qui auraient pu être utilisées par les chaînes d'assemblage existantes dans le secteur de l'automobile, par les fabricants de frigo, de bicyclettes, etc. ».

L'ensemble des grands projets du Cameroun ressemble à un chapelet de catastrophes. La raffinerie la plus chère d'Afrique (275 millions de dollars) produit surtout du fuel, qui est fort peu consommé dans le pays. L'usine d'engrais a été définitivement fermée quatre ans après sa mise en route. Celle de cellulose (dont le coût représente plus de 10 % de la dette du pays) n'avait fabriqué, au bout de deux ans, que 60 000 tonnes de produits semi-finis, alors qu'elle était prévue pour donner 120 000 tonnes par an de pâte blanchie. N'oublions pas une tannerie jamais entrée en phase de production...

Dans un rapport de 1984, la C.E.E. s'est interrogée sur son action de développement dans les A.C.P. (pays d'Afrique, des Caraïbes et du Pacifique) :

> « Quels que soient les problèmes actuels, la construction d'un secteur industriel dans les pays du Tiers monde demeure à l'ordre du jour. C'est un impératif à long terme qui s'inscrit dans la logique de l'interdépendance de l'économie mondiale. En l'an 2000, selon la Banque Mondiale, on devrait dénombrer,

dans les pays en voie de développement, 80 % de la population mondiale et 78 % des travailleurs potentiels. Le Tiers monde recèle de surcroît une grande partie des réserves d'énergie et de matières premières : environ 50 % du potentiel hydro-électrique mondial, 68 % du pétrole, 45 % du gaz naturel, 78 % de la bauxite, 66 % du tungstène, 58 % du cuivre... C'est au Sud que se trouvent les marchés et la force de travail de demain.

... Il n'est peut-être pas inutile de faire le point sur les réalisations précédentes et de *repenser l'aide que la C.E.E. apporte au Tiers monde...* Plutôt qu'aider plus, il faudrait aider mieux... Les causes de la non-industrialisation des États A.C.P. se situent dans le contexte socio-économique général : étroitesse des marchés, insuffisance des infrastructures, instabilité économique, financière, monétaire et politique, environnement institutionnel... Dans leur politique de développement industriel, les États A.C.P. ont généralement accordé la priorité à des entreprises relativement surdimensionnées, à la substitution d'articles importés, aux technologies occidentales importées telles quelles, à une protection excessive et/ou à la généralisation des subsides directs ou indirects obérant la gestion, la productivité et la compétitivité. En général, la P.M.E. n'a pas retenu l'attention des responsables et a pâti des politiques commerciales, douanières, fiscales et d'investissement menées au profit des entreprises plus grandes.

Ce type d'industrialisation a entraîné un faible apport en valeur ajoutée, peu d'emplois, une influence négative sur la compétitivité d'ensemble du système productif, peu de recettes fiscales et un accroissement de la dépendance commerciale, financière et technique. Les termes de l'échange villes/campagnes ont été fixés de manière systématiquement défavorable à ces dernières. »

Intéressante analyse, mais le diagnostic ne permet pas de comprendre les vraies raisons de cet aveuglement collectif (plus grave en Afrique que partout ailleurs dans le monde).

Une étude réalisée en mai 1985 par le Centre Nord-Sud de l'Institut de l'entreprise (présidé par l'ancien ministre de l'Éducation nationale Christian Beullac) permet d'aller plus loin dans la recherche des « causes de dysfonctionnement », comme les appelle pudiquement le rapporteur du groupe de travail, Gérard Egnell. Le Centre Nord-Sud a cherché à savoir ce qu'étaient devenus les 1 800 projets industriels recensés en Afrique. Il a réussi à en analyser 343, dans 16 pays regroupant 70 % de la population et totalisant près des trois quarts du P.N.B. total des pays d'Afrique noire, hors Afrique du Sud. L'échantillon retenu peut donc être considéré comme représentatif.

Le résultat est catastrophique :

> « Sur les 343 projets analysés, *274 sont en dysfonctionnement, dont 79 totalement arrêtés. Vingt pour cent seulement utilisent leur capacité de production au-dessus d'un seuil jugé satisfaisant.* Ceci ne signifie pas que ces 20 % constituent des affaires florissantes : certains de ces projets fonctionnant à pleine capacité connaissent de grosses difficultés financières et sont en fait des affaires non rentables, soutenues à bout de bras par les pouvoirs publics et, à travers eux, par les organismes internationaux de financement... *L'appareil productif africain constitue plus une charge pour les États (remboursement des emprunts contractés pour sa construction, salaires des personnels fonctionnarisés) qu'un outil générateur de valeur ajoutée et de développement intégré.* »

Quelques exemples :

Dans le *secteur laitier*, les laiteries souffrent presque partout d'un approvisionnement défaillant en... lait ! Les usines doivent donc fonctionner en se servant de lait reconstitué à partir de produits importés.

Le *secteur du ciment* est considéré comme un secteur clé pour le développement et l'indépendance économique. Sur 43 unités recensées, 10 sont arrêtées, et 30 en état de « dysfonctionnement » permanent ou épisodique. Pourquoi ce bilan dramatique ? Souvent parce que les cimenteries ont été mal situées, erreurs de localisation qui engendrent d'épineux problèmes d'acheminement des matières premières ou d'écoulement des produits.

L'étude évoque le surdimentionnement général des *sucreries*, tandis que dans l'*industrie des corps gras*, une seule unité sur 48 fonctionne correctement.

De manière générale, « l'engagement financier d'entreprises occidentales n'est pas le gage d'une réussite à coup sûr. Si les échecs sont dans ce cas moins nombreux pour les unités gérées par les États, ils n'en restent pas moins très fréquents (les trois quarts sont en dysfonctionnement, dont 10 % arrêtées) », notent les auteurs de l'étude.

Pourquoi toutes ces usines ne marchent-elles pas ou marchent-elles si mal ? Le plus souvent, dès la phase de programmation, de graves erreurs ont été commises, gonflant systématiquement la justification économique des projets lancés :

> « Des secteurs d'activité entiers peuvent être considérés comme des "mauvais projets". L'*industrie laitière*, par exemple. Certes, on ne saurait négliger l'intérêt alimentaire et sanitaire qu'aurait représenté pour les pays d'Afrique la réussite d'une industrie laitière locale. Basée au départ sur la reconstitution de lait, elle devait, à terme, être alimentée par un élevage de races laitières qu'on se proposait d'implanter localement. Mais les races laitières ne se sont pas adaptées et la phase qui devait être transitoire est devenue définitive. Or, la reconstitution du lait ne présente en soi aucun intérêt pour le pays d'implantation : pas de valeur ajoutée, pas d'utilité sociale non plus, puisque faiblement créatrice d'emplois ; coût en devises, puisque poudre de lait et *butter oil* doivent être importés ; de surcroît, en raison notamment de la grosse dépense énergétique requise, le coût du produit fini local est nécessairement plus élevé que celui du produit fini équivalent importé directement. On comprend que certaines usines, pourtant construites, n'aient jamais été mises en route (Zaïre).
>
> *Plus ponctuellement*, de nombreux projets sont victimes d'erreurs de programmation : création notamment d'unités de transformation de matières agricoles... qui ne sont pas produites localement. L'unité textile de Sanoyah (Guinée) a été construite

et réhabilitée (!) alors même qu'il n'y a pas de coton sur place. En débordant sur le Maghreb, on trouve les unités de papier de Mostaganem et Saïda (Algérie) qui fonctionnent ou devraient fonctionner avec de la pâte importée, alors que les unités de pâte adjacentes sont immobilisées : l'unité de Saïda devrait fonctionner avec de la paille, or la paille locale est totalement absorbée par le secteur agricole ; celle de Mostaganem était prévue pour fonctionner à partir d'alfa, or elle est implantée dans une région céréalière. Certes, la localisation dans un port pouvait servir les perspectives d'exportation des produits finis, mais à tout le moins aurait-il fallu s'assurer que les conditions de production étaient réunies. On pourrait multiplier les exemples.

Parmi les causes d'erreurs de programmation, il faut aussi noter que certains projets qui n'ont jamais fonctionné ont été promus, voire « inventés » par des sociétés d'ingénierie ou des fournisseurs d'équipements désireux de développer leurs ventes.

Rappelons aussi que certains mauvais projets ne sont que des *projets de circonstance*. Quand la Compagnie française de Bauxite a quitté l'île de Kassa en Guinée, il a fallu redonner du travail à la main-d'œuvre locale laissée pour compte. Le gouvernement a donc décidé la création d'une huilerie. Mais, sur l'île, ne pousse aucun palmier. Les palmes doivent être acheminées de l'intérieur. Or à l'intérieur, les moyens de transport manquent... Faut-il transférer l'usine sur le lieu de production agricole ou sera-t-il plus économique d'en construire une nouvelle ? Telle est la question qui se pose aujourd'hui. En attendant, l'usine n'est qu'un mythe. Dans le même ordre d'idée, et toujours en Guinée, les bâtiments de la cimenterie de Mali ont été construits, mais les installations jamais réalisées. On touche ici du doigt l'un des points sensibles de l'industrialisation en Afrique : le tissu industriel n'a très souvent été qu'un tissu politique.

Le deuxième constat est celui d'une *mauvaise évaluation sur le marché*. D'une façon générale, le *marché est un problème de fond en Afrique* : les populations nationales sont peu nombreuses (souvent inférieures à 5 millions, voire à 1 million d'habitants), de surcroît très dispersées sur des territoires souvent immenses et mal irrigués par des réseaux de communication insuffisants. Elles sont aussi fort peu solvables et aucun marché régional n'est encore réellement constitué. En outre, il existe très peu de statistiques fiables permettant de mesurer précisément ce marché. A cela s'ajoute la fragilité de certains marchés, développés artificiellement à partir d'habitudes de consommation occidentales (bière par exemple), qui ne résistent pas aux changements de conjoncture. Enfin, le problème de la protection des industries nationales contre les importations se heurte à deux phénomènes contre lesquels il est difficile de se prémunir : d'une part, la puissance des importateurs, héritée des structures commerciales de la période coloniale — orientées vers l'importation des produits manufacturés des pays occidentaux ; d'autre part, l'importance des importations clandestines qui constituent dans beaucoup de pays africains une réalité économique et sociale avec laquelle il faut compter, mais dont la mesure est quasiment impossible.

Faute d'avoir suffisamment tenu compte de ces facteurs, de nombreuses entreprises n'atteignent jamais le niveau de production initialement prévu, et meurent parfois.

Dans ce contexte, le principal défaut de définition des projets est un défaut de *surdimensionnement.* Que ce surdimensionnement soit, dans certains cas, une “précaution” prise vis-à-vis de l'avenir, certes. Il est parfois aussi imposé par les conditions d'obtention des financements, souvent liées au respect du seuil de rentabilité théorique des installations. Or ce seuil de rentabilité suppose dans beaucoup de cas une capacité de production importante qui correspond rarement aux possibilités réelles du marché. Le surdimensionnement peut également refléter la volonté de prestige liée à de nombreux projets, favorisée par les disponibilités financières dont ont pu jouir certains pays, pétroliers en particulier (Nigeria, Gabon), mais aussi la Côte-d'Ivoire : pendant la période faste, mais courte, de la hausse spectaculaire des cours du café et du cacao (1975-1977), celle-ci a investi dans des programmes ambitieux qui, aujourd'hui, lui coûtent fort cher. Pour ne citer que l'exemple du secteur sucrier, déjà mentionné plus haut, des six unités alors réalisées, deux sont aujourd'hui fermées ; au chevet des quatre autres se penchent les experts de la réhabilitation, et les deux sociétés gérantes coûtent annuellement 90 milliards de francs CFA à l'État. Autre exemple : celui de la zone franche de Dakar. Pour obtenir son agrément, une entreprise industrielle devait répondre à des critères de dimension minima, mesurée en emplois et en investissements. Aujourd'hui, le bilan des implantations dans cette zone est désastreux.

A l'inverse, des projets souffrent d'avoir été conçus à trop petite échelle, *en dessous du seuil minimum de rentabilité*, pour répondre aux besoins de marchés strictement nationaux. Ce facteur affecte particulièrement certaines industries stratégiques. Un bon exemple en est donné par la production de gaz industriels. Chaque gouvernement exige d'être autonome en ce domaine, voulant garantir, entre autres, l'approvisionnement de son aviation en oxygène[1]. Or beaucoup de marchés nationaux sont trop étroits pour assurer une réelle viabilité économique des unités de production.

Parfois, le *marché est carrément absent* : c'est ainsi que le tunnel de congélation des abattoirs de Foucha, au Tchad, n'a jamais été utilisé, aucun marché local de viande congelée n'existant et n'ayant été suscité.

Par ailleurs, au niveau des études de faisabilité économique des projets, *la compétitivité des produits fabriqués* n'est pas toujours sérieusement évaluée : le coût du ciment à la sortie de l'usine de la Cimao, par exemple (unité arrêtée), est deux fois plus élevé que le cours mondial...

Le troisième constat est celui d'un *manque d'intégration industrielle*. Il ne faut pas perdre de vue que l'industrialisation de l'Afrique s'est faite la plupart du temps au coup par coup, sans réelle coordination d'ensemble. La conséquence en est que le tissu industriel est mité : les équipements pour produire de la bière existent, mais la fabrication de bouteilles ou de capsules ne suit pas ; on raffine du sel en Angola, on traite du thé en Guinée, on produit de la peinture au Mozambique, mais il n'y a pas d'emballage.

Parfois, l'intégration industrielle a été amorcée, mais la

1. Les avions militaires ne sont pas pressurisés et, à haute altitude, un apport en oxygène est indispensable à la vie de l'équipage.

paralysie d'une industrie située en amont de la chaîne de production se répercute sur toutes les unités en aval : pas de fibro-ciment produit en Angola, puisque la cimenterie qui devait assurer l'approvisionnement en matière première est arrêtée ; marasme général des industries alimentaires et chimiques au Nigeria, répercussion immédiate sur celle des emballages...

Indépendamment des problèmes de surdimensionnement (ou de sous-dimensionnement) cités plus haut, il a été constaté au cours de l'étude, et sur plus d'une vingtaine de cas, des erreurs quant au *choix des procédés techniques appliqués* (certains secteurs de l'agro-alimentaire, engrais, cellulose...). Ces erreurs sont souvent dues au fait que, par manque de compétence technique du client, les spécifications techniques des installations ont été définies par les vendeurs d'équipements à partir des données et méthodes de travail des pays du Nord.

Pendant la phase d'exploitation des projets, trois séries de difficultés ont été rencontrées. La première est liée à l'absence de culture et de tradition industrielles de la plupart des pays africains et au niveau de formation individuelle et collective le plus souvent insuffisant. Le nombre d'entreprises purement africaines, et surtout de chefs d'entreprise africains réellement expérimentés, est minime. Dans certains pays, il est quasiment inexistant. Dans d'autres, il tend à croître, mais de façon trop lente pour que soit constitué un véritable milieu professionnel industriel africain.

Une deuxième série de difficultés réside dans les aléas politiques frappant les pays d'implantation, allant de modifications abruptes des "règles du jeu" économique à l'insécurité plus ou moins généralisée.

Une troisième série relève de phénomènes conjoncturels pouvant affecter le marché ou l'approvisionnement en intrants. S'ils ne sont pas négligeables, ces phénomènes peuvent difficilement faire l'objet d'une thérapeutique préventive... »

En termes mesurés, quelques responsabilités du Nord sont évoquées ici et là, comme par exemple à propos des « projets promus, voire *inventés* par des sociétés d'ingénierie ou des fournisseurs d'équipements désireux de développer leurs ventes », mais la recherche des causes du dysfonctionnement s'arrête là où le savoir-vivre et les usages diplomatiques et économiques risquent d'être mis à mal. Manque à cette analyse la vraie question : *qui* est responsable de l'« absence de justification économique », de la « mauvaise évaluation du marché », du « surdimensionnement » dénoncés avec autant de clairvoyance ?

Faut-il conclure qu'en Afrique, il n'y a que des imbéciles et des analphabètes, incapables d'appréhender la réalité économique dans sa diversité ? A l'évidence, un tel point de vue, hâtif et raciste, ne repose sur rien, même s'il est vrai que le Tiers monde, et plus particulièrement l'Afrique, manquent de culture industrielle. L'étude du Centre Nord-Sud effleure la vraie réponse en parlant du « tissu politique ». Très souvent, en Afrique, les échelons techniques (économiques et/ou industriels) sont en effet court-circuités par le « politique ». Le clientélisme de beaucoup de dirigeants du Sud, leur volonté de prestige, mais plus encore leur soif de bakchich, expliquent de nombreux comportements économiquement « inexplicables », dont profite sans vergogne la meute « affairiste » du Nord.

Les 1 200 milliards de dollars de la dette ont-ils été dépensés en pure perte ? Une chose au moins est certaine : les peuples dans leur ensemble sont encore plus pauvres qu'avant ces gigantesques emprunts.

CHAPITRE X

L'ARTICLE 15

Sur les bords du gigantesque fleuve comme dans la province du Shaba, personne au Zaïre ne s'étonne de voir un fonctionnaire réclamer un *matabiche* contre une carte d'identité ou tout autre papier administratif. Au contraire, on s'inquièterait s'il ne demandait rien. Aucun Zaïrois ne s'offusquera d'avoir à payer pour obtenir audience auprès d'un responsable, pour faire parvenir une lettre à un chef de service. Les sceaux et les papiers à en-tête s'achètent et se... fabriquent. Au Zaïre, les fonctionnaires sont « débrouillards » et savent arrondir leurs fins de mois. Les policiers établissent des barrages quand ils ont besoin d'argent : les automobilistes n'ont alors jamais le papier qu'il faut, et doivent mettre la main au porte-monnaie.

A la poste centrale de « Kin » (Kinshasa, la capitale), lettres et colis peuvent — comme partout ailleurs dans le monde — être jetés dans une boîte, mais il n'est pas sûr qu'ils arrivent jamais à la destination. Le « citoyen » (au Zaïre, le « Guide suprême » a mis à la mode cette appellation révolutionnaire) augmente sérieusement ses chances s'il graisse la patte au préposé. Il peut aussi téléphoner à l'autre bout de la planète pour le prix d'un pourboire. Tout cela, c'est l'« article 15 », façon pudique de désigner la petite corruption des fonctionnaires. Une corruption institutionnalisée et généralisée, appelée également *matabiche* : pot-de-vin, « haricots » pour les enfants, p'tit quelque chose, enveloppe...

Pratique tellement officielle que le Président Mobutu n'a pas hésité à l'encourager dans un discours, le 20 mai 1976 : « Si vous désirez voler, volez un peu et intelligemment, d'une jolie manière. Si vous volez tant que vous deveniez riche en une seule nuit, on vous attrapera... »

La petite corruption est banalisée. Et l'on pourrait énumérer à l'infini les exemples montrant une population entière plongée dans les combines et les magouilles pour survivre dans une économie qui ne cesse de se délabrer un peu plus chaque année. A Kinshasa, en 1986, les salaires officiels représentaient seulement un quart des revenus des ménages ; 29 % provenaient du « sytème D[1] ».

Le Zaïre est, potentiellement, le plus riche pays d'Afrique, mais il ne cesse de s'appauvrir. Il dispose de fabuleuses ressources naturelles : cuivre, cobalt, or, diamant..., de sols fertiles, d'énergie bon marché. Mais les infrastructures ne cessent de se dégrader. Aucun transport fluvial, ferroviaire ou terrestre ne fonctionne vraiment, du fait de la pénurie de véhicules et de pièces de rechange. Des provinces entières sont coupées du reste du pays et revenues en quelques années à une économie de subsistance (précaire). L'agriculture a été complètement négligée. Au moment de l'indépendance, le Congo belge se nourrissait et exportait des céréales. Aujourd'hui, le Zaïre tend la main pour survivre. Kinshasa, l'ex-Léopoldville, devenue monstrueuse, est peuplée pour l'essentiel de chômeurs. La famine, la malnutrition et la mortalité infantile atteignent des records...

Cette tragédie porte un nom : Mobutu Sese Seko, le Guide suprême. La corruption a un pays : le « sien ». Cette corruption — celle de son entourage et de sa clientèle — est la cause principale du déclin du pays. Dans un système où ni l'État ni son chef ne jouent plus leur rôle, la population, écartée du festin qu'accapare une clique restreinte, a créé une économie parallèle dont la petite corruption et le « système D » sont les

1. *Africa Confidential*, N° 52.

moteurs de fortune. Les menus *matabiches* sont devenus les seuls moyens de doubler une économie officielle paralysée. La généralisation de la petite corruption, au plus bas niveau de l'échelle sociale, est donc la conséquence de la corruption de grande envergure déployée autour de Mobutu et le moyen d'y répondre ou d'en atténuer les effets. « Mobutu, la deuxième ou la troisième plus grande fortune du monde, est probablement le plus grand voleur dans les annales du crime », a osé écrire Guy Gran, universitaire américain[1]. Affirmation que ne se hasarderaient jamais à proférer les « africanistes » français, emmitouflés dans leur conformisme. Il est en effet difficile de dénoncer les responsabilités des leaders africains dans les drames que vivent leurs peuples, car leur censure veille. Un livre consacré au « Guide suprême » a été interdit naguère en France même. Mais, depuis une dizaine d'années, les frasques de Mobutu ont pris de telles proportions que plus personne ne songe à les couvrir ou à étouffer leur dénonciation sous prétexte d'« outrages à chef d'État étranger. ».

En 1982, son ancien Premier ministre, Nguza Karl I Bond, écrivait : « Les indications faisant état d'une fortune de 4 milliards de dollars sont très proches de la réalité. » On estime généralement que le patrimoine du numéro un zaïrois est du même ordre de grandeur que la dette extérieure de son pays. Mais, à lui seul, un tel scandale ne suffirait pas à expliquer la décrépitude de ce pays aux si grandes potentialités.

La communauté financière internationale, de plus en plus ulcérée par le comportement de Mobutu, lève le voile sur le système zaïrois. J'ai moi-même, à l'automne 1979, eu accès à des documents confidentiels du Fonds monétaire international, dont les dirigeants enrageaient contre Mobutu, mais étaient tenus par les usages diplomatiques. J'écrivis alors dans le

1. In *Development by people : citizen construction of a just world*, New York, 1983.

Nouvel Économiste un article qui agita beaucoup le petit monde de Kinshasa :

« Depuis quelques semaines, une véritable partie de bras de fer oppose le président du Zaïre, le général Mobutu, et le directeur général du Fonds monétaire international, le Français Jacques de la Rosière. Le premier lutte avec énergie pour garder ses privilèges, c'est-à-dire pour rançonner toutes les activités de « son » Zaïre. Le deuxième tente farouchement d'assainir les finances publiques et de stopper la corruption pour relancer l'économie d'un pays aux richesses naturelles hors du commun. Une entreprise compliquée, car tous les trafics et irrégularités conduisent inéluctablement à M. Mobutu et à son entourage.

L'enjeu de ce combat est l'ouverture en grand des robinets de dollars par les clubs de Londres et de Paris, qui seule permettra le sauvetage économique du pays. Du 6 au 8 novembre, les banquiers se sont réunis à New York pour réaménager la dette zaïroise. Et les 28 et 29 novembre, à Bruxelles, tous les "parrains" du plan Mobutu de redressement, vieux déjà de dix-huit mois, voudraient se mettre d'accord pour passer à sa mise en application. Chacun consultera alors les dossiers concernant les dernières affaires de détournement de fonds, de pots-de-vin, de trafic de devises, de vente de licences d'importation. Dix-huit équipes de sept personnes ont contrôlé ou contrôlent les comptes de deux cents sociétés privées et publiques. Depuis le début de l'année, des sanctions et des révocations se succèdent, y compris à l'encontre de ministres, voire de parents du "Guide" zaïrois. Et pourtant, les banquiers ne sont pas convaincus par les rigueurs de cette nouvelle "Inquisition". Le directeur général du F.M.I. vient d'envoyer un expert sénégalais de haut niveau, M. Mamadou Touré, en mission de "nettoyage" sur place. Les derniers rapports arrivés à Paris, Bruxelles, Londres et New York sont en effet toujours accablants pour M. Mobutu. La moitié du café (environ 300 millions de dollars en période "normale") est vendue en contrebande par des notables dont l'un est le collaborateur direct du leader zaïrois.

Si les diamants passent officiellement par la De Beers — le

Zaïre est un important producteur —, un véritable trafic patronné par M. Mobutu utilise des soldats comme collecteurs. C'est souvent le cas dans le Sud-Kasaï. Les militaires ont tous les droits, et quand des jeunes s'avisent de traîner dans les zones diamantifères réservées, ils sont tout simplement abattus comme des lapins. Ainsi, selon une révélation de la Fédération internationale des droits de l'homme, le 17 juillet dernier, les F.A.Z. (Forces armées zaïroises) auraient tué 215 adolescents ! L'attitude du pouvoir à l'égard de la Gécamines, véritable vache à lait du Zaïre, inquiète particulièrement les financiers occidentaux. Cette société zaïro-belge, qui produit annuellement environ 400 000 tonnes de cuivre, 15 000 tonnes de cobalt et 60 000 tonnes de zinc, fournissait, en 1974, la moitié des recettes de l'État. L'an dernier, moins du tiers. Cette détérioration est la conséquence de la désorganisation des transports, de la chute de la monnaie, des deux guerres du Shaba, du départ des expatriés, de la faiblesse des investissements... Les banquiers occidentaux portent une attention particulière à la Gécamines, qui restera, pour longtemps encore, le principal moteur de l'économie. La direction de la société a été mise cette année en double commande : le patron officiel reste zaïrois, mais son « assistant » américain, M. Crem, a tous les pouvoirs. Ou presque... A la fin de septembre, la Gécamines avait versé à l'État trois fois le montant des taxes de l'an dernier.

Des résultats brillants ont néanmoins été constatés, qui s'expliquent surtout par la remontée des prix du cuivre et le triplement des cours du cobalt. Ce succès cache pourtant des problèmes importants qui sont à la mesure du mal zaïrois. Malgré les gigantesques travaux d'Inga, la Société nationale d'électricité (Snel) est incapable de satisfaire les besoins en énergie de la Gécamines. Des négociations sont en cours pour acheter des kilowatts à la Zambie voisine. Même chose pour les chemins de fer. La Gécamines est obligée d'aider l'équivalente locale de la S.N.C.F. à acheter des locomotives, des wagons... Le temps de transit des minerais sur le territoire zaïrois a plus que doublé en un an. Si bien que la Gécamines préfère désormais acheminer le cobalt par avion, soit vers l'Afrique du Sud, soit vers l'Europe. La société installée au Shaba n'arrive plus à recruter des techniciens et des ingénieurs étrangers en nombre suffisant : 250 postes sont ainsi vacants. De surcroît, les travailleurs africains réagissent aux mesures draconiennes imposées par le F.M.I. (réduction de 20 % des salaires, arrêt de l'indexation malgré l'inflation galopante) par l'absentéisme ou en se livrant au travail au noir. Plus grave encore, le cash-flow de la Gécamines s'est si brutalement détérioré dans les derniers mois qu'il a été décidé de stopper provisoirement les investissements tant que les causes de cette situation n'auront pas cessé. Depuis le début de l'année, des diktats politiques ont creusé dans la caisse un trou de 50 millions de dollars :

5,7 millions ont servi à payer une échéance d'un prêt de l'Eximbank à la Snel ;

27,6 millions correspondent à 14 000 tonnes de cuivre livrées à la Chine, mais non payées à la Gécamines par la Société de commercialisation (Sozacom), qui a pourtant touché l'intégralité de la somme ;

16,1 millions sont des prélèvements effectués sur intructions du pouvoir.

Ces sommes ont été versées aux militaires, au chef de la Sécurité, M. Seti, aux autorités locales, aux entrepreneurs qui construisent la ferme présidentielle de Kisanga. La Gécamines s'attend à d'autres « ponctions » dans les prochaines semaines. Pour continuer la construction de la ferme de Kisanga (coût total : 59 millions de dollars) par un groupe israélien, pour ériger deux palais présidentiels à Lumumbashi, pour acheter des Boeing...

Il n'est pas facile, pour les patrons de Gécamines, d'empêcher de telles pratiques dans un pays où le Président est tout-puissant. Ils peuvent, tout au plus, « traîner les pieds » pour exécuter les directives de M. Mobutu. M. Crem réclame à cor et à cri l'assistance de la Banque mondiale pour défendre son autonomie.

La Bird a fait pression sur M. Mobutu pour que la Gécamines soit remboursée des 50 millions de dollars qui manquent dans ses caisses. C'est le Premier ministre qui a répondu et pris l'engagement de reverser cette somme. Les banquiers ne se font guère d'illusions sur la valeur d'une telle promesse. M. Mobutu ne renoncera pas facilement à utiliser la trésorerie de la Gécamines quand il voudra — toutes affaires cessantes — s'offrir un gadget non prévu dans le budget ou refusé par M. Erwin Blumenthal, « Monsieur F.M.I. » au Zaïre, qui a la haute main sur la Banque centrale et donc sur les recettes en devises du pays. Ainsi, le « Guide » voulait fêter avec faste le premier anniversaire de la mort de « Mama » Mobutu à Gbadolite, son village natal. Il avait besoin d'environ 30 millions de francs. M. Blumenthal les lui refusa. Il fit vendre directement 10 000 tonnes de cuivre à l'Afrique du Sud... Il fit expédier également du cobalt à une société suisse, sans faire enregistrer les transaction par les Douanes..., pour acheter des autobus français ! Les enquêteurs de la Banque se sont étonnés également d'un manque à gagner de 7,5 millions de dollars pour les ventes de cuivre et de cobalt sur les neuf premiers mois de l'année. La Sozacom l'explique par des retards dans l'application des hausses de prix. Certains se demandent si, cette fois encore, des irrégularités n'ont pas été commises. Chaque étude ou mission permet ainsi de découvrir de nouveaux scandales. Il est peu probable qu'ils cesseront avant la fin du mois. Et, dans son combat contre les financiers occidentaux, M. Mobutu manie à la fois l'esquive et l'arme absolue. L'esquive quand il laisse les nouveaux « incorruptibles » arrêter les gens de son entourage. L'arme absolue quand il répond en termes politiques : "Si vous ne m'aidez pas, vous faites le jeu des Cubains et des Soviétiques..." Sous-entendu : "Je suis irremplaçable." »

Le leader zaïrois, qui ne supportait pas la tutelle du F.M.I., réussit à se débarrasser d'Erwin Blumenthal, l'empêcheur de corrompre et d'être corrompu en rond. Deux ans et demi plus tard, celui-ci signait un rapport sur la « crédibilité financière internationale » du Zaïre. Une véritable bombe, mais qui n'aurait pas dû exploser en public... Hélas pour Mobutu, le document, estampillé « secret », parvint dans quelques rédactions. Ce texte capital, établi par un observateur privilégié et implacable, permet d'avancer dans le démontage du système zaïrois. Blumenthal, au fil des pages, donne son sentiment et pose de graves questions sur l'aide au Tiers monde et sur les conditions de sa mise en œuvre :

« Considérée comme une sorte d'obligation morale, l'aide au Tiers monde ne se limite pas aux gouvernements, à l'O.N.U. ou aux autres institutions internationales, aux banques et associations diverses. Depuis quelque temps, elle préoccupe sérieusement les dirigeants des démocraties occidentales. Malgré toutes les bonnes intentions, on en vient à douter de l'utilité d'un tel soutien. Va-t-il contribuer à la stabilisation politique et au progrès social, ou bien disparaître dans des circuits parallèles incontrôlables ? Certains de ces pays, parmi les plus pauvres, consacrent *à l'armement un budget tel* qu'on peut s'interroger sur le sens d'un soutien inconditionnel à ces États.

En dehors des subventions non remboursables, l'aide est constituée de prêts... *Il est essentiel que ces prêts ne soient pas gaspillés, mais servent au renforcement de l'économie nationale, à l'amélioration des conditions de vie des populations et concourent à l'équilibre de la balance des paiements.* »

Ces propos renvoient presque mot pour mot à ceux d'André Postel-Vinay[1], autre financier en retraite, lorsque celui-ci dénonce le rôle majeur de l'« affairisme » dans les relations Nord-Sud, un affairisme étroitement associé à la corruption des élites du Tiers monde. Affairisme et corruption se nourrissent l'un l'autre tout en appauvrissant les pauvres.

Avec un humour noir, Blumenthal explique dans son rapport « secret » que l'année 1980 fut la seule où le Zaïre remboursa « normalement » sa dette, car « Mobutu était presque constamment à l'étranger, et les nouveaux Premier ministre, ministre des Finances et gouverneur de la Banque purent travailler sans contraintes ». Mais le banquier allemand relève les « trangressions massives des règles budgétaires et l'augmentation constante de la dette extérieure... » Pourquoi ? « Mobutu et son gouver-

1. Lire page 96.

nement se moquent du remboursement des prêts et de la dette publique. Ils comptent sur la générosité de leurs créanciers et sur le renouvellement indéfini des prêts. » Le « Guide suprême » a raison de montrer un tel cynisme puisque, jusqu'à ce jour, les pays occidentaux se sont toujours inclinés.

Blumenthal s'interroge : pourquoi le F.M.I., pourquoi les pays donateurs ont-ils chaque fois renouvelé leurs engagements au lieu d'abandonner un si mauvais partenaire ? Certes, d'après ses statuts, le F.M.I. doit mettre ses fonds à la disposition des pays membres. Mais, dans le cas du Zaïre, les précautions et contrôles nécessaires ont-ils été suffisants ? Et pour quelles raisons les pays occidentaux ont-ils persisté à lui accorder non seulement des prêts, mais aussi des aides non remboursables ? Obligation morale ? Spéculation ? Considérations politiques ? Souci de défendre le Zaïre, rempart anti-communiste en Afrique centrale ? De dépasser les contradictions du conflit Nord-Sud ? La vérité emprunte probablement à chacune de ces hypothèses. Cependant, en ce qui concerne les banques commerciales et les banques américaines spécialisées dans l'import-export, leur générosité fut d'abord motivée par le souci de réussir quelques grosses « affaires ». Quant au F.M.I. et aux gouvernements, force est de constater qu'ils ont amplement sous-estimé les risques des investissements consentis.

Blumenthal rappelle les extraordinaires potentialités du Zaïre : « Dans des conditions normales, tout investissement ou participation étrangère y serait profitable. » Pour quelles raisons n'existe-t-il donc pas au Zaïre de « conditions normales » ? L'ancien directeur de la Banque du Zaïre brise le tabou : « *Il y avait et il y a encore un obstacle majeur qui anéantit toutes les perspectives : la corruption de l'équipe au pouvoir*... Aucun des responsables du F.M.I. ou de la Banque Mondiale n'ignore que toute tentative visant à un contrôle budgétaire plus strict tourne court devant un obstacle majeur : la Présidence... Tout contrôle se révèle en fait impossible sur les transactions financières de la Présidence — la dotation de la Présidence est elle-même égale à 12 % du Budget. Dans le bureau du Président, on ne fait plus la différence entre les dépenses de l'État et les besoins personnels[1] ».

Blumenthal raconte comment il a découvert des « comptes spéciaux » ouverts à l'étranger au nom de la Banque du Zaïre, alors qu'en réalité ils auraient appartenu à Mobutu. Ces comptes furent alors fermés et réintégrés dans les livres de la Banque. « Naturellement, conclut-il, rien ne prouve que nous ayons découvert tous les "comptes spéciaux", mais, à l'époque, j'étais très satisfait d'avoir récupéré près de *5 millions de dollars* pour la Banque, ignorant alors qu'*une telle somme n'était qu'une bagatelle pour le Président d'un si grand pays...* »

Après avoir fourni quelques cas de malversations perpétrées par les « léopards » — les barons de la clique de Mobutu —, Blumenthal conclut qu'« il n'est plus nécessaire d'ajouter d'autres exemples pour que ce rapport montre de manière flagrante l'étendue du système de corruption au Zaïre sous ses aspects les plus sordides et malfaisants, et l'impossibilité de contrecarrer ces fraudes qui ruinent toutes les tentatives des institutions internationales, des pays amis ou des banques commerciales qui persistent à croire à un redressement de l'économie zaïroise... »

En annexe au rapport de Blumenthal figurait une interview de Karl I Bond, ex-Premier ministre du Zaïre, qui jette une lumière encore plus crue sur les pratiques dénoncées. On y apprend que, début 1981, le Guide suprême aurait demandé à

1. Treize parlementaires zaïrois exprimèrent en décembre 1980 le même point de vue dans une lettre ouverte adressée au Guide suprême :

« Citoyen Président Fondateur, vous disposez seul du pouvoir de nommer, révoquer, promouvoir les membres de la classe dirigeante zaïroise, et, de ce fait, vous devez logiquement endosser les actes de vos protégés que vous avez bien reconnu être les pilleurs et exploiteurs de notre peuple... Il n'y a, que nous sachions, aucun pays au monde où la concentration du pouvoir économique et politique est aussi scandaleuse... Votre régime a-t-il donc substitué aux 350 familles (et non individus) belges, une famille de 50 personnes... ? »

Les 13 députés furent immédiatement arrêtés. Libérés en février 1982, ils adressèrent aussitôt une nouvelle lettre à Mobutu...

son ministre des Finances de lui « arranger » la sortie de 20 000 tonnes de cuivre « sur son compte personnel » ; qu'il n'hésiterait pas à arroser des personnalités étrangères, notamment belges ; qu'un ancien président de la Confédération helvétique s'occuperait des dépôts de Mobutu dans des comptes à numéro ; que Mobutu serait directement intéressé à la vente des diamants de son pays ; qu'il aurait offert « beaucoup de diamants à des personnalités étrangères » ; qu'une partie du produit de la vente du cobalt irait aussi directement sur ses comptes personnels...

Karl I Bond fournit la liste des maisons et résidences possédées à l'étranger par Mobutu : douze en Belgique, un spacieux appartement (avenue Foch) en France, un 32 pièces près de Lausanne, un château en Italie, des immeubles à Dakar, Abidjan, Bangui...

Blumenthal et Karl I Bond ne sont pas les seuls à affirmer que la corruption est la source principale des maux du Zaïre. Le 2 mai 1980, le pape Jean-Paul II a, dans une homélie prononcée à Kinshasa, évoqué cette « maladie du Zaïre qui révèle une crise profonde ». Dans ce cas, les hauts responsables zaïrois n'hésitent pas, de la manière la plus cynique, à reprendre en chœur le même cantique.

Mabi Milumba, nouveau Premier commissaire d'État (équivalent du Premier ministre), à qui *Jeune Afrique* demandait si le Zaïre comptait rapatrier certains avoirs détenus à l'étranger (mesure recommandée par la Banque Mondiale), répondait tout tranquillement en janvier 1987 :

> « Ce n'est pas la première fois que l'on parle des avoirs zaïrois à l'étranger. C'est un problème éternel, presque légendaire. Si des Zaïrois ont des avoirs à l'extérieur, il faudrait qu'on puisse, nous, en évaluer le montant, et ce genre d'argument ne devrait en aucun cas servir de prétexte pour décourager les investisseurs. Que demande-t-on ? La stabilité politique ? La paix ? Un code des investissements libéral ? Tout cela, qui est fondamental, nous l'offrons.
>
> **J.A.** : La fraude et la corruption sont-elles un mal zaïrois ?

M.M. : Certes non. Ce mal existe partout, y compris chez ceux qui ont parfois tendance à s'ériger en donneurs de leçons. Cela dit, il ne faudrait pas que la fraude prenne des propositions telles qu'elle puisse ruiner un pays qui a besoin de toutes ses ressources. Notre problème est simple en ce domaine : vu la faiblesse de nos structures administratives, l'évasion fiscale est ici importante. Un exemple ? Une entreprise qui a réalisé 200 millions de zaïres de bénéfices nets devrait, en théorie, verser dans les caisses de l'État au moins 100 millions de zaïres. Or le plus souvent, et avec un peu de bonne volonté, elle n'en verse que 5 millions ! Nous voulons donc renforcer les contrôles et surtout mieux cerner les contribuables. Pour cela, il faut informatiser. De plus, nous comptons, dans les semaines à venir, réinstaurer officiellement le corps des inspecteurs des Finances : en installant l'ordre et la discipline au sein des finances publiques, tous les autres départements devraient pouvoir suivre. »

Mobutu, imitant en cela son ami Bongo, a décrit lui-même le mal qui rongeait son pays. Quinze jours après son accession au pouvoir en 1965, il dénonçait déjà le « manque d'intégrité des fonctionnaires ». En 1977, s'adressant aux membres du Parti unique, il s'écriait :

« En un mot, tout est à vendre, tout peut être acheté dans notre pays. Dans ce contexte, celui qui détient la plus petite parcelle de l'autorité publique l'utilise illégalement pour acquérir argent, biens, prestige, ou pour éviter toutes sortes d'obligations. Pis encore, le citoyen qui demande simplement à faire respecter ses droits les plus élémentaires est soumis à une taxe invisible qui est alors ouvertement empochée par les officiels.

Ainsi, le droit d'être entendu par un fonctionnaire, d'enregistrer ses enfants à l'école ou d'obtenir leurs cartes de report à la fin de l'année, d'obtenir des soins médicaux, un siège dans un avion, un diplôme — et je pourrais continuer — sont tous sujet à cette taxe, qui, bien qu'invisible, est connue et attendue par tous.

Ainsi notre société risque de perdre son caractère politique et de devenir un vaste marché commercial sujet aux lois les plus sordides, le trafic d'influences et l'exploitation... En face de tous ces grands dangers, nous devons reconnaître que tous, trop souvent, l'État et le Parti, n'ont pas toujours réussi à décourager le mal et à encourager le bien... »

Blumenthal, le Pape et Mobutu, entre bien d'autres, sont donc d'accord sur l'ampleur du mal. Mais pourquoi ce fléau s'est-il tant aggravé ? Par quels chemins la corruption conduit-elle au sous-développement ?

Deux universitaires qui ont séjourné de longues années au Zaïre, le Belge Jean-Claude Willame, auteur notamment de *Zaïre, l'épopée d'Inga*[1], et l'Américain David J. Gould, auteur d'un livre très remarquable, *Bureaucratic Corruption and Underdevelopment in the Third World*[2], tentent d'apporter des réponses :

« Que de très importantes commissions aient été perçues à l'occasion de la passation de ces marchés [pour construire l'énorme barrage d'Inga et les industries qui y sont liées] n'est mis en doute par personne ; la véritable corruption se situe au niveau d'une dynamique plus globale de mise à sac progressive d'un État par "consentement mutuel" », dit Willame.

« La corruption et le sous-développement sont des composantes d'un même processus qui sont dialectiquement liées... Chacune détermine la façon dont l'autre se développe. Cela signifie qur la mécanique de corruption a une part prééminente dans le processus de sous-développement... », conclut Gould.

Gould et un certain nombre d'autres auteurs anglo-saxons (Gran, Young, Schoenholtz...) critiquent la façon dont la plupart des créanciers conduisent leurs analyses de la crise traversée par le Zaïre. Les banquiers et le F.M.I. soulignent la détérioration des termes de l'échange, le déclin des transports, les conséquences des invasions du Shaba, mais n'osent pas tirer les conséquences de la corruption que, pourtant, ils connaissent parfaitement. Tout au plus avouent-ils timidement

1. L'Harmattan, Paris, 1986.
2. Pergamon Press, New York, 1980.

que la corruption est un « mauvais management » *(mismanagement)*, mais ils refusent de constater sans équivoque que le commerce est la chasse gardée de l'élite dirigeante du Zaïre.

Le F.M.I.[1] utilise des statistiques contestables, car basées sur des rapports gouvernementaux qui n'incluent pas les mouvements de fonds correspondant à l'enrichissement de la petite classe dirigeante. Le F.M.I. a certes découvert certaines anomalies, mais il n'a pas cherché à chiffrer l'ensemble des détournements dans la vente du cuivre, du cobalt et des diamants, non plus qu'à repérer les circuits empruntés par les flux monétaires dans cette économie éclatée. Dans un tel pays, les diagnostics traditionnels et les remèdes classiques n'opèrent pas. Au Zaïre, plus la dépendance de l'économie s'accroît, et plus le clan de Mobutu s'enrichit aux dépens d'une population dont les deux-tiers ne sont pas mieux nourris que les habitants du Sahel. Le F.M.I. n'intègre pas la sociologie dans ses outils d'analyse. Il est obnubilé par des modèles qui attendent d'un marché abstrait qu'il fournisse les moyens, pour les masses pauvres du Tiers monde, de marcher sur les eaux et de voir se multiplier les petits pains.

Gould et quelques autres de ses collègues tentent en revanche de mettre en lumière le rôle capital de la corruption dans le Tiers monde. Pour trouver les racines du mal, il faut remonter au temps où le Congo était encore la propriété personnelle de Léopold II de Belgique (1885-1908). Période caractérisée par une exploitation sauvage, au profit exclusif du roi et de ses bailleurs de fonds. Ces derniers, estimant un beau jour que tant d'inhumanité risquait de se révéler préjudiciable à la pérennité de leurs privilèges, demandèrent et obtinrent du roi que la souveraineté du pays passât à l'État belge. Alors se créa une sainte alliance entre l'administration, l'Église catholique et le capital colonial. L'État devint le bras séculier des intérêts économiques privés. Au Congo belge comme ailleurs,

1. Lire à ce sujet un article publié par le *Journal of Modern African Studies* du 25 mars 1987, « The I.M.F. in Africa... », par Andrew I. Schoenholtz.

les chefs coutumiers furent *achetés* pour servir d'intermédiaires entre les intérêts belges et les masses.

Pendant les cinq années qui suivirent l'indépendance (1960-1965), l'Union minière du Haut Katanga — une société belge — resta un État dans l'État et tous les principaux moyens de production demeurèrent entre des mains étrangères. Les leaders locaux avaient promis aux masses que l'indépendance leur ouvrirait les portes du Paradis, mais le chaos succéda à la colonisation. Les Belges partis, d'innombrables groupes se battaient pour mettre la main sur tant de richesses virtuelles.

Lumumba, le nationaliste, qui voulait parvenir à l'indépendance économique, tomba le premier sous le feu conjugué de ses concurrents congolais alliés à la C.I.A. et aux lobbys occidentaux. Les luttes armées se multipliaient, tout le monde s'affairait à conquérir des places stratégiques dans l'armée et l'administration qui, depuis longtemps, avaient cessé de remplir leur rôle : la garantie de l'ordre et le fonctionnement des principaux services publics. Un tel climat d'anarchie favorise à l'évidence le développement accéléré de la corruption et installe le *clientélisme*, c'est-à-dire l'achat de loyautés politiques. La corruption n'était pas encore une industrie florissante, mais déjà les votes s'achetaient au Parlement, le commerce des licences d'importation était prospère. Intermédiaires et hommes d'affaires étrangers préféraient de plus en plus acquitter leurs impôts et taxes à des personnalités politiques plutôt qu'à l'État. Les groupes rivaux constituaient peu à peu une classe dirigeante cimentée par l'« argent noir »...

Avec l'aide de la C.I.A., le colonel Mobutu prend le pouvoir le 24 novembre 1965, et commence à *privatiser l'appareil d'État* tout en recevant une assistance financière importante de l'extérieur. Dans un pays où l'ordre règne à nouveau, l'Occident peut enfin investir en paix pour exploiter les richesses fabuleuses du pays.

Dans un tel contexte, la corruption, selon Gould, joue quatre rôles :

1) Consolider la base économique de la bourgeoisie. La

corruption permet de s'enrichir rapidement et facilement par diverses pratiques, comme celle qui consiste à graisser la patte du fonctionnaire du fisc pour ne pas acquitter d'impôts.

2) Stabiliser le pouvoir de la classe dirigeante, en annihilant la conscience et l'ardeur révolutionnaire des populations.

3) Distribuer assez de miettes du butin à la petite bourgeoisie pour en faire une *alliée* de l'élite dirigeante.

4) Donner aux masses le minimum pour survivre, permettre la petite corruption aux petits fonctionnaires et autres citoyens afin d'éviter qu'ils ne meurent de faim ou ne se révoltent. Cette corruption institutionnalisée engendre l'aliénation de tout un peuple, obligé de survivre en pratiquant lui aussi la corruption, de telle sorte que tout le monde, à un moment ou à un autre, est corrupteur ou corrompu.

Tout le discours de Mobutu est d'ailleurs conçu pour embrouiller les cœurs et les âmes : le retour à l'« authenticité », la « zaïrianisation » de l'économie et autres « révolution » ou « radicalisation » n'ont pour tout objectif que de fournir aux masses quelques grands mots en guise d'ersatz de morale. Comment des citoyens qui ont entendu leur chef les exhorter, au nom de la Révolution, à voler « intelligemment » et à réinvestir « dans le pays plutôt qu'à l'étranger », pourraient-ils constituer une nation tendue vers un objectif de développement au nom de valeurs supérieures ?

Une telle classe bureaucratique, qui assure sa pérennité par la corruption et se sent forte du fait du soutien que lui accorde la communauté économique et financière internationale, ne peut que continuer à appauvrir le pays. Toute son énergie est orientée vers le développement des réseaux de la corruption et l'approfondissement du clientélisme : la croissance, la modernisation du pays ne sont pas des objectifs qui méritent à ses yeux le moindre effort.

Tous les indicateurs économiques révèlent l'appauvrissement du pays. Depuis 1970, le déficit budgétaire ne cesse d'augmenter, et seule l'oxygène fournie par le système bancaire international permet d'éviter l'asphyxie. Les paysans, dont se désintéresse le clientélisme zaïrois, désertent leurs champs et fuient vers les villes. La seule agriculture qui intéresse la classe dirigeante est celle qui est tournée vers l'extérieur ou les grandes villes. Mobutu a ainsi nationalisé à son unique profit une plantation de 16 000 hectares produisant du café, du cacao, du caoutchouc (Cultures et Élevages du Zaïre — Celza). Les meilleures terres sont détournées par les élites de Kinshasa, alors que beaucoup de Zaïrois ne mangent pas à leur faim. Le régime contrôle à son avantage les échanges de produits, les transports, le crédit et la politique foncière. Les contrôles des prix permettent — comme un peu partout en Afrique — de *transférer le revenu des paysans vers la classe dirigeante urbaine.* Le marché est dominé par quelques gros intermédiaires, et les Offices agricoles sont, de notoriété publique, inefficaces et corrompus. La part de l'économie tournée vers l'extérieur capte l'essentiel des richesses du pays et ruine chaque année un peu plus la classe rurale. Il est fréquent de ne plus trouver sur les étals la nourriture de base, c'est-à-dire le manioc, le riz et le maïs. Les paysans, écrasés par la politique absurde de la ville, ne veulent pas augmenter leur production et se limitent au strict nécessaire pour survivre. L'approvisionnement du pays dépend maintenant des importations... Les prix augmentent, la malnutrition aussi. Quant aux services publics que devrait assurer une bureaucratie pléthorique, ils ne fonctionnent plus depuis belle lurette.

L'administration zaïroise agit comme une pompe aspirante : elle concentre à son profit les crédits de toute nature, elle taxe tout ce qui peut l'être, touche un pourcentage sur toutes les richesses du sous-sol, fixe des règles qui lui permettent de bien vivre et de subvenir aux besoins de sa clientèle ; elle laisse le secteur multinational prospérer et envoie dans des comptes en Suisse des sommes équivalentes au montant de la dette du pays. Simultanément, dans les campagnes, fonctionne un secteur traditionnel replié sur lui-même et quasiment coupé de l'économie monétaire. Et si le monstre bureaucratique ne s'est pas encore étouffé lui-même, contrairement à la prophétie de nombreux augures, c'est sans doute pour une part grâce à l'aide internationale. Mais c'est l'économie parallèle, multiforme, véritable marché noir à l'échelle d'un continent, qui a sauvé le système d'un effondrement total. Le vol, la contrebande, le pillage alimentent ce marché de survie. Au Kasaï, les boutiques regorgent de produits qui font défaut dans les autres provinces : la contrebande de diamants fournit les devises qui permettent d'importer... Au Shaba, la commercialisation des récoltes dépend du carburant volé à la Gecamines, puis vendu au marché noir. Le trafic illégal de l'or est plus important que les transactions légales. Le Congo voisin est l'un des principaux exportateurs mondiaux de diamants... alors qu'il n'en produit pas !

« Dans l'économie officielle, raconte *Africa Confidential*, il est difficile d'obtenir des crédits et des devises et rien ne fonctionne jamais. L'économie parallèle a ses propres solutions et son propre système financier : les *likelemba* et les *muziki* sont des tontines (les *muziki* sont gérées uniquement par des femmes) constituées de groupes de trois à dix personnes qui paient chacune une somme mensuelle. En retour, chaque membre empoche à tour de rôle le magot ainsi constitué. A Kinshasa, l'économie parallèle a son propre bureau de change où les gens vendent les francs C.F.A. obtenus grâce à la contrebande avec Brazzaville. Ces francs servent au trafic avec l'Europe. Tandis que l'or est utilisé directement comme une devise étrangère pour acheter des produits au Kenya, qui iront approvisionner les échoppes du Kivu, pour importer des camions du Nigéria ou comme monnaie d'échange pour acheter des motos ou d'autres produits. A Lumumbashi, un commerçant emmène de l'or en Zambie et l'échange contre des dollars à l'ambassade d'Arabie Saoudite. Avec ces dollars, il achète des kwachas et les vend avec profit contre des zaïres à son retour de Lubumbashi. Puisque les véhicules et les pièces de rechange manquent, ils sont importés illégalement. Là où les routes n'existent pas, les marchandises sont transportées par porteurs, ou encore à bicyclette le long de sentiers frontaliers. Pour se rendre aux campements de mineurs, les trafiquants d'or et de diamants se déplacent à moto sur des routes impraticables pour tout autre véhicule. Les camions de sociétés sont couramment utilisés de façon parfaitement illégale pour transporter des passagers et du fret. Les marchandises exportées illégalement de Zambie approvisionnent un marché entier à Lubumbashi. Dix camions au moins arrivent chaque jour pour approvisionner ce marché. Le maïs est la principale denrée. Des sacs de farine de maïs sont empilés au bord de la rue, ainsi que du ciment et du sucre. Les éventaires débordent de savon, d'huile, de boissons gazeuzes, de boîtes de conserves. On y vend des poules, des pintades, des œufs. Tout cela vient de Zambie où les produits alimentaires sont subventionnés par le gouvernement et coûtent donc moins cher que les produit locaux. Dans les rues de Lubumbashi, une voiture sur quatre ou cinq a le volant à droite, ce qui signifie qu'elle a été volée en Zambie et importée au Zaïre dans le cadre d'un trafic très florissant et fort bien organisé avec fourniture de faux papiers. Elle est vendue au quart du prix normal mais peut aussi être échangée contre de l'or ou du cobalt. Les compagnies d'assurances zambiennes indemnisent, ce qui n'est pas le cas des zaïroises, et les autorités locales ont peur de poursuivre les voleurs à travers la frontière. A Lubumbashi, on appelle ces voitures *Merci Kaunda.* »

L'extension et l'efficacité de ce « Système D » font mentir tous ceux qui, régulièrement, annoncent la chute de Mobutu.

La dette et les « safaris »

Le Zaïre est jonché de cadavres industriels, ces « *safaris* », purs produits du croisement de l'affairisme occidental et de la corruption bureaucratique zaïroise.

Le Centre de Commerce international du Zaïre, construit en 1977, est aujourd'hui déserté par les firmes privées. Ce centre ultra moderne, qui devait symboliser la réussite économique du Zaïre, était trop sophistiqué : il est tombé en panne.

Personne ne savait l'utiliser ; quant à l'entretenir... Il a coûté la « bagatelle » de 30 millions de dollars.

En 1970, le ministre de l'Agriculture décida de faire passer toutes les sociétés cotonnières du pays sous contrôle public. L'État zaïrois se retrouva soudain propriétaire de 58 usines dotées de machines qui, certes, n'étaient pas neuves, mais qui permettaient, bon an, mal an, de produire environ 300 000 tonnes. Mobutu décide néanmoins en 1973 d'acheter 30 usines nouvelles. Une société privée d'importation de matériel étranger est créée pour la circonstance : elle touchera au passage une commission de 30 % sur tous les achats dont elle aura, comme il se doit, le monopole. Aujourd'hui, aucune des trente usines ne fonctionne. Une seule fut montée, à Gandajika, mais sans son tableau de commandes électronique : elle était donc inutilisable... Les machines des 29 autres sont détériorées et dispersées au petit bonheur la chance, de telle manière que nulle part n'existe un équipement complet. Par exemple, l'unité d'Uvira dispose de 7 condenseurs, alors qu'un seul suffirait ; à Kindu, les caisses ne sont jamais sorties des entrepôts de la S.N.C.Z. ; à Kinshasa, des hangars préfabriqués ont été cédés au plus offrant au titre de la récupération de frais impayés, etc. La firme Hardwick and Etter, qui a vendu les usines, ayant fait faillite, il est exclu de compter recevoir un jour des pièces de rechange...

Cette histoire est exemplaire. L'intention de départ était louable, à supposer qu'elle fût sincère : la mise au pas des intérêts coloniaux. Mais les citoyens chargés de mettre en œuvre cette politique ne se préoccupèrent que de leurs intérêts privés. Finalement, la noble volonté d'indépendance du secteur cotonnier s'est traduite par l'enrichissement de quelques Zaïrois, une perte sèche pour l'économie, et la désorganisation de l'ensemble du secteur. Si les discours des politiciens d'Occident évoquent souvent et avec solennité les problèmes de sous-développement, rares sont les responsables qui, sur le terrain, posent, à propos d'un projet, la question essentielle : servira-t-il à la majorité de la population ?

Une question que semblent notamment avoir ignorée les Français chargés de traiter avec le Zaïre.

A partir de 1974, en effet, la France a augmenté considérablement sa présence dans ce pays. Une assistance technique militaire s'est installée en force à Kinshasa, une collaboration secrète s'est nouée entre le S.D.E.C.E. et la Présidence du Zaïre pour aider, en collaboration avec la C.I.A. et les services sud-africains, les mouvements en lutte contre le M.P.L.A. du marxiste Neto qui avait pris cette année-là le pouvoir en Angola. La France a prêté beaucoup (elle est le premier créancier commercial) et est devenue en 1976 le second fournisseur du Zaïre. Elle s'est spécialisée dans l'« équipement technologique » du pays : en clair, armes et télécommunications. Des usines ont ainsi tourné en France même. Des commissions ont dû être versées à Mobutu et à son marabout sénégalais Kébé que le « Guide suprême » consultait avant de prendre chacune de ses décisions. Mais pour quelle utilité... ?

Le principal maître d'œuvre de ces « transferts technologiques » a été Thomson C.S.F., responsable de la Cité de l'Information, une affaire traitée directement par Valéry Giscard d'Estaing et Mobutu. Cette orgueilleuse réalisation a coûté 450 millions de francs. Laissons à Pierre Doublet, de *L'Express*[1], le soin de décrire dans quel état elle se trouve aujourd'hui et quel est son usage :

> « Cette tour magnifique, blanc et bleu, c'est *La Voix du Zaïre*, siège de la radiotélévision, autre réalisation française. Première pierre : 1974. Neuf ans plus tard, le directeur, vaincu par les pannes d'ascenseur, est descendu du vingtième étage au premier. Simple détail. *La Voix du Zaïre*, raccordée à un réseau sans égal en Afrique, ni même en Europe — liaisons par satellite, 17 centres de télévision et 13 stations terriennes, le tout relié par faisceaux hertziens — devait couvrir, par un simple jeu de claviers, les 2 345 000 kilomètres carrés du territoire et retransmettre instantanément les images mondiales.

1. *L'Express*, 6 au 12 janvier 1984.

Pourtant, les écrans n'ont guère montré, depuis un an, que des bandes datant de quelques jours, venues de Paris par avion, et des speakers lisant les nouvelles au micro. Pourquoi ? Parce que le Zaïre vient seulement, à la fin de novembre 1983, de régler la facture du satellite (américain, lui), près de 1 700 000 dollars, sous menace de se voir privé aussi du téléphone. Quant au réseau intérieur, il ne fonctionne que par secteurs, toutes les stations-relais étant en panne faute de carburant : les routes, négligées, se ferment aux camions-citernes dès qu'il pleut. Pourquoi ne pas constituer des stocks en saison sèche ? « Parce qu'on les vole. » Les reporters, excellemment formés par des experts français, ne pourraient-ils, au moins, filmer dans la région de Kinshasa ? « Difficile. Par manque de véhicules : il a fallu "cannibaliser" les uns pour dépanner les autres. Et, pour faire sortir une voiture du garage et le matériel des placards, il faut graisser quelques mains. Alors ils se contentent souvent d'interviewer des gens, là, en bas, sur le trottoir. Bien sûr, quand le Président part en tournée, c'est différent. »

Thomson a ainsi livré des matériels extrêmement sophistiqués, que l'on ne trouvait même pas en Europe, et qui, pour l'essentiel, sont déjà hors d'usage, car aucun contrat de maintenance n'était prévu. Des matériels hors de prix, qui ne correspondaient nullement aux besoins du Zaïre et qui, aujourd'hui, alourdissent la dette de l'ancien Congo belge. Le milliard de francs qu'ont coûté ces équipements a été le prix payé par la population zaïroise pour la survie politique de son chef. La France de Valéry Giscard d'Estaing n'a pas hésité, en effet, à intervenir par deux fois (en 1977 et 1978) au Shaba, la riche province minière, menacée par les ex-gendarmes katangais. Les emplettes de Mobutu sur le marché de l'armement français ont été dans la même période également fort conséquentes. Marcel Dassault, la S.N.I.A.S., la S.N.E.C.M.A. et, là encore, Thomson C.S.F., ont amplement bénéficié des largesses du « Guide suprême ».

Mais le plus monstrueux gaspillage, dans lequel l'Occident tout entier a trempé, reste néanmoins le barrage d'Inga.

La saga d'Inga

Dès avant la Seconde Guerre mondiale, le projet fut conçu d'utiliser le formidable potentiel électrique des rapides d'Inga, situés sur le fleuve Congo, à 250 kilomètres en aval de Kinshasa. Il s'agissait, comme l'écrivait le géographe Wauters, d'exploiter une force « propre à distribuer la lumière et la force motrice dans les provinces riveraines ». En 1957, un arrêté royal belge crée l'Institut national d'études pour le Bas-Congo — plus connu sous le nom d'Institut d'Inga — afin d'étudier l'ensemble de l'équipement hydroélectrique du site d'Inga, le mode de financement des travaux, les possibilités économiques d'utilisation du courant électrique. L'Institut rêve aussitôt d'un développement grandiose... mais disparaît avec l'indépendance et la tourmente qui en découle. En 1963, des Italiens s'intéressent à leur tour à Inga : ils croient pouvoir créer un pôle de développement industriel tourné vers le marché intérieur. Les travaux préparatoires commencent en 1967, alors que les utilisateurs potentiels de l'électricité — notamment une usine sidérurgique et une usine d'engrais — n'ont pas encore donné leur aval. En 1969, la C.E.E. décide de soutenir l'opération et les appels d'offres sont lancés. Le projet, à ce moment-là, est encore raisonnable. Mais, au cours d'un voyage aux États-Unis, Mobutu entre en contact avec les dirigeants américains du fabricant d'aluminium Kaiser. A son retour, il ordonne de bouleverser les plans et d'intégrer une usine d'aluminium, très grosse consommatrice d'électricité... Kaiser se retire quelques mois plus tard, mais le projet n'est pas corrigé à la baisse pour autant. Inga-I est donc construit : aujourd'hui, seul le quart de sa puissance est utilisé. L'aciérie de Mabuku, qui avait été implantée pour justifier Inga-I, ne produit que 4 000 tonnes, pour une capacité de 250 000 tonnes.

La cimenterie ne tourne qu'à 53 % de ses possibilités, avec des coûts prohibitifs. L'universitaire belge Bernard Verhaegen, qui a étudié l'histoire de ce *safari*, écrit :

> « Aucune des instances politiques qui participèrent à la décision d'achat n'est réellement concernée par le bon fonctionnement de l'outil et par son impact sur le développement économique. Leurs intérêts se limitent soit à la transaction initiale, soit à l'achèvement de la construction. Pour les ministres, c'est la signature du contrat qui marque le point culminant de leurs préoccupations ; pour le Président de la République, ce sont la décision initiale et l'inauguration ; pour d'autres instances, c'est le moment de la négociation où elles peuvent contraindre le vendeur à leur céder quelques ristournes ou autres avantages. Personne du côté des décideurs de l'investissement n'est intéressé par ce qui se passera *après* l'inauguration de l'usine (...) Ce qui apparaissait au début comme une décision politique volontariste et cohérente n'est en réalité que l'expression d'une succession d'intérêts individuels ; une fois ceux-ci satisfaits, la volonté étatique est dissoute et l'entreprise abandonnée à elle-même. L'effacement de l'État en tant que tuteur de l'entreprise ne supprime cependant pas le caractère bureaucratique et irresponsable de la gestion interne de l'usine. Dans le bilan de l'année 1980, le directeur commercial et financier écrivait : *"la direction de l'usine établit des demandes d'achat sans tenir compte des limites financières pour pouvoir, en cas de panne, démontrer que la demande d'achat a été établie en son temps"*. Cet exemple montre que la direction de l'usine ne se sent pas financièrement responsable de l'entreprise. L'habitude a été prise de reporter sur l'État les charges et les risques. Lorsque l'État est défaillant, l'entreprise est sans réactions. »

Alors que tout laissait déjà augurer des difficultés que rencontrerait la société d'électricité pour vendre la production de la première tranche d'Inga, on décida de lancer la seconde phase ! De 300 mégawatts, la puissance allait passer à 1 290. Le Zaïre de Mobutu renouait avec la démesure de l'ancien Congo belge.

A l'origine de cette folie, on rencontre le nom d'un certain Maurice Tempelsman. Ami de longue date de Mobutu, mais aussi de Kennedy et de Nixon, c'est lui qui aurait introduit le « Guide suprême » dans le monde fermé du diamant. Service utile : la vente des pierres permettra à Mobutu de se bâtir une fortune immense en quelques années. Tempelsman conseille en outre à Mobutu d'exploiter le plus grand gisement cuprifère du monde, à Tenké Fungurumé (au Kasaï), pour contrebalancer la toute-puissante Gecamines. Et il se fait fort de convaincre de gros investisseurs étrangers d'Afrique du Sud, du Japon, de France (B.R.G.M.) et des États-Unis (A.M.O.C.O.) de participer au projet. Derrière nombre de chefs d'État du Tiers monde, on retrouve de ces mauvais génies, comme Tempelsman, qui savent flatter la mégalomanie des leaders, leur présentent la jet-set internationale, et, surtout, amassent pour leur compte de gros moyens, sans oublier de faire rétribuer leurs services au passage. On peut ainsi citer les noms de Maurice Assor au Togo, Bruce Rappaport au Gabon, Henri Damase au Cameroun...

L'usine de raffinage du cuivre, avait prévenu Tempelsman, aura besoin de 560 mégawatts. Qu'à cela ne tienne, répond le dictateur mégalomane ; j'apporterai le courant d'Inga au Shaba grâce à une ligne à haute tension « la plus longue du monde » (1 800 kilomètres). Et c'est ainsi qu'il impose le lancement d'Inga-II. L'adjudication des marchés est l'occasion des trafics divers que l'on imagine. En novembre 1974, le premier pylône est inauguré en présence des nombreux ambassadeurs des pays qui ont apporté leur soutien financier au gigantesque projet. L'achèvement était prévu pour le début de 1977. Les travaux durèrent en réalité neuf ans. Et la ligne ne fut ouverte qu'en novembre 1983, d'innombrables difficultés ayant dû être surmontées :

— *difficultés techniques* sous-estimées : 140 000 tonnes durent être acheminées, avec de nombreuses ruptures de charge dans des zones inhospitalières. Des wagons et des barges automotrices capables de supporter des poids de 100 à 250 tonnes durent être spécialement conçus et livrés au Zaïre...

— *difficultés financières :* le coût des travaux avait été sous-évalué et le Zaïre était devenu un mauvais payeur. La seule ligne Inga-Shaba coûta 850 millions de dollars, au lieu de 350.

Quand tout fut fini, il n'y avait plus de clients pour acheter le courant ! Quant aux investisseurs amenés par Tempelsman, ils s'étaient évanouis, et la Gécamines affirmait n'avoir nul besoin de la plus longue ligne électrique du monde...

La saga d'Inga aura coûté finalement 1,5 milliard de dollars, soit environ le tiers de la dette du Zaïre. Pour vendre ses 1 800 mégawatts, pour tenter de rentabiliser cet ensemble pharaonique, Mobutu fait feu de tout bois. Ainsi, en 1981, la région du Bas Zaïre est érigée en zone franche pour attirer des industries grandes consommatrices d'électricité. En attendant le bon vouloir des firmes étrangères, les autorités zaïroises négocient régulièrement le rééchelonnement de leur dette, qui s'élevait à 4,5 milliards de dollars en 1985. Ce chiffre représentait 90 % du produit intérieur brut et 2,5 fois la valeur estimée des exportations annuelles du pays[1].

Les *safaris* industriels du Zaïre n'ont finalement enrichi que Mobutu et son entourage. Cet exemple n'est malheureusement pas unique. Il est seulement caricatural. La plupart des pays d'Afrique ont peu ou prou érigé la corruption en système de gouvernement. Des « guides suprêmes » les dirigent. Aucun n'égale sans doute Mobutu sur son terrain, mais bien d'autres montrent des dons certains.

Nous terminerons ce triste épisode par cet avertissement à l'Occident d'Ilunga Kabongo, universitaire zaïrois :

> « En faisant de bonnes affaires commerciales dans *(un)* climat nauséabond de corruption, de tricherie, de vol et d'exploitation, vos ploutocrates vont réintroduire chez vous la même arrogance et la même insensibilité à la misère d'autrui qui caractérisent vos rejetons africains. A la limite, vos élites

1. *Zaïre, l'épopée d'Inga, op. cit.*

finiront par se laisser corrompre chez vous, et peut-être qu'un jour vous établirez une corrélation entre cette promiscuité et la montée de l'exploitation chez vous. D'autre part, lorsque l'Afrique sera entièrement affamée, vous devrez bien la nourrir, ne fût-ce que par solidarité ou par complexe de culpabilité. Aussi, même du point de vue de l'éthique capitaliste qui caractérise votre société de consommation, vous serez perdants, obligés d'entretenir une masse de gens sans espoir d'en tirer grand-chose. »

Le fléau qui sévit sur les rives du fleuve équatorial et dans le Tiers monde, encouragé par Paris, Washington, Bruxelles ou Rome, ne pourra pas, de fait, être indéfiniment contenu dans l'hémisphère Sud.

Puisque personne, en Occident, n'a le courage politique de s'en prendre au « grand allié », Mobutu peut tranquillement oublier de payer ses dettes, enfermer ses opposants, fouler aux pieds les droits de l'homme, tout en continuant à s'enrichir. Depuis peu, pourtant, ici et là, des hommes politiques s'émeuvent. Quarante-huit membres du Congrès américain ont écrit le 2 février 1988 à Mobutu, après l'arrestation du secrétaire national du mouvement d'opposition U.D.P.S., une lettre très ferme dans laquelle ils menacent de suspendre l'aide américaine :

« Cher Président Mobutu,

Nous vous adressons la présente lettre afin de vous dire à quel point nous avons été encouragés par vos actions récentes visant les réformes économiques et la restauration de la démocratie au Zaïre. Plus particulièrement, nous avons applaudi les Accords de Gbadolite, conclus en juin 1987 entre vous-même et l'Union pour la Démocratie et le Progrès Social, accords dans lesquels vous vous engagiez à autoriser la démocratie pluraliste. Nous sommes reconnaissants envers Monsieur Tshisekedi wa Mulumba, le secrétaire national de l'U.D.P.S., de nous avoir fourni les détails de ces accords pendant sa récente visite à Washington, D.C.

Pourtant, nous restons préoccupés au sujet des rapports

persistants *faisant état de la corruption généralisée du gouvernement et d'importantes violations des Droits de l'Homme*, des cas de rançonnage et de violence brutale exercés sur des citoyens par l'armée zaïroise, malgré la création du Département des Droits et Libertés des Citoyens. Nous avons été particulièrement troublés par les rapports selon lesquels M. Tshisekedi et des centaines de ses partisans avaient été arrêtés et battus pour avoir tenté de tenir un meeting pacifique le 17 janvier 1988.

Nous reconnaissons l'importance stratégique de votre pays et son besoin pressant d'aide économique. Cependant, il est difficile pour les membres du Congrès des États-Unis que nous sommes de continuer à vous envoyer de l'aide militaire et économique américaine dans les conditions politiques actuelles. Des réformes profondes sont nécessaires de toute urgence pour promouvoir la démocratie et améliorer les conditions de vie de la population.

Monsieur le Président, nous vous exhortons respectueusement à appliquer les Accords de Gbadolite dans leur intégralité, à *extirper la corruption partout où elle existe*, et à punir ceux qui violent les Droits de l'Homme, tant du côté de l'armée que partout ailleurs.

Cordialement... »

Des parlementaires européens tentent également d'alerter l'opinion européenne sur les violations continuelles des droits de l'homme au Zaïre, sur les « massacres, assassinats, viols, vols, pillages et exactions perpétrés à l'encontre des populations civiles dans la région du Nord-Kivu » par l'armée zaïroise, et demandent à la Belgique et à la France de « durcir leur politique » à l'égard du régime de Mobutu...

CHAPITRE XI

DIEU ET SON MIRACLE

Comparer le « Guide suprême » et le « Vieux » serait injurieux et injuste pour celui-ci. Un abîme sépare Mobutu d'Houphouët-Boigny, le créateur de la Côte d'Ivoire. Le « Vieux » a un incontestable sens de l'État. Un sens patriarcal. Les Ivoiriens étaient hier ses enfants ; aujourd'hui, ce sont ses petits-enfants. Et la Côte d'Ivoire est « sa » chose.

Le « miracle ivoirien » doit beaucoup à cette vision du monde et des êtres. Dans les années 70, la Côte d'Ivoire était la vitrine de l'Afrique. Son économie, principalement agricole, brillait de mille feux. Le « Vieux » veillait à tout, il encouragea une bourgeoisie terrienne, puis créa une bourgoisie d'affaires ; c'est lui qui décidait de la richesse de ses barons, répartissant entre eux les contrats, les quotas d'exportations de café et de cacao. Il disposait à son gré et sans contrôle d'une grande cassette, la Caisse de Stabilisation des Matières premières, grâce à laquelle il corrigeait les déséquilibres. Le « Vieux » distribuait des cadeaux à tous les solliciteurs, du planton à son parent, en passant par le chef d'entreprise qui ne pouvait plus payer ses ouvriers et qui repartait avec des sacs en plastique garnis de billets de banque.

Le « Vieux » utilisait le « cadeau » comme système de gouvernement et comme mode de développement. Dans l'euphorie créée par les cours élevés du cacao et du café, le système fonctionnait bien, même si la généralisation de cette douce corruption commençait d'engendrer les maux bien connus.

De moteur, la corruption tendait à devenir un frein, d'autant que les barons installés par le « Vieux » n'avaient ni son sens de la mesure, ni son souci de l'intérêt général. En 1977, après un scandale dans lequel trois ministres furent mis en cause, le « Vieux » eut encore l'énergie de taper du poing sur la table et de remettre de l'ordre dans sa maison. Mais en 1983, lorsque l'un de ses proches prélèvera dans la caisse une somme énorme, il haussera seulement les épaules et pardonnera...

Entre-temps, les cours du cacao et du café se seront effondrés. Frileux, les bourgeois ivoiriens n'investissent plus dans leur pays. Le « miracle » se dégonfle sous les coups de la corruption, à cause de la « conjoncture » — mot employé en Côte d'Ivoire pour désigner tous les maux d'origine externe, en particulier la chute des cours des produits d'exportation — et du fait du vieillissement du Président qui n'a même plus le courage de gronder ses petits-enfants. Le « Vieux » ne pense plus qu'à être aimé : papa-gâteau, papa-cadeau.

Un retour en arrière s'impose à qui veut comprendre cette évolution. Houphouët-Boigny n'a jamais été, à l'inverse de beaucoup de ses collègues, un président au rabais, installé par des forces extérieures. Avant même l'Indépendance, c'était l'incontestable patron de la Côte d'Ivoire. Une forte personnalité, une bonne assise économique et financière et une position incontestable dans l'Afrique traditionnelle permirent à ce chef baoulé de s'imposer d'emblée. Il faut dire qu'il avait lutté sans merci contre le colonisateur et défendu bec et ongles ses concitoyens.

Dans un premier temps, dès son arrivée au pouvoir, il aide au développement économique des planteurs qui, tout naturellement, monopolisent le pouvoir politique. Dès l'origine, le pouvoir en Côte d'Ivoire a pour fondement la terre. Et Houphouët-Boigny a tenu à officialiser ce lien entre terre et pouvoir. C'est la terre qui assure la légitimité. « Si j'ai tenu à ce que les responsables à tous les échelons — politique, administratif, législatif — se réunissent ici, c'est parce que je veux renouveler à tous un appel pressant : il faut que chacun de nous fasse retour à la terre », déclare Houphouët à Yamoussoukro, le 13 mars 1965.

Chaque ministre doit créer une plantation de quinze hectares au minimum. Pour les députés et les membres du Conseil économique, le seuil a été abaissé à dix hectares, et à 5 pour les chefs de service... Cette scène, déterminante, est racontée dans un livre maudit en Côte d'Ivoire, *La politique intérieure d'Houphouët-Boigny*, écrit par Jacques Baulin, ancien conseiller du Président ivoirien, devenu par la suite sa « bête noire ».

Les directives du « Vieux » ont été d'autant mieux entendues par la classe politique que crédits et moyens matériels étaient largement distribués. Une société d'État, Motoragri, « chargée de réaliser des programmes de développement agricole dont la mise en œuvre exige des moyens dépassant les possibilités individuelles des agriculteurs », a fourni les tracteurs pour défricher. La terre était attribuée à tous ceux qui la mettaient en valeur, « à l'exclusion de tous autres détenteurs de droits coutumiers sur le sol ». Une bourgeoisie s'est ainsi rapidement constituée, regroupant les anciens planteurs et de nouveaux gentlemen-farmers issus de la classe politique ; elle possède, selon Baulin, un pourcentage très élevé des terres arables.

Cet élargissement de la classe des planteurs ne s'est pas fait immédiatement après l'indépendance. Dans un premier temps, Houphouët a « cassé » tous les leaders potentiels — intellectuels et bourgeois — qui contestaient son pouvoir et celui des planteurs. Sa méthode était simple : il leur imputait des « complots » d'origine fétichiste. Parmi les quelque cent trente personnes inculpées, Jean-Baptiste Mockey, pharmacien, ancien plus proche collaborateur du Président, fut la principale victime. Plus tard, le Président rejeta sur son chef de la Sûreté la responsabilité de cette machination et put se permettre ensuite de moduler le pardon et la « récupération » à l'égard de « ses » anciens détenus. Mockey, considéré unanimement comme un leader de grande envergure, se retrouva ainsi corrompu peu à peu. « Magnanime », le « Vieux » prit d'abord en charge l'éducation de ses filles, puis il le nomma ministre de la Santé. A ce poste, Mockey se fit remarquer jusqu'à sa mort par son goût prononcé pour l'argent. S'identifiant de plus en plus au Père qui ne supporte pas de n'être pas aimé de tous ses fils, le « Vieux » a ainsi « pourri » tous les « égarés », de telle sorte que tous les politiciens locaux, aujourd'hui, lui sont redevables de quelque cadeau plus ou moins considérable.

Houphouët-Boigny a ensuite favorisé la création d'une bourgeoisie d'affaires, stimulée par l'action de son ministre des Finances d'alors, Konan Bedié. Tous les moyens ont été utilisés, « y compris les moins orthodoxes, comme par exemple l'octroi à certains proches de droits sur l'exportation de café et de cacao, pour permettre aux hommes d'affaires ivoiriens de constituer les mises de fonds initiales[1] ».

La création d'un puissant secteur para-étatique, notamment dans le domaine agro-industriel, la distribution et les services, a été rendue possible par l'explosion des cours du café et du cacao. Ces flots d'argent ont attiré banquiers et investisseurs du monde entier qui faisaient la queue dans les bureaux des décideurs ivoiriens pour placer capitaux et idées. Période de folie : tous les projets immobiliers et industriels étaient acceptés, alors même qu'ils ne serviraient à rien. Les tours poussèrent à Abidjan comme des champignons. D'énormes commissions furent distribuées. Qu'importe : les prêts — commissions incluses — étaient garantis par l'État, qui était riche. L'euphorie était telle que les loyers d'un immeuble permettaient d'amortir le capital investi en moins de cinq ans !

L'élite ivoirienne, prise de tournis, s'enrichit à une vitesse vertigineuse. Personne ne s'aperçoit que la machine économique marche sur la tête : des projets sont lancés non en fonction de leur utilité, mais pour engendrer des commissions. Le phénomène est masqué par l'explosion des cours des produits d'exportation, mais la Côte d'Ivoire vit déjà très

1. *Cf.* Baulin, *op. cit.*

largement à crédit. C'est pendant cette décennie d'emballement que va se créer la dette qui, aujourd'hui, pèse si lourdement sur le pays. Certains opérateurs économiques proches de la Côte d'Ivoire n'hésitent pas à affirmer que l'ensemble des sommes alors détournées par nombre de hauts responsables politico-économiques serait très probablement du même ordre de grandeur que le montant de cette dette...

Le centre névralgique de ce développement accéléré a été la Caisse de Stabilisation et de Soutien des Prix des Produits agricoles, plus connue à Abidjan sous le nom de « Caistab », créée par le « Vieux » et toujours animée par lui. Comme son nom l'indique, son rôle premier est d'amortir les fluctuations de prix sur le marché international. La « Caistab » achète aux producteurs leur café, leur cacao et leurs autres productions à un prix fixé par elle à un niveau suffisant pour que les paysans trouvent profitable d'accroître ces productions. En période de haute conjoncture internationale, les prix payés par la Caistab aux paysans pour leur café et leur cacao représentent environ le tiers des cours mondiaux. La Caistab vend les produits ainsi achetés sur les marchés de Paris, Londres, Chicago, et empoche la différence. A titre indicatif, sa marge de manœuvre a été en 1985 d'environ 600 milliards C.F.A., soit 1,2 milliards de francs français. De la bonne ou mauvaise utilisation de ce magot dépend la santé du pays. La « Caistab » est donc la principale institution du pays. Le « miracle ivoirien », tant vanté au milieu des années 70, signifie-t-il que dans le gratte-ciel de 32 étages installé sur le plateau d'Abidjan et visible de partout, les décisions aient été sages ?

Une première constatation s'impose : le fondement de l'expansion ivoirienne, qui a duré près de deux décennies, a été l'agriculture. La Côte d'Ivoire est devenue le troisième producteur mondial de café (en multipliant par 2,5 sa production depuis l'Indépendance) et le premier producteur de cacao (en multipliant sa production par 3,5). La valeur ajoutée de la production agricole est passée de 69,4 milliards en 1960 à 1 028 milliards en 1985. C'est le « Vieux » qui a toujours décidé comment devaient être répartis les revenus agricoles dégagés par la Caistab. Les paysans en ont vu revenir un bon tiers. Dans un discours prononcé en 1983, le Président Houphouët-Boigny a d'ailleurs déclaré : « Ce sont les paysans qui nous font tous vivre. Il n'y a pas d'exemple au monde où une catégorie de citoyens consacrent plus des deux tiers de leurs revenus à la société, à l'État. Et c'est pourtant ce que font nos paysans. »

La répartition

Au milieu de la décennie 60, la « Caistab » a aidé les bureaucrates à « retourner à la terre ». Plus généralement, cet argent a garanti le revenu des paysans et permis un meilleur encadrement des campagnes, un développement des techniques, des espèces, et une amélioration des transports intérieurs.

Mais la répartition du solde relève d'un secret d'État jalousement gardé. Ce magot est utilisé selon le bon vouloir du « Vieux », sans aucun contrôle, puisque cet argent n'est pas intégré dans le Budget. La Caistab tient lieu en réalité de « caisse noire » d'Houphouët-Boigny. Une telle situation ne peut que susciter la rage des fonctionnaires de la Banque mondiale, qui réclament une plus grande contribution de la Caistab au budget de l'État. Tous les observateurs de la Côte d'Ivoire s'interrogent régulièrement sur les recettes réelles de cette Caisse. Le *Journal de l'Économie africaine* avait abordé ce sujet tabou dans un article publié le 26 septembre 1985 et intitulé « Où est passé l'argent de la Caistab ? » :

> « L'évaluation des recettes réelles de la Caistab n'est pas sans poser de sérieux problèmes. Chez les responsables de "la Maison du Paysan", c'est motus et bouche cousue. Seule source officielle : les chiffres fournis par la B.C.E.A.O. (Banque centrale des États de l'Afrique de l'Ouest). Or, une étude

récente réalisée par un expert d'une grande banque française opérant en Côte d'Ivoire fait apparaître d'importants écarts *(un total de 830 milliards de francs C.F.A. entre 1978 et 1985)* entre les recettes « officielles » et les recettes « réelles » auxquelles on devrait s'attendre, compte tenu du tonnage exporté et des prix sur le marché mondial. Si l'on sait, de sources concordantes, que cet écart existe bel et bien, nul n'a pu jusqu'à présent l'expliquer.

Beaucoup n'hésitent pas *à parler de détournements.*

Les fonds manquants alimenteraient une caisse noire à la Caistab, à la manière des revenus pétroliers du Cameroun. Cet argent aurait permis de financer de grands travaux d'infrastructure prestigieux, d'alimenter des ambassades à l'étranger, d'indemniser des chômeurs, etc. Pourvoyeuse de fonds du secteur public, la mystérieuse Caistab est loin de livrer tous ses secrets. »

Quelques jours après cet article, le « Vieux » se sentait obligé de fournir quelques indications sur l'utilisation de cet argent devant le 8e Congrès du P.D.C.I. (le parti unique) :

« Les résultats positifs de la Caisse... ont été presque exclusivement utilisés en faveur de l'agriculture et du développement national. Ainsi, depuis l'indépendance, la Caisse a réalisé les injections suivantes dans les différents budgets nationaux :

— Développement agricole et rural .... 230 milliards
— Développement industriel et minier ..... 110 milliards
— Infrastructure économique (P.T.T., routes, constructions)............................ 238 milliards
— Défense et sécurité.................... 41 milliards
— Service de la dette...................... 402 milliards
— Actions sociales et culturelles........... 95 milliards

Par ses actions et ses résultats, le secteur des cultures industrielles et d'exportation aura permis à notre pays, pendant ce premier quart de siècle de notre indépendance, de renforcer la solidarité entre les Ivoiriens, et d'accroître leur mieux être. »

1 116 milliards de francs C.F.A. auraient ainsi soutenu

l'économie ivoirienne, et servi notamment au remboursement de la dette. Des rubriques aussi générales ne permettent pas de discerner la nature des projets réalisés, ni de repérer les poches dans lesquelles se sont glissées les inévitables commissions. Ce chiffre de 1 116 milliards ne correspond sûrement que d'assez loin au véritable surplus. L'écart entre « recettes officielles » et « recettes réelles » a en fait permis à l'État de devenir une véritable « vache à lait », d'augmenter notablement le nombre des fonctionnaires, d'aider l'élite ivoirienne à tenir son rang face aux 30 000 Français installés dans le pays, de développer les sociétés publiques, de financer les dépenses de prestige (dont la construction de Yamoussoukro est la plus belle illustration), d'enrichir certains privilégiés au point que l'on parle de la Côte d'Ivoire comme du pays aux « cent milliardaires ». Mais aussi, sans nul doute, d'encourager la fraude et la corruption. Bref, l'utilisation secrète de ces surplus a été à la fois la meilleure et la pire des choses...

A tout seigneur, tout honneur

Si parler de « caisse noire » à propos de la Caistab revient à transgresser un tabou, évoquer la fortune du « Vieux » relève purement et simplement du crime de lèse-majesté. La version officielle est claire : le Président était riche avant d'être président, et l'augmentation de sa fortune pendant sa présidence est due à l'exploitation normale de ses terres et au bon placement de ses revenus. Personne à Abidjan, dans les capitales africaines ou à Paris, ne croit à l'évidence tout à fait à cette version... En 1983, après toute une série de mesures d'austérité imposées par le F.M.I. (suppression des baux administratifs, baisse des salaires, fermeture de nombreuses sociétés d'État) qui touchèrent aussi les enseignants, ceux-ci se mirent en grève et attaquèrent le « Vieux » sur le thème de la corruption. Pour calmer les esprits, Houphouët-Boigny s'est alors expliqué sur sa propre fortune dans un discours unique pour un chef d'État :

« Je suis obligé pour la vérité dans ce pays de vous dire ce que j'ai tu jusqu'ici par scrupule. On accuse ma femme de transactions mobilières et immobilières, ma pauvre sœur Faitai aussi. Et nous-même, nous nous sommes enrichis aux dépens de l'État, dit-on. Mais voyez-vous, pour la vérité, je suis obligé de dire des choses que vous ne saviez pas. Et ça me fait de la peine d'en parler moi-même. Quant les sept anciens sont allés me chercher pour créer le syndicat agricole africain, je suis venu au pays, non pas les mains vides, mais chargées de richesses. On parlait de signes de richesses, c'étaient les voitures. Nous étions quatre en Côte d'Ivoire à posséder des véhicules : deux Européens, un Libanais et moi. *J'ai été le premier en Côte-d'Ivoire à introduire une Cadillac* ; les gouverneurs n'en avaient pas.

Je vous ai dit : mes frères, ne vivez pas au-dessus de vos moyens. Vous devez pouvoir vivre au-dessous de vos moyens. Il y a des familles qui connaissaient l'épargne ; la mienne était de celles-là. Les gens ont amassé des fortunes avec dix grammes, vingt grammes, cinquante grammes ; beaucoup n'ont pas atteint un kilogramme. Mais, d'année en année, ils ont laissé une fortune. Et nous vivions dans l'or.

Les gens s'étonnent que j'aime l'or. C'est parce que je suis né dedans. Il n'y avait d'autre monnaie que la poudre, la pépite ou le lingot d'or.

J'avais un oncle, il vivait de l'autre côté de la rivière. Aujourd'hui, il reste les Zagret et autres. Ce sont eux qui ravitaillaient leurs frères aînés restés à Yamoussoukro avec l'or des Yowèrè. Quand nous vendions notre café et notre cacao, je partais en camion avec du gazogène à Bamako, dans la région de Bougouni, pour acheter de l'or. Quand on m'a demandé d'assumer ces responsabilités, mon frère était mort, j'étais seul. Il m'avait laissé des biens. Ses deux enfants sont Dia Houphouët, que vous connaissez certainement, et la veuve Dahouet. Ce sont les deux enfants que mon frère m'a laissés. J'ai utilisé cet argent (j'en parle aujourd'hui parce que les témoins vont disparaître), c'est moi qui ai interdit à Anoma d'en parler. Il veut révéler tout cela.

Qui a financé le syndicat agricole africain ? Qui a financé les premiers pas de notre parti ? Vous savez, ce sont des choses que l'on ne dit pas. Il y a des gens qui perçoivent les cotisations et qui ne les versent pas.

En 1947, ce n'est pas en 1960. Je n'étais pas Président de la République, et j'ai acheté ce qu'on appelait le château de Vipel. Et c'est là-bas que je recevais tous ces jeunes gens. Ils venaient à ma table, j'étais leur père, leur frère aîné.

J'ai acheté la maison de Jean Gabin (François Ier), je n'étais pas président de la République de Côte d'Ivoire. J'ai acheté un appartement dans le 11e pour mon fils Guillaume, je n'étais pas Président de la République !

En 1957, je tombe fatigué, le docteur Leporte, de l'Élysée, vient m'examiner, et me dit : « Vous n'avez rien. Mais allez dans les montagnes. Même l'aspirine pourrait vous faire du mal. » Et je suis parti en Suisse au hasard. *C'est à cette occasion que j'ai rencontré mon premier ami suisse qui m'a introduit dans le milieu des affaires suisses* (Thinet). Il est mort il y a deux ans avec sa femme. C'est un pèlerinage pour moi, chaque fois que je vais là-bas, d'aller m'incliner sur leur tombe. Ma femme n'a pas eu d'enfants. La Constitution nous autorise, quand un des époux n'a pas d'enfants, à proposer la reconnaissance d'un enfant que l'époux doit accepter.

La mère d'Hélène est la véritable héritière du pays baoulé. C'est la seule héritière avec son frère Baptiste et sa sœur Monique : ils sont trois. Moi je ne suis qu'un vassal, par rapport à ces trois-là. Et sa mère est venue dans ma cour me confier l'enfant avant de mourir. A la naissance, elle portait le nom d'Abla Pokou, la fondatrice de la dynastie Baoulé. Pour des commodités, nous l'avons adoptée. Elle est aujourd'hui Hélène Houphouët-Boigny. Elle a eu pour parrain *M. Thinet que j'ai rencontré alors qu'il représentait la firme Harrisson, le grand diamantaire américain, le seul et le plus grand.* C'est M. Thinet qui le représentait à Genève. Il a été le parrain de ma fille.

Un jour, il vient chez moi et dit : “Voilà un exemplaire de

mon testament." Je lui demande : "Dois-je l'ouvrir ?" Il répond : "Oui, le double est déposé en lieu sûr. Je décide de faire de votre fille Hélène mon héritière unique." Il est mort. Et c'est Hélène qui a hérité de tous les biens de cet homme.

C'est lui qui m'avait présenté un grand banquier qui m'a initié aux placements de mes affaires. Aujourd'hui ce grand banquier a pris sa retraite mais il continue, dans la banque où il était directeur, à suivre mes propres affaires. Je vous le dis honnêtement parce que des gens ont dit : "Ils ont des biens à l'étranger." Moi j'ai des biens à l'étranger. Mais ce ne sont pas des biens de la Côte d'Ivoire. *Quel est l'homme sérieux dans le monde qui ne place pas une partie de ses biens en Suisse ?* C'est la banque du monde entier. *Et je serais, moi, fou de sacrifier l'avenir de mes enfants avec des fous comme ceux-ci sans penser à leur avenir ?* Ceux qui voyagent connaissent Nairobi, la capitale du Kenya. Ils savent que les veuves de Jomo Kenyatta sont parmi les plus riches du pays. On ne voit personne critiquer cela.

On dit que nous ne faisons rien ici : *j'ai une partie de mes biens à Abidjan. Ce sont des milliards.* Ils ne viennent pas de votre budget. C'est le fruit de mon travail. Une des banques gère mes bénéfices sur la culture d'ananas. *J'ai quatre milliards de chiffre d'affaires dans la culture d'ananas.* Je paie celui qui vend les cartons pour les ananas quelque cinquante millions de francs par mois. Le bateau et l'avion : 150 millions de francs par mois. J'ai eu deux chutes brutales il y a deux ans alors que j'avais atteint *jusqu'à 3 000 tonnes d'ananas* par mois, produisant ainsi le tiers de la production nationale. Et j'ai demandé à une banque de gérer cela.

J'ai cessé de faire du café. Autrefois, on recevait très peu, peut-être cent millions de francs, mais ces cent millions valent aujourd'hui des milliards. Et j'ai viré tout cet argent dans mes comptes en banque, en Suisse, et cela a produit des intérêts importants. L'une des banques d'Abidjan possède de moi le quart de ses dépôts. Si je n'avais pas confiance en mon pays, garderais-je tout cet argent ici ? J'ai confiance en la Côte d'Ivoire. *Il y a même une banque qui gère mes bénéfices sur l'avocat* dont, je crois, je suis le premier producteur en Côte-d'Ivoire. *Il y a une autre banque qui gère modestement les bénéfices de mon élevage de poulets.* Mais ces milliards, parce que tout cela se chiffre en milliards, se trouvent dans le pays. C'est de l'argent placé dans les banques et prêté à mes compatriotes.

Le budget de la Présidence de la République est de deux milliards de francs (frais personnels et fonds politiques). Je ne suis pas égoïste. Pour moi l'argent ne compte que par le bon usage qu'on en fait. C'est le bon usage qui donne de la valeur à l'argent.

J'ai demandé à trois représentants, dont l'un se trouve dans cette salle, de gérer un peu de ce fonds politique. Le quatrième, qui distribue le plus, et qui, n'étant pas du pays, ne fait pas de distinctions, est mon secrétaire général du gouvernement[1]. Il y a des gens qui vont jusqu'à demander des avances sur un an. Ce que j'accepte. Par exemple, il y en a qui demandent que je leur donne 1 200 000 francs lorsqu'ils ont droit à 100 000 francs par mois. Alors que si je venais à disparaître, mon successeur ne serait pas tenu d'honorer cet engagement. Je l'ai pourtant fait.

Mon ami, mon jeune frère Yacé, m'a cédé l'un des bâtiments de sa famille. Je l'ai aménagé pour y recueillir les mendiants. Je ne vais pas les voir. Je ne veux pas qu'ils sachent que c'est moi qui m'occupe d'eux. Je les nourris, je les habille. Lorsqu'ils veulent rentrer chez eux, je paie. Près de la mosquée de Yamoussoukro, j'ai construit une autre construction, où je recueille d'autres mendiants. Ils sont logés, ils sont nourris. Je leur donne de l'argent ; j'envoie des gens le faire en mon nom.

Tout ce que j'ai construit à Yamoussoukro, précisons-le, ne m'appartient pas. Les hôtels appartiennent au Parti, donc à l'État ; la Maison du Parti, la Fondation Houphouët-Boigny, etc., sont des édifices appartenant à l'État.

... Je n'ai pas construit Yamoussoukro pour en faire la capitale. Je voulais montrer ce qu'un Africain peut faire pour son pays quand il en a les moyens. Je me suis trouvé dans des conditions exceptionnelles.

... Et les gens qui ignorent l'utilisation de notre argent crient : ils ont volé, ils ont volé... Comment ? Vous qui n'aviez rien,

1. Il s'agit d'Alain Belkiri, un Français.

mais que ma politique a permis de sortir du trou, c'est vous qui allez maintenant me traiter de voleur ? Celui qui est né dans l'argent, et qui reste dans l'argent ?

Vous pourrez tuer Houphouët-Boigny, mais vous ne tuerez pas l'héritier des Kimou. Mon grand-père était, de son temps, l'un des plus riches de la région Fafouè. C'est-à-dire la région des Loukou Koffi, Boni et autres... Il était chef de Diokro : il a créé Kimoukro pour pouvoir commercer avec les Gouro. Kimou, c'est mon grand-père maternel ; "kro" signifie village. Tout cela m'incitait donc à travailler, économiser. Je ne vois pas pourquoi ces gens-là parlent de dilapidation, de ceci ou cela... »

Un Président peut-il aller plus loin ?

Lorsque, en 1977, il est devenu évident que trois ministres étaient mouillés jusqu'au cou dans des détournements, la rumeur n'épargna pas la Présidence. Aussitôt, *Fraternité-Matin*[1] publiait un communiqué de la Présidence de la République destiné à se laver de tous soupçons :

« La corruption est une épidémie dont la Côte d'Ivoire veut à tout prix se prémunir.

Et c'est pour cette raison qu'une Loi vient d'être votée pour sanctionner tous ceux qui se livreraient à l'odieuse pratique de se faire payer les services qu'on est normalement en droit d'attendre d'eux.

Le Président de la République tient, une fois de plus, à préciser que personne ne lui a fait l'injure de lui proposer une commission quelconque pour l'obtention d'avantages. Et il ne lui viendra jamais à l'esprit de perdre sa dignité, toute dignité, au regard d'un peuple qui lui fait confiance depuis 1944, en acceptant la plus belle commission.

Tous ceux, donc, qui croiraient pouvoir demander des commissions ou solliciter des avantages en son nom doivent être considérés comme des escrocs et traités comme tels.

Tous les Ivoiriens conscients de l'avenir de leur pays sont mobilisés contre ce fléau, avec la conviction et la détermination

1. Numéro du 29 juillet 1977.

de faire subir les rigueurs de la Loi aux corrupteurs et aux corrompus. »

En 1985, durant l'« Affaire Dioulo », sur laquelle nous reviendrons, la fortune du Président fut également évoquée. Mais la principale attaque vint de la presse (socialiste) française. Deux articles du *Matin* et de *L'Unité* créèrent, au cours de l'été 1986, un véritable incident diplomatique. Objet du scandale, la remarque suivante : « *Les observateurs du marché international ont remarqué que le café et le cacao ivoiriens sont toujours vendus 5 à 6 % en dessous des cours internationaux du moment. Les mauvaises langues estiment que ces quelques "pour cent" correspondent à la commission personnelle du Président.* » L'absence de preuves à l'appui de ces dires nous oblige à laisser la parole à Jean-Pierre Ayé, membre du Comité central du P.D.C.I. et journaliste à *Fraternité Matin*, qui, sous le titre « Un mensonge grossier », a volé aussitôt au secours de son Président :

« Les journalistes de *L'Unité* et du *Matin*, en s'attaquant à la personne du Président Houphouët-Boigny, ont commis l'irréparable outrage, tellement l'accusation portée contre le Premier des Ivoiriens est infamante. Accuser Houphouët-Boigny de vendre le café et le cacao ivoiriens en dessous des cours du marché pour percevoir des commissions, c'est une grave insulte que la Côte d'Ivoire ne pardonnera pas à la frange du Parti Socialiste qui a permis ce mensonge outrageant. Il n'est nul besoin de redire que c'est un mensonge grossier.

Un journaliste peut être méchant. Mais il n'a pas le droit de traîner si loin son imbécillité et son racisme quand il appartient à un Parti, à une frange de son Parti, dont le leader est à l'Élysée...

Le Chef de l'État ivoirien est d'une grandeur d'âme certaine, et il s'interdit tout trafic, toute "magouille". Et quand il lance à la face du monde que personne ne lui fera l'injure de lui proposer quoi que ce soit qui ne soit pas régulier, il sait ce dont il parle. Et il le dit parce qu'il sait que le monde a du respect pour lui et qu'hier comme aujourd'hui, il est au-dessus des bas marchandages pour mieux mener son combat, le combat de sa vie pour un juste prix rémunérateur de l'effort du paysan.

Alors, les commissions dont parle *Le Matin* auraient-elles transité par les comptes de ce journal pour être expédiées on ne sait où ? Et comment ! Par fusée, peut-être. Ce serait si proche des fantasmes de ces individus tristes et irrévérencieux... »

D'après nos propres sources, Ayé a raison : le « Vieux » n'a jamais touché lui-même un centime sur un contrat. Il laisse ces faiblesses à son entourage ou à ses barons. Sa fortune est effectivement assise sur le café, le cacao et les autres produits agricoles ; mais il semblerait en revanche que les prix payés pour ses propres produits ne correspondraient pas toujours à ceux que lui-même annonce au début de chaque campagne. C'est-à-dire que le « Vieux » bénéficierait, de la part de la Caistab, d'une « ponction de faveur » inférieure à celle que subissent les paysans. Cette imputation, si elle émane d'un lieu où l'on est censé savoir précisément ce qu'il en est, demanderait néanmoins à être davantage étayée...

Quoi qu'il en soit, tout le monde sait à Abidjan que le « Vieux » dispose d'une très importante cassette personnelle — autour de 800 milliards C.F.A. — dont l'essentiel est à l'abri en Suisse. L'on sait aussi qu'actuellement, dans cette période de vaches maigres, il tire sur ses réserves pour maintenir les équilibres sociaux qui lui paraissent naturels. Au ministère des Finances, on estime qu'il a ainsi distribué 120 milliards de francs C.F.A. en trois ans, dont une bonne partie prélevée sur sa cassette. De même pour financer la construction de la gigantesque cathédrale de Yamoussoukro, dont le coût se monte à 37 milliards de francs C.F.A.[1]

1. Un véritable casse-tête pour la Coface, qui en garantit la construction. On n'a jamais vu un individu, fût-il un Président en exercice, acheter un tel édifice...

Le syndrome de Versailles

Le 10 janvier 1983, le député-maire d'Abidjan, Emmanuel Dioulo, qui est en même temps un homme d'affaires florissant, bien placé sur la liste des « cent milliardaires », annonce au quotidien de Dakar *Le Soleil* qu'il a proposé au président Houphouët-Boigny de transférer la capitale de la Côte d'Ivoire à Yamoussoukro. Selon *Jeune Afrique*[1], le maire avait écrit quelques semaines plus tôt au « Vieux » pour lui demander l'autorisation de faire campagne en ce sens. « Prenez vos responsabilités, lui aurait alors répondu Houphouët-Boigny. Si vous pensez pouvoir convaincre les Ivoiriens, allez-y ! »

Cette relance inattendue des rêves du « Vieux » est ressentie comme une véritable catastrophe par les cadres ivoiriens et par les bailleurs de fonds étrangers. Une « conjoncture » défavorable avait en effet gelé les travaux conçus par un grand prix de Rome, l'architecte tunisien Olivier-Clément Cacoub, spécialisé dans la mise en œuvre des mégalomanies de chefs africains. En travaillant avec lui, le « Vieux » s'était exclamé : « Je serai un nouvel Haussmann ! » Son village natal, situé à 240 kilomètres d'Abidjan, avait, dès la fin des années 60, été doté des infrastructures les plus modernes : un aéroport international, un golf, de superbes écoles de travaux publics et d'enseignement technique, des hôtels luxueux, des piscines olympiques, des stades, le complexe de la Maison du Parti, la grandiose Fondation Houphouët-Boigny, un hôpital international, une somptueuse résidence pour les hôtes, dont la « profusion de marbre, d'or et de velours fait parfois peur à ses locataires », raconte *Jeune Afrique* ; l'un d'entre eux affirma avoir été « gêné, tellement c'était luxueux » ; « Même en Iran, sous le règne du Shah, je n'ai vu autant de luxe », dit l'autre. Une large autoroute reliant Abidjan à Yamoussoukro n'est pas

1. N° 1152 du 2 février 1983.

terminée. Cet ensemble avait déjà coûté à la « Caistab » un minimum de 500 milliards de francs C.F.A.

En relançant l'idée de faire de Yamoussoukro la capitale du pays, l'affairiste Dioulo se prêtait à un jeu de grand courtisan dont l'objectif premier n'était sûrement pas l'intérêt national. Dioulo était proche de la famille Houphouët, et devait sa carrière à Thérèse, la femme du Président. L'ambition lui était venue et il se voyait même comme un possible dauphin. Une telle opération lui permettrait de s'inscrire sur la liste des successeurs, derrière Konan Bédié, le grand favori.

En dépit des premières réticences des Ivoiriens, l'idée a fait son chemin, la classe politique a accepté l'inacceptable, et la construction a repris à Yamoussoukro, alors même que la Côte d'Ivoire se trouve en état de cessation de paiement[1]. On ne manque jamais, à Abidjan, de rappeler les grands précédents, dont celui du Roi-Soleil, et l'on fait semblant de taxer de racisme ceux qui s'étonnent d'un tel gaspillage. Mais la France de Versailles avait plus de 30 millions d'habitants, et la construction du château dura 50 ans. Le Brésil de Brasilia comptait 100 millions d'habitants, de même que le Nigéria de Ahuja. Dans ces deux derniers cas, tout le monde s'accorde d'ailleurs à dire que l'erreur fut lourde et chère. Or la Côte d'Ivoire n'est riche que de 8,6 millions d'habitants...

Eu égard à l'âge du capitaine, nous n'aurons pas la mauvaise grâce d'insister longtemps sur sa dernière et coûteuse lubie : la construction de la plus grande basilique du monde. Un édifice pouvant accueillir 18 000 fidèles ; Saint Pierre de Rome, mais à l'échelle ivoirienne, c'est-à-dire en plus grand... *Fraternité-Matin* a trouvé des accents sacrés pour défendre « une basilique à la dimension de sa foi » (celle du “Vieux”) :

1. Les grands bénéficiaires sont une fois de plus les grandes entreprises de B.T.P. — et, parmi elles, à la place de choix, Bouygues, qui a toujours bénéficié à Abidjan de solides amitiés. Depuis 1986, alors que la Côte d'Ivoire était déjà exsangue, Bouygues a remporté deux gros contrats — un hôpital et une école d'agriculture — pour un montant avoisinant les 50 milliards de francs C.F.A., contrats garantis par la Coface.

« On s'interroge sur notre politique des édifices religieux, elle dérange. Et nous comprenons ces réactions en même temps que nous pouvons nous étonner qu'elles proviennent de France, la fille aînée de l'Église. Mais il est vrai aussi que dans cette France encore fortement croyante, d'aucuns sont tombés dans un athéisme déconcertant qui les rend insensibles à la grandeur de Dieu et aveugles et hostiles aux œuvres humaines à la gloire du Tout-Puissant. Le Président Houphouët-Boigny, pour sa part, porte en lui la conviction largement partagée par ses compatriotes et répondant en cela à leurs sentiments profonds de croyants, que rien n'est trop beau et trop grand pour Dieu.

... Et cet homme de grande foi qui a déjà construit dans son village une église et une mosquée, veut y ériger encore une autre église : une basilique à la dimension de sa foi ; et une autre mosquée, reflet de la foi de ses frères musulmans. Il en assumera personnellement et tout seul l'effort financier.

Et on peut se demander pourquoi, du côté de l'*Unité* et du *Matin*, on s'intéresse tant à des actes aussi personnels, à des actes de dévotion qui ne s'expliquent pas, mais qui se vivent et se sentent dans le tréfonds de l'âme. Libre à ceux qui pensent rencontrer Dieu dans de vulgaires hangars de le faire, simplement parce qu'ils se refuseraient de "partager" avec lui.

... Les Français sont fiers de Notre Dame de Paris, de la cathédrale de Chartres, de celle de Reims... Ils n'ont d'yeux que pour le Palais de Versailles...

Les Russes pour leur part n'ont pas détruit le Kremlin... Alors, que l'on nous laisse bâtir nos édifices religieux à la dimension de notre foi ! »

Coût de la récente cathédrale d'Abidjan : près de 8 milliards de francs C.F.A. Coût estimé de la basilique de Yamoussoukro : 37 milliards de francs C.F.A., provenant, il est vrai, de la cassette personnelle du « Vieux »... Plaie d'argent n'est pas mortelle, dit-on. Mais il n'existe pas de dicton optimiste sur la corruption...

Corruption et fraude

Houphouët-Boigny a très rapidement compris les risques qu'une généralisation de la corruption ferait courir à son pays. Son « enrichissez-vous », lancé dans les années 60, ne voulait pas dire : « Détournez l'argent public ». Il s'agissait de *production* de richesses. Des parts significatives du magot de la « Caistab » n'en ont pas moins été dérivées pour payer des fonctionnaires non seulement improductifs, mais contre-productifs, et pour alimenter des enrichissements colossaux et illicites... Jusqu'en 1972, le Président n'avait jamais prononcé en public le mot « corruption ». Cette année-là, dans son message de Nouvel An, il déplore pour la première fois l'absentéisme, le manque de ponctualité, la paresse, l'indiscipline de la fonction publique comme « autant de plaies et de raisons de constats déprimants », puis il ajoute : « Mais il y a plus grave, qui me préoccupe plus encore, ce sont certaines tendances à la corruption qui paraissent gagner divers secteurs[1]. »

En 1973, Houphouët-Boigny relance son cri d'alarme et s'en prend directement aux élites « dont la moralité dans la vie publique, comme dans le monde des affaires, est de plus en plus souvent et à juste titre l'objet d'interrogations et de critiques... Je réprouve sous toutes leurs formes, explicites ou feutrées, les trafics d'influence et la corruption ».

Coup d'épée dans l'eau. Comme le dit le professeur ivoirien Hyacinte Sarassoro : « Le manque d'intégrité des fonctionnaires publics empêche l'application d'une saine politique économique. Toute idée de rendement ou de conscience professionnelle devient vaine, tant est grande la fuite devant l'effort au travail. » Il est intéressant de remarquer que c'est au même moment, dans les années 1973-1974, que le problème

1. Lire à ce sujet *La corruption des fonctionnaires en Afrique*, de Hyacinte Sarassoro, Economica, Paris, 1980.

de la corruption devient aigu dans l'ensemble du Tiers monde. C'est la période où l'argent est devenu facile.

Fraternité-Matin, dont les relations avec la Présidence sont étroites, écrit le 17 janvier 1974 : « Le népotisme et le favoritisme s'installent dans les services publics à tous les niveaux, l'adage populaire "Un bon piston vaut mieux que cent ans d'études" devient la règle. Cela veut dire qu'il suffit d'être soutenu et lancé dans l'Administration par un parent ou un ami bien placé, et on a la situation de ses rêves. A cela s'ajoute que les lois en général, et les lois de caractère économique en particulier, ne sont appliquées qu'à ceux qui n'ont pas de soutiens ou de connaissances dans l'Administration ; les cadres font et défont la loi ; il est donc impensable de leur demander de faire preuve de civisme, de payer par exemple leurs impôts. »

Le 13 mars 1974, le « Vieux » s'emporte contre les commerçants, industriels et entrepreneurs étrangers installés en Côte d'Ivoire, qui se font les complices de la prévarication des fonctionnaires de l'État. Début 1975, une affaire de pots-de-vin dans la police prouve que la corruption a tendance à se généraliser. Mais les grands cadres du régime restent encore à l'abri des dénonciations, même si « Radio-trottoir » dénonce quelques barons dont la fortune se fait par trop insolente. Les dirigeants des sociétés d'État accumulent erreurs de gestion et malhonnêtetés. On verra ainsi un ministre du Commerce « ivoiriser » une chaîne de magasins implantés dans tout le pays ; premier achat du nouveau patron : une cargaison de Dom Pérignon et dix tonnes de matériels anti-moustiques ; il laissera un trou de 14 milliards de francs C.F.A. au bout de trois ans. Un autre directeur de société d'État s'enrichit tellement qu'il propose un beau jour d'acheter à titre personnel tous les stocks de son entreprise ! Le gouvernement préférera le démissionner avant qu'il ne mette à exécution son projet...

Comme l'écrit *Ivoire-Dimanche*, « la corruption, celle qui a des conséquences plus énormes, gît dans des milieux insoupçonnés..., invisibles. Pourquoi ? Parce que là-bas, les gens sont plus instruits et conduisent scientifiquement leurs “affaires”. Ni vu, ni entendu, ni su. Les preuves matérielles sont difficiles à réunir, mais les citoyens savent, car il y a belle lurette qu’ils ont pris conscience de l’escroquerie dont ils sont les victimes... »

La saga de « Sodésucre » n’a entraîné aucune inculpation, et pourtant... Créée en 1971, cette société est alors chargée du développement de la culture industrielle du sucre. Douze complexes sucriers devaient être créés, mais, finalement, après un retournement de tendance sur le marché mondial, on se contentera de cinq. Il a été prouvé que les surfacturations se sont élevées en l’occurrence à 35 milliards de francs C.F.A. (certaines estimations vont beaucoup plus haut). Laissons sur ce chapitre la parole au « Vieux » :

> « Nous avons créé les complexes sucriers. Nous avons développé l’agriculture, et nous nous sommes trouvés brutalement devant la baisse catastrophique des prix de nos matières premières. Alors, il faut repenser cet ensemble de problèmes... Ils ont dit qu’on n’avait pas puni ceux qui ont fait de la mauvaise gestion. Je réponds cas par cas, parce que ceux qui me demandent de punir doivent savoir que nous sommes un État qui se dit civilisé. Quand j’accuse quelqu’un de détournement, il faut que j’apporte la preuve de ce détournement devant la justice. J’aurais dû faire arrêter les ministres qui ont négocié ces accords et les jeter en prison. Mais sur quel chef d’accusation ? De corruption ? Je dois apporter la preuve de la corruption. Et il faut que le corrupteur soit là ; celui qui viendra devant le tribunal dire : “j’ai corrompu”. Ils auraient été blanchis. J’ai préféré me séparer d’eux. Je sais qu’ils ont “fauté”. Parce qu’ailleurs leurs collègues du Cameroun ont été plus perspicaces, ils ont fait mieux. C’est ce que je pouvais faire.
>
> Depuis cinq ans, nous nous attelons à réparer ces fautes au niveau des complexes sucriers. »

Toute cette affaire a coûté près d’un milliard de dollars. Trois barons proches du « Vieux » y ont été impliqués : Henri

Konan Bédié, ministre des Finances et leader de la nouvelle bourgeoisie d'affaires, le ministre de l'Agriculture Sawadogo, et Mohammed Diawara, ministre du Plan.

L'histoire de ce dernier mérite d'être contée, car beaucoup d'Africains se reconnaissaient dans ce personnage brillant. Ancien « Maths spé » de Jeanson de Sailly, diplômé d'études supérieures de mathématiques, un cursus parfait à la Banque Mondiale au département-clé du développement, il est, à Abidjan, protégé, couvé par le « Vieux ». Les hommes d'affaires du monde entier, attirés par le « miracle », le courtisent, car il signe beaucoup de contrats. Diawara devient alors un homme puissant. Fait-il déjà partie de ceux qui « touchent » et qui « arrosent » ? Le « Vieux », en tout cas, laisse faire, car la constitution d'une bourgeoisie d'affaires est, on l'a vu, l'un de ses objectifs. Avec des hommes comme Diawara, les immeubles, les hôtels, les usines poussent comme des champignons. Avec Konan Bédié, ministre des Finances, il a compris qu'en gageant le magot des surplus agricoles, il est possible d'attirer banquiers, promoteurs et industriels de la planète entière. La vitrine de prospérité suffit. Il faut construire tout et tout de suite. Et ne payer que demain ou après-demain, grâce à la « Caistab ». Les décideurs et leurs hommes prélèvent 5, 10, 15 % sur tous les projets. Tous les marchés sont conclus de gré à gré. Dans une telle frénésie, même les gens intelligents comme Diawara ne prennent plus la peine de s'arrêter pour réfléchir. Ils pérorent — miracle ivoirien oblige — dans les cercles internationaux, mais ne s'intéressent plus guère à l'avenir de leur pays. Diawara a beau créer en 1974 le Club de Dakar, qui deviendra pendant quelques années un des cénacles où on discute du devenir de l'humanité, il ne se préoccupe que de gigantisme : « L'échelle des réalisations industrielles va encore progresser d'une manière quasi géométrique, écrit-il dans *le Monde* en 1976. Les récents complexes textiles ont coûté chacun une vingtaine de milliards de francs C.F.A. ; les complexes sucriers en exigent, chacun, une quarantaine ; l'usine à papier va en demander près de 100. Avec la mise en exploitation de la mine de fer, on parle déjà de 300 milliards ». Mais voilà : le désastre du sucre, c'est lui, et l'affaire de la surfacturation de 35 milliards de francs C.F.A. lui est également imputée.

Houphouët n'est plus cette fois d'humeur à laisser faire. Il reste l'un des seuls à mettre la Côte d'Ivoire avant ses intérêts particuliers. Il demande à un expert égyptien de dresser le bilan des investissements sucriers. La conclusion est brutale : les matériels sont d'une sophistication inutile et payés 35 milliards de francs C.F.A. trop cher. Diawara, Bédié et Sawadogo, le ministre de l'Agriculture, quittent le gouvernement en juillet 1977 sans être autrement inquiétés. Pourtant, après quelques mises en garde en juin et juillet, même si la Présidence laisse entendre que les ministres auraient été sanctionnés pour avoir touché des pots-de-vin, Bédié se retrouve fonctionnaire international à Washington, Diawara, homme d'affaires à Paris. Les sanctions s'arrêteront là !

Pour faire un procès, « il faut que le corrupteur soit là », dira Houphouët pour expliquer sa magnanimité. Nul n'ignore en tout cas qui avait intérêt à emporter la décision des ministres ivoiriens. *Jeune Afrique* écrit le 4 juin 1980 : « Les opérateurs européens, en particulier les G.M.P. — Grands Moulins de Paris —, vieux routiers en matière de sucre, savaient fort bien que la Côte d'Ivoire aurait d'énormes difficultés de commercialisation et que le coût de la réalisation rendrait son sucre invendable au cours mondial. Mais ils n'en ont guère soufflé mot, trop heureux de réaliser des investissements inespérés ».

Une fois de plus, le couple diabolique de l'affairisme et de la corruption avait frappé.

Il faudra sans doute encore quelques années pour que de grandes personnalités ivoiriennes se retrouvent menottes aux poignets ou en exil pour avoir dépassé les limites permises... L'opinion, quant à elle, a bien compris la signification de cette absence de véritables sanctions contre les hauts responsables du scandale. Le message était clair : la lutte contre la corruption n'est destinée qu'aux « petits » ; quant aux « grands », ils peuvent détourner l'argent public dans des limites raisonnables. S'ils dépassent les bornes, ils risquent seulement de ne plus recevoir leur part du gâteau !

Au moment de ce scandale des complexes sucriers, tout le monde croit encore au « miracle ivoirien », car les cours du cacao et du café restent élevés. L'argent — celui de l'agriculture, celui des prêteurs du monde entier — permet d'éponger les besoins presque infinis d'une administration devenue pléthorique, et ceux d'un secteur para-étatique où le gaspillage est de règle. Mais le château de cartes vacille dès le début des années 80, lorsque l'effondrement des cours du cacao et du café provoquent le reflux immédiat des capitaux extérieurs. Le train de vie de l'État devient alors insupportable. Sur la recommandation du docteur « F.M.I. », appelé à la rescousse, des mesures drastiques sont alors prises. Mais l'esprit de corruption n'est pas mort pour autant. Il grippe toujours la machine. D'autant que le « Vieux » n'a plus le souffle suffisant pour entreprendre une remise en ordre de longue haleine.

L'affaire Dioulo

Dans le même temps, une autre affaire éclate, qui va toucher de près le « Vieux », ternir son image et montrer que sa capacité à maîtriser les situations difficiles n'est plus ce qu'elle était.

Tout comme Diawara, Dioulo, le député maire d'Abidjan, fait partie du club des cent milliardaires. Tout comme lui, c'est une figure ivoirienne très proche, on l'a vu, du Sage de Yamoussoukro. Il a fait partie de ces cadres qui sont allés aux champs tout en poursuivant leur carrière ; ils ont alors commencé à accumuler une petite fortune qui leur permettra plus tard de rebondir avec succès dans les affaires. Président de la Banque Atlantique de Côte d'Ivoire, il a fondé, avec le concours de banques européennes, sa propre société, la Cogexim, qui achète aux petits planteurs cacao et café et les revend en Europe après traitement. La rumeur dit qu'il gèrerait les biens de la « Présidente », et que là résiderait la base réelle de son influence... La Cogexim, pour acheter de grandes quantités de produits, emprunte à des banques et les rembourse dès que les produits transformés ont été vendus. Voilà la théorie. Dioulo a ainsi emprunté à la Banque nationale pour le Développement agricole (B.N.D.A.), contrôlée par l'État, 19 milliards de francs C.F.A. lors des trois campagnes 1980-81, 1981-82, 1982-83. En 1985, il n'a toujours rien remboursé. Il conteste d'abord la réalité de cette dette. Puis, devant l'obstination des banquiers, il préfère fuir.

Le 21 mars 1985, Dioulo quitte donc Abidjan sur un hors-bord, gagne le Ghana tout proche, saute dans un avion pour Londres et, tournant ça et là en Europe, il prépare son procès. Il est poursuivi pour « escroquerie, abus de confiance, détournement de gages et distribution de dividendes fictifs ». Jacques Vergès, futur avocat de Klaus Barbie, sera son défenseur. Un bon choix, car l'ancien avocat du F.L.N. n'a pas son pareil pour créer de l'agitation. Une lutte contre le « Vieux » ne peut que l'intéresser. Vergès est, de surcroît, l'avocat d'Omar Bongo, président du Gabon. C'est un journaliste aux compétences diverses, Paul Bernetel, proche de Bongo, qui a conseillé Vergès à son ami Dioulo. Vergès et Dioulo prennent contact début avril avec Simon Malle, le directeur d'*Afrique-Asie*, journal qui va jouer dans cette affaire un jeu pour le moins équivoque, puisqu'il prendra fait et cause, sans aucune nuance, pour Dioulo. Bizarre attitude, si l'on se réfère à ses sympathies habituelles... La tactique de Dioulo va dès lors se révéler des plus simples : d'un côté, négocier avec le « Vieux », *via* Vergès ; de l'autre, menacer le « Vieux », *via Afrique-Asie*. Il s'emploie ainsi à intimider le « Sage de l'Afrique », celui que tout le monde respecte. Si le député-maire d'Abidjan peut s'engager dans une telle partie de bras de fer, c'est parce qu'il détient des cartes maîtresses qui, si elles étaient abattues, pourraient risquer de ternir à jamais l'image du « Vieux » et de la Côte d'Ivoire, voire ébranler son régime. Pour suivre les chemins sinueux et sordides de cette campagne, il suffit de feuilleter les numéros d'*Afrique-Asie* du 8 avril 1985 au 5 mai 1986.

Début avril, l'ambassadeur de Côte d'Ivoire prend contact avec Me Vergès pour l'inviter officiellement, de la part du « Vieux », à venir à Abidjan. Vergès accepte quand le président togolais Eyadema lui fait savoir qu'il met son avion présidentiel et un ministre à sa disposition pour l'accompagner de Lomé à Abidjan. Me Vergès s'envole donc pour Lomé le vendredi 29 mars, s'installe dans l'avion d'Eyadema et gagne Abidjan. Il y est reçu par le « Vieux ». On sait, toujours par *Afrique-Asie*, comment se serait déroulé l'entretien :

« Pourquoi Dioulo veut-il aller au tribunal ? demande le "Vieux" à Vergès. Ce n'est pas bien. L'affaire va provoquer un scandale dont la Côte d'Ivoire n'a nul besoin au moment où nous négocions avec le F.M.I. et la Banque Mondiale notre P.A.S. (Programme d'Ajustement structurel). Dioulo, poursuit Houphouët, aurait mieux fait de s'adresser directement à moi pour faire arrêter le cours de la Justice et chercher un compromis ou un arbitrage hors des tribunaux, d'autant que l'argent qui a servi à créer la Cogexim provenait d'un "don" que j'avais fait à l'ancien sous-préfet ivoirien Bouna, voici quelques années. »

Le « Vieux » semble étonné d'apprendre de la bouche de Vergès que le député-maire d'Abidjan est parfaitement d'accord pour régler le problème à l'amiable. « Mais, s'exclame alors Houphouët-Boigny, quel dommage qu'Emmanuel se soit entouré de gens qui *ne sont pas aussi honnêtes que lui* pour gérer ses affaires... C'est une erreur de jugement que je reproche à Emmanuel, surtout de la part de quelqu'un que je considère comme très intelligent et à qui je faisais confiance plus qu'à mes propres enfants. »

Quand il rapporte ces propos, *Afrique-Asie* fait allusion aux liens intimes qui liaient Emmanuel et le « Vieux » : « C'est bien le "Vieux", d'ailleurs, qui avait recommandé à son épouse de s'associer avec Dioulo dans les affaires qu'il montait. »

Me Vergès se plaint de l'attitude du bureau politique du Parti et de celle de *Fraternité-Matin* : pourquoi cet acharnement à présenter Dioulo comme un homme condamné avant même le verdict ? Vergès transmet alors le point de vue de son client qui se déclare innocent dans la gestion de la Cogexim. Et, dans le numéro d'*Afrique-Asie* où l'on rapporte cette rencontre entre le « Vieux » et l'avocat, un article signé Thierry Perret annonce la couleur sur les moyens qu'emploierait Vergès si jamais...

> « ... *Si Dioulo allait, faute de pouvoir se faire entendre chez lui, déclencher une campagne de presse ? S'il allait "déballer" tout le linge sale ?* Quelques articles dans la presse américaine ne suffiraient-ils pas à ruiner le crédit d'une Côte d'Ivoire toujours suspendue aux financements extérieurs ?
>
> Et comme il est fâcheux que cette histoire tombe en pleine période de "soudure" : chaque année en Côte d'Ivoire, de mai à juillet, l'agitation sociale connaît un regain de vigueur, des grèves peuvent se développer, et les raisons de revendications ne manquent pas, chez les étudiants ou chez les enseignants, par exemple... Un appel venu de l'étranger ou une conférence de presse offensive ne pourraient-ils pas amener les choses à dégénérer ? »

L'article est ainsi truffé de bombes à retardement destinées à pousser le « Vieux » à la clémence. Le 29 avril, une dépêche de l'A.F.P. annonce le retour de Dioulo pour « bientôt ». Un arrangement semble imminent. Bongo est également intervenu auprès du « Vieux » pour que cette affaire, qui n'est bonne pour personne, soit classée. L'accord est le suivant : le « Vieux » accueillera Dioulo à Abidjan et la rédaction d'un « Livre Blanc » consacré à l'affaire sera immédiatement abandonnée. En outre, le député-maire d'Abidjan demande que les mandats d'arrêt lancés contre lui soient rapportés, que son immunité parlementaire lui soit rendue, que l'on mette fin à la procédure pénale et que les doutes pesant sur l'issue du procès commercial soient levés.

Tout une procédure est ainsi mise au point. Elle doit commencer par une déclaration apaisante de Dioulo dans laquelle il renouvellera son allégeance... Mais *Fraternité-Matin* ruine l'édifice patiemment monté en faisant paraître un article désobligeant sur Dioulo. Vergès se sent « trahi » (*dixit* son porte-voix *Afrique-Asie*), il tonne, dénonce la « supercherie » et retourne voir Bongo pour lui dire que le « Livre Blanc » est prêt et sera publié à moins que le compromis ne soit rapidement respecté. A Bongo de se débrouiller auprès de son ami ivoirien...

Pour donner plus de poids à cette menace, *Afrique-Asie* distille quelques révélations :

> « De ce que l'on sait de ce fameux et volumineux ouvrage (en deux tomes), on peut attendre un beau remue-ménage dans le petit monde politique ivoirien où tout le monde se connaît... Où l'on connaît les affaires de tout le monde... mais où la solidarité impose la loi du silence. Première cible, la famille Houphouët, avec notamment ses trois sociétés... »

Un des fils du « Vieux » contrôle une société, la S.I.F.C.A., qui détient 17 % des quotas à l'exportation de la Côte d'Ivoire. Son deuxième fils est le président de la société Jean Abil Gal. Enfin, une troisième société, la S.I.N.C.A.F.C., bien que détenant un faible quota d'exportation, est en fait — toujours selon l'hebdomadaire — le « centre stratégique de toutes les affaires du clan » : soupçonnée de pratiquer régulièrement des décotes sur le café-cacao, elle aurait ainsi, d'après *Afrique-Asie*, engrangé illégalement des sommes fabuleuses, acheminées ensuite en douceur vers la Suisse.

> « Imputations à mettre au conditionnel, mais gageons que le « Livre blanc » aura des détails concrets à nous livrer à ce sujet. On connaît par exemple les mœurs en usage dans les pratiques commerciales, notamment lors du déblocage des

quotas d'exportation (fixés officiellement par l'O.I.C. — Organisation internationale du Café — et répercutés par la Caisse de Stabilisation ivoirienne aux différentes sociétés de négoce) qui sont déterminés, souvent de manière fort peu orthodoxe, en faveur de la Sincafc. »

Et *Afrique-Asie* de conclure : « Le pire n'est pas encore sûr. Les négociations vont se poursuivre, un ton plus haut, Dioulo ayant insisté sur le respect de ses exigences. S'il rentre, il entend occuper la même place qu'auparavant, c'est-à-dire retrouver sa mairie. »

Tractations, coups bas, négociations, trahisons se succèdent. Bongo refuse de jouer plus longtemps les bons offices, le « Vieux » changeant trop souvent d'avis. Houphouët demande alors à Abdou Diouf, président du Sénégal, de s'interposer. L'intervention de quatre chefs d'État montre l'importance de cette affaire. Une certaine Afrique ne tient pas à ce que le voile se lève sur les pratiques de ses élites dirigeantes... Vergès se rend donc à Lomé où se réunissent les chefs d'État de l'Afrique de l'Ouest et présente les nouvelles exigences de son client. Quant à *Afrique-Asie*, il maintient la pression, et, dans sa livraison de fin juillet, fait deux allusions appuyées au contenu du « Livre Blanc »...

Finalement, le 24 décembre 1985, le juge d'instruction près la Cour d'appel d'Abidjan, après un « réquisitoire définitif » de non-lieu du procureur de la République, abandonne toute poursuite et donne main-levée du mandat d'arrêt décerné contre l'ancien député-maire et président de la Cogexim. Pour ne pas donner l'impression de se déjuger, le « Vieux » présentera, à l'occasion du 25ᵉ anniversaire de l'indépendance du pays, un projet de loi d'amnistie qui, de toute façon, aurait blanchi Dioulo. Le « Livre Blanc » ne sera donc pas publié. Le « Vieux » pourra continuer à appeler Dioulo son « fils ». L'enrichissement des élites dirigeantes ne donnera pas lieu à débat sur la place publique. Ce ne sont là que des affaires de famille. L'image du « Vieux » et du « miracle ivoirien » vaut bien un « petit » trou de quelques milliards dans une banque d'État...

Afrique-Asie qui, depuis toujours, avait violemment critiqué le régime ivoirien, publia le 5 mai 1986 un article dithyrambique sur le « Vieux ». Un journaliste de l'hebdomadaire, qui avait suivi de fort près la campagne menée pour faire céder Houphouët, avait été reçu en audience privée par le Président : « Peut-on en quelques heures cerner la personnalité d'un homme qui, comme le disent ses laudateurs, est entré vivant dans la légende après avoir présidé aux destinées de son pays pendant 25 ans ? » écrivit le porte-plume d'*Afrique-Asie*. Dioulo était rentré libre au pays. *Afrique-Asie* louait le « Vieux ». Tout était rentré dans l'ordre...

Mais cette reculade, après les amnisties prononcées dans l'affaire des baux administratifs, prouvait que Houphouët-Boigny n'avait plus la force ni le courage d'enrayer la gangrène en coupant les membres malades. Sur la fin de ses jours, il ne souhaitait plus qu'une chose : se faire aimer de tous...

Vers la même époque, l'ancien ministre du Plan allait de nouveau faire parler de lui. Devenu homme d'affaires après l'histoire peu ragoûtante des complexes sucriers, Diawara avait décidé de monter la plus grande banque d'Afrique. Il s'était acoquiné avec deux hommes clés de la C.E.A.O. (Communauté Économique de l'Afrique de l'Ouest, sorte de marché commun réunissant le Burkina, la Côte d'Ivoire, le Mali, la Mauritanie, le Niger et le Sénégal). Les trois complices s'arrangeront pour ponctionner 6,5 milliards de francs C.F.A., révélera le groupe *Jeune Afrique*. Beaucoup d'argent pour les pays pauvres du Sahel... Diawara sera finalement arrêté à Niamey et emprisonné par Thomas Sankara au Burkina Faso, le « pays de l'homme intègre ».

Cet incorruptible assure alors la présidence de la C.E.A.O. Voulant se montrer à la hauteur de sa réputation, il souhaite un bon procès, afin que les populations d'Afrique occidentale sachent qu'il y a au moins un homme et un pays qui font la guerre aux corrompus. Mais ses collègues ont peur de ce « Monsieur Propre » et ne tiennent pas du tout au procès public. La grande lessive de la C.E.A.O. leur semble très inopportune. Sankara a l'inconvénient de parler vrai là où ça fait mal. Dans une interview à *Jeune Afrique Économie*, il répond ainsi à ceux qui estimaient « qu'il aurait fallu cacher cette affaire » :

> **T.S.** : « Il n'en était pas question. L'intérêt de nos peuples est en jeu. Il n'y a pas seulement les milliards que de véritables voyous ont tenté de dissiper ; il y a le préjudice moral causé à l'Afrique. Comment voulez-vous, après une affaire comme celle-là, que l'on puisse nous faire confiance ? Comment voulez-vous que les sentiments même les plus racistes ne reviennent pas à la surface, qu'on ne dise pas que les Africains, après vingt-cinq ans de prétendue indépendance, sont encore de grands enfants auxquels il faut tenir la main pour leur éviter de se perdre en chemin ? Nous avons le droit et le devoir, devant un tel scandale, de faire le nettoyage pour répondre à tous ceux qui, en Afrique et hors d'Afrique, demandent justice. En outre, et au-delà, la légitimité de mon action, je la tire des peuples qui veulent comprendre ce qui se passe à la C.E.A.O. Ces peuples sont indignés car, à l'heure où nous parlons de sécheresse, de famine, de difficultés économiques, de dette extérieure, des coquins, des bandits, couverts par nous ne savons pas encore qui, ont porté une atteinte grave à des intérêts économiques et moraux de la Communauté. »

Chaque membre du « Club des cent milliardaires » pourrait raconter son édifiante trajectoire, illustrant les mille et une façons de s'enrichir sur les bords de la lagune d'Abidjan. Pendant longtemps, ces milliardaires ont été les héros du « miracle ivoirien ». Aujourd'hui que le F.M.I. demande à tous les habitants de se serrer la ceinture, les enrichis d'hier préfèrent se faire plus discrets.

Toutefois, nous ne résisterons pas, avant de clore cette évocation des grandes affaires de corruption du régime ivoirien, au plaisir de raconter l'enlèvement d'Aoussou Koffi, ministre des Travaux publics, qui a fait rire — plus ou moins jaune — le tout-Abidjan. Koffi, un cousin du « Vieux », était lui aussi une figure légendaire, puisqu'il avait dirigé pendant douze ans la compagnie d'aviation Air Afrique. Cette présidence lui laissait suffisamment de temps et lui procurait assez d'argent pour qu'il puisse monter en 1978, avec l'aide d'un associé français, André Péralès, le complexe hôtelier du Wafou, estimé en 1985 à près de deux milliards de francs C.F.A.

Après son départ d'Air Afrique, Koffi prend en décembre 1985 la présidence du Wafou. Puis, appelé au ministère des Travaux publics, il installe son fils à la tête du complexe hôtelier. André Péraclès tente alors de faire respecter ses droits, puis demande 300 millions de francs C.F.A. en guise d'indemnité. Refus du nouveau ministre. Le Français décide alors de le prendre en otage et réclame une rançon de... 300 millions ! Le « Vieux » prend les choses en main. Estimant que son cousin s'est mal comporté, il fait verser ladite rançon. Péraclès n'a plus qu'à téléphoner les coordonnées de l'endroit où était emmuré Aoussou Koffi. Le 21 août, Radio-Côte d'Ivoire annonce que le ministre des Travaux publics a été « retrouvé sain et sauf »... Il est vrai que l'infortuné Péralès n'a pas profité longtemps de son argent : il a été assassiné sur la Côte d'Azur quelques mois plus tard.

Dans le proche entourage du « Vieux », on s'est mal conduit, on a largement puisé dans les surplus agricoles gérés directement ou indirectement par la « Caistab ». Cette opacité dans le fonctionnement des rouages économiques et le mauvais exemple donné par les « en-haut d'en haut » ont brisé l'élan de beaucoup d'Ivoiriens. Le népotisme, le favoritisme, la paresse et la corruption, tous maux dénoncés par le « Vieux » dès le milieu des années 70, se sont développés dans la fonction publique. Ils rendent la machine bureaucratique lourde et inefficace. Le mal est si profond que les remèdes de cheval proposés par la Banque Mondiale et le F.M.I. auront bien du mal à le guérir. Les sociétés d'État, qui viennent presque toutes d'être supprimées, ont coûté très cher. Le « Vieux » lui-même, dans un discours déjà cité, a ainsi évoqué l'ampleur du gaspillage et des détournements :

> « Nous avons eu affaire aux autres sociétés d'État. Et pendant trois ans, c'est le ministre Ekra qui s'est attelé à cette tâche difficile. C'est-à-dire l'hémorragie provoquée par les emprunts inconsidérés des dirigeants de ces sociétés d'État. Nous sommes en train de panser les plaies de l'État et du gouvernement. L'échec des sociétés d'État nous a coûté 32 milliards. Devons-nous arrêter les dirigeants de ces sociétés ? On a grossi les chiffres des travailleurs d'entreprises étatiques. Chacun s'est empressé de recommander qui un cousin, qui un frère. Ils n'ont pas eu le courage de refuser cela.
>
> Il doivent être jetés en prison ou déférés devant le tribunal avec pour chef d'accusation : mauvaise gestion. Ils se sont attribués des salaires trop élevés. Nous venons de parler de 200 000 F, de 300 000 F en ce qui concerne les enseignants du secondaire, mais au niveau des sociétés d'État, c'est un million, c'est deux millions. Mais ils sont couverts. Ils ont l'autonomie de la gestion. Ils ont des conseils d'administration qui ont approuvé les salaires. On ne peut pas les emprisonner. Je ne puis que mettre fin à cette exploitation. Et c'est ce que j'ai fait. Les mêmes hommes se seraient encore plaints en disant que j'ai fait de l'arbitraire : "Il a jeté en prison sans preuves tel ou tel"... »

D'autres scandales devraient encore être rappelés ici, car ils ont valeur de symbole : durant les deux décennies 60 et 70, les Ivoiriens, saisis par la frénésie du lucre, ont saccagé leur forêt sans se soucier de son renouvellement ni prévoir les moindres plantations.

Lors du 8e congrès du P.D.C.I., le « Sage de Yamoussoukro » a révélé que pendant de nombreuses années, « plus de 3 000 fonctionnaires fictifs, qui n'existaient pas, étaient payés. Et quand le ministre a demandé à ce que ces fonctionnaires se présentent, ceux-là ont brillé par leur absence. Voilà l'arbre de nos difficultés ! »

En 1986, sous la pression conjointe du F.M.I., de la Banque Mondiale, mais aussi d'une partie du secteur privé, la Côte d'Ivoire a décidé de lutter contre les fraudes douanières et fiscales qui coûtent chaque année près de 200 milliards de francs C.F.A. au budget. La politique de rigueur imposée par les institutions internationales, tout comme le relèvement des prix de certains biens de consommation, ont néanmoins relancé la « débrouillardise », terrain favorable à l'épanouissement de la fraude, ainsi que le dit joliment le ministre d'État Lamine Diabate, chargé par le « Vieux », par lettre n° 663/PR/CAB du 10 octobre 1986, de lutter contre ces mauvaises habitudes.

Une mission des Douanes françaises, menée en mai 1986, avait largement débroussaillé le terrain et conclu à l'impérieuse nécessité de renforcer les structures douanières : « Sur un échantillon de 60 déclarations, 17 représentaient des fausses déclarations de valeurs. De plus, les fausses déclarations constatées par les experts laissent supposer des courants continus de fraude, bien établis, qui, tant à l'importation qu'à l'exportation, risquent de menacer à terme l'équilibre de l'économie ivoirienne », constataient notamment les deux gabelous français tout en décrivant les mécanismes de fraude le plus couramment utilisés. Lamine Diabate établit dans la foulée un rapport officiel. On y apprend par exemple que les seules « pratiques de sous-facturation et surfacturation feraient perdre à la Côte d'Ivoire entre 50 à 90 milliards de francs C.F.A., selon les années », et que les arriérés d'impôt dans les deux dernières années ont été de 212,4 milliards de francs C.F.A. Les méthodes de fraude sont innombrables. Signalons, par exemple, le cas de certaines importations. Avec la connivence des agents de la douane frontalière, les marchandises importées en « transit », c'est-à-dire destinées en principe aux pays voisins, sont très souvent vendues en Côte d'Ivoire au lieu d'être réexportées. Une autre fraude est également fréquente. En voici le mécanisme : une importation est couverte par des documents bancaires permettant à l'expéditeur d'obtenir le paiement de son dû. Il arrive qu'une fois le lot débarqué, l'importateur ne se rende pas à la banque pour obtenir, en contrepartie du paiement, la remise des documents nécessaires à la mise à disposition. Cette dernière n'a donc pas lieu et le lot est considéré comme « non réclamé » et placé sous entrepôt de douane. Deux mois après, pour peu que la banque ne fasse pas diligence pour défendre ses propres intérêts et/ou ceux de l'expéditeur, une vente aux enchères publiques est organisée. Le destinataire initial prend les dispositions nécessaires pour être le seul enchérisseur, à un prix évidemment très bas. Il évite ainsi de payer le montant facturé par son fournisseur et les droits de port...

Ces pratiques, qui coûtent très cher à l'État et notamment à l'économie, sont surtout une spécialité libanaise. La communauté libanaise en Côte d'Ivoire s'élève à 120 000 personnes. Au 8e Congrès du P.D.C.I., le 12 octobre 1985, le « Vieux » a évoqué ce problème au cours de sa conférence de presse :

> « Il faut prendre le problème libanais sous deux angles : il y a des Libanais qui vivent ici depuis plus de cent ans ; certains étaient dans notre pays avant ma naissance. Le Liban était, avec la Syrie — on vous le rappelle —, sous mandat français. Les premiers Libanais qui étaient venus ici, se sont installés, comme nos frères petits traitants ivoiriens, à l'intérieur du pays. Ils ont fait du commerce, et personne ne s'était plaint de la présence de ces Syriens et de ces Libanais.
>
> Depuis la guerre au Liban, beaucoup de Libanais ont trouvé refuge ici. J'ai dit que nous devions les recevoir comme nous recevons tous les autres. C'est Dieu qui nous les envoie. Parmi eux, il y a, et c'est malheureux, des gens qui se livrent à la fraude, qui en font presqu'un métier.
>
> Et nous sommes obligés de traquer ceux-là. Je me propose, à notre prochaine réunion avec eux tous, de leur demander de nous aider à faire partir de ce pays — ce n'est pas de la délation — ceux d'entre eux dont la pratique de la fraude

risque de heurter la sensibilité des Ivoiriens. Croyez-moi, nous obtiendrons cela.

L'arbre ivoirien donne de l'ombre et des fruits savoureux à tous ceux qui s'asseyent à son pied. Il faut que tous ensemble, nous soignions le pied de cet arbre, que nous fassions tout pour que cet arbre demeure sain, pour le plus grand bien de tous. Les Libanais le comprendront. Nous les aiderons à le comprendre dans l'intérêt bien compris des Libanais et des Ivoiriens. »

A Abidjan, on n'hésite pas à chiffrer la fraude annuelle d'origine libanaise à 100 milliards de francs C.F.A. A ce propos, une anecdote mérite d'être contée. La Suisse avait accepté d'assurer la formation de jeunes douaniers. Quelques semaines après leur retour à Abidjan, un jeune gabelou se rend à l'ambassade d'Helvétie :

— Tout ce qu'on nous a appris chez vous ne sert à rien. Ici, les choses sont différentes...

— Que voulez-vous dire ? répond le diplomate intrigué.

— Un Libanais est venu me proposer 80 000 francs C.F.A. pour faire passer un container. J'ai refusé. C'est idiot, m'a répondu le Libanais, car le container passera quand même, mais ça me coûtera 150 000 francs C.F.A. avec ton chef de service.

— Et alors ?

— Le container est passé. Je voudrais aller travailler en Suisse pour utiliser ce que vous m'avez appris...

Le Culte

Houphouët-Boigny et son clan baoulé sont à l'origine du « miracle ivoirien », nul ne le conteste. Et la corruption a sans doute permis à une classe dirigeante d'accumuler rapidement du capital et d'enclencher un processus de développement. « Il y a eu un enrichissement considérable qu'aucun moyen académique de redistribution du revenu national (salaires, profits, dividendes, rentes et subventions) n'aurait permis », écrit C. de Miras. Mais les nouveaux bourgeois n'ont pas cru suffisamment en leur pays. Si une partie de l'argent de la corruption s'est effectivement réinvestie en Côte d'Ivoire, des masses de capitaux sont partis vers la Suisse ou ailleurs.

Aujourd'hui, tout est figé en Côte d'Ivoire. La vie retient son souffle. Les ministres sont paralysés. Plus que jamais, tout remonte au « Vieux ». Sa seule façon d'endiguer la corruption a été de confier la responsabilité des Travaux publics à un Français, Césaréo, qui passe pour un incorruptible. Il est devenu la terreur des ministres qui ne peuvent plus rien construire sans lui... Le « Vieux », quant à lui, devient de plus en plus inaccessible.

Ambiance de fin de règne à Abidjan. Un entourage cupide et servile isole le « Vieux ». Un majordome, profitant du temps limité consacré par le Président aux affaires de l'État, vend les audiences ou l'acheminement d'un dossier. Ses tarifs sont bien connus à Abidjan. Bien sûr, si l'entretien aboutit à un contrat qui engendre des bénéfices, le fidèle serviteur en réclamera sa part.

Voici encore quelques années, le « Vieux » aurait souri s'il avait pu imaginer le culte de la personnalité dont il fait aujourd'hui l'objet. Au-delà de certaines bornes, le ridicule ne tue plus... il conserve ! Le 12 octobre 1985, lors de la clôture du 8ᵉ Congrès du Parti Démocratique de Côte d'Ivoire, le ministre de l'Information, Laurent Dona-Fologo, a fait une prestation qui mériterait de figurer dans toute anthologie de la servilité :

> « Monsieur le Président de la République, Fondateur et Président de notre Parti le P.D.C.I.-R.D.A., il me tarde de me tourner vers vous pour essayer de traduire en un hommage solennel, filial et déférent, les sentiments qui habitent chacun des membres de cette assemblée.
>
> Mais quel hommage, à la vérité, avec quels mots, pour dire quoi, quand tout a été dit et a été bien dit ?
>
> Il est mille et une manières de dire Houphouët. Mais il se

trouve que plus avisés, plus compétents et plus autorisés que moi s'y sont essayés avec brio.

Il est mille et une façons de rendre compte d'une vie pleinement accomplie. Et ils sont nombreux, essayistes, biographes, politologues... dont la pertinence des propos, la profondeur des analyses ne m'autorisent, du haut de cette tribune, sur la pensée et l'action de Félix Houphouët-Boigny, aucune originalité. Car Félix Houphouët-Boigny fait partie de ces êtres exceptionnels, hors du commun, tels que chaque siècle n'en produit que de très rares spécimens.

S'il est la chance de la Côte d'Ivoire, il n'appartient et ne peut appartenir à la seule Côte d'Ivoire. Il apparaît ainsi naturel, normal, logique, que sur l'homme, sa vie et son œuvre, tout ait été dit et qu'en fait d'hommage, l'on vienne trop tard dans un monde trop vieux.

Pourtant, et c'est ma conviction intime, les hagiographes les plus talentueux ont beau se bousculer au portillon de la gloire immortalisant Félix Houphouët-Boigny en s'immortalisant eux-mêmes ; les historiens les plus savants ont beau prétendre à la part la plus belle dans la connaissance de la vie d'un homme dont l'aura et le charisme en ont fait une des figures de proue de notre temps : pourtant, dis-je, il reste et restera toujours une forme d'hommage à Félix Houphouët-Boigny qui échappe et échappera toujours à toute exclusivité, parce que se situant au-delà de toute expression simple.

Aucune clause de style, aucune figure de rhétorique, aucun mode de communication ordinaire ne peut l'épuiser. Cet hommage, c'est celui du cœur, celui qui sort du plus profond de l'être. Il est d'abord et avant tout élan vers l'Autre, rencontre de l'Autre, communion parfaite et intime avec l'Autre.

Proche de la nature, proche de la terre, vous êtes aussi un homme d'une grande foi en Dieu, une foi vivante, agissante. L'histoire a déjà retenu qu'en ce siècle dominé par le matérialisme triomphant, un homme d'État, le Sage de Yamoussoukro, a probablement enseigné à ses concitoyens à lever les yeux vers le Ciel, à s'aimer les uns les autres. Oui, vous avez placé l'amour, l'amour de l'homme, l'amour du prochain, au-dessus de toutes les lois.

> Vous êtes, pour utiliser une formule à la mode chez les jeunes, *"branché"* sur l'éternité si, comme le reconnaît saint Augustin, l'éternité n'est que l'entière possession de soi en un seul et même instant. »

Finalement, le haut responsable de l'Information implora son chef de « faire une fois encore, et malgré ce qu'il peut lui en coûter, don de sa personne au Parti et au pays, en acceptant d'être le candidat du P.D.C.I. à la prochaine élection à la magistrature suprême de la Côte d'Ivoire... »

Le Sage de Yamoussoukro accepta. Quinze jours après la clôture du congrès, il fut élu avec 100 % des voix. Pas un seul Ivoirien, sur les 3 512 057 votants, ne s'abstint ni ne raya le nom sacré. Résultat dû notamment à l'efficacité zélée du ministre de l'Intérieur...

Si, dans la confrérie des chefs d'État, François Mitterrand était vraiment *Dieu* — comme le dit Jean Roucas dans le *Bébête Show* —, il faudrait alors inventer un autre mot pour parler de Félix Houphouët-Boigny. Malheur à ceux qui, même en France, osent remettre en cause le dogme de l'infaillibilité du « Vieux » et son œuvre, le « miracle ivoirien » ! Si la situation n'est plus aussi florissante depuis le début des années 80, la seule faute en est à la « conjoncture ». Pour avoir écrit quelques vérités qui troublaient le discours officiel, *L'Unité* et *Le Matin*, on l'a vu, provoquèrent une véritable crise diplomatique en 1986. Pour apaiser l'ire du Président ivoirien à l'égard des socialistes et de François Mitterrand, Roland Dumas fut obligé d'aller lui présenter des sortes d'excuses. Au fur et à mesure qu'Houphouët-Boigny vieillit — son âge officiel est 83 ans, son âge réel est sûrement plus conséquent —, le « Vieux » défend avec de plus en plus de crispation l'image que ses thuriféraires français et ivoiriens lui ont construite depuis 1960.

Dommage, car la vérité suffirait à faire de Houphouët-Boigny un leader africain exemplaire. Il a imposé la stabilité, la paix civile. Il a permis à son pays un véritable décollage économique. Réussites déjà considérables, même si le « modèle ivoirien », « chouchou » du F.M.I. et de la communauté financière internationale, souffre de quelques maladies graves autant que cachées.

Heureusement, tous les Ivoiriens, ministres ou simples mortels, ne sont pas corrompus, tant s'en faut. L'affaire du Syndicat des Professeurs du secondaire (Synesci) a montré qu'il y avait des gens qui savaient résister à toutes les pressions et sollicitations. Le 21 juillet 1987 s'ouvre à Abidjan le 15e Congrès de Synesci. Soudain, des individus non mandatés font irruption dans la salle. Ils bloquent les débats et imposent une nouvelle équipe dirigeante. Houphouët-Boigny prend position pour ces pirates en affirmant : « Si nous avons à choisir entre l'injustice et le désordre, nous mettrons de l'ordre quel qu'en soit le prix. » Sur ordre du « Vieux », les dirigeants légitimes du syndicat, indépendants du pouvoir, sont poursuivis. Les policiers tentent par tous les moyens d'apporter la preuve de leur corruption. Sans succès. Ils sont néanmoins arrêtés pour faire un exemple, car le « Vieux » n'accepte « rien de ce qui se fait en dehors du Parti ». Le ministre de l'Éducation nationale a d'ailleurs déclaré : « Lorsqu'on joue le tam-tam pour un sourd, de temps en temps, il faut taper sur son crâne pour qu'il sache que vous jouez du tam-tam, sinon il croit que vous faites des grimaces[1]. » Trois syndicalistes ont été jugés et condamnés, et une dizaine d'autres ont été mis au secret dans le camp militaire de Séguéla pour une « rééducation morale et civique », comme l'a dit M. Balla Keita, le même ministre. Un vaste mouvement de solidarité s'est développé en faveur des prisonniers qui ont résisté à toutes les pressions et aux offres alléchantes du pouvoir au nom de la défense des idéaux de liberté et d'autonomie syndicale[2]. Finalement, le « Vieux » a préféré céder, malgré les recommandations contraires

1. *Fraternité-Matin* du 6 novembre 1987.

2. Lire *Côte d'Ivoire, la dépendance et l'épreuve des faits*, de Marcel Amondji, L'Harmattan, Paris, 1988.

de son ministre de l'Éducation nationale. Les « rebelles » du Synesci ont été remis en liberté en juillet 1988 sans s'être reniés...

Le « Vieux » est trop vieux pour remettre de l'ordre dans sa maison. Il gère au jour le jour le solde de son crédit intérieur et extérieur, qui a été énorme. La Côte d'Ivoire, si elle ne se ressaisit pas, risque de sombrer bientôt à son tour.

Mais des jeunes très bien formés — ainsi l'a voulu le « Vieux » — constituent une formidable armée de réserve que n'a pas touché le fléau. Ils attendent, piaffant, de rentrer dans la vie active, car le système ivoirien, paralysé, ne fait plus guère de place aux nouveaux venus.

CHAPITRE XII

DES LIBANAIS CONTRE LE F.M.I.

Au début de 1986, quelques semaines après son élection à la tête de la Sierra Leone, le débonnaire général Momoh se retrouve dans un insolite tête à tête avec « Jamil », un Libanais, l'homme fort du pays. Pendant sa campagne électorale, Momoh avait promis aux masses qu'avec lui allait s'ouvrir une ère nouvelle, que la corruption allait être combattue, et le « mal libanais » extirpé... Sitôt élu, il fait appel au bon docteur « F.M.I. » : il ne se sent vraiment pas de taille à affronter seul la communauté libanaise. « Jamil » s'oppose à cette intervention qui signifie austérité et mesures draconiennes, bref, la fin de son propre règne. Il propose alors de renflouer personnellement les caisses de l'État. Mais Momoh s'obstine à choisir le F.M.I. Pour « Jamil », c'est le commencement de la fin. Le 7 juin 1987, la tête de l'homme d'affaires le plus riche de Sierre Leone est mise à prix pour avoir fomenté un complot. Il vit maintenant à Londres, dans un exil doré...

La Sierra Leone est un petit pays niché entre le Liberia et la Guinée, au bord de l'Atlantique. Créé par d'anciens esclaves américains, il avait tout pour réussir : il produit café, cacao, palmistes et son sous-sol regorge de diamants, d'or, de bauxite, de fer et de bien d'autres minerais... Il est riche de 3,8 millions d'habitants, et, surtout, d'environ 25 000 « Libanais » (terme recouvrant de vrais Libanais nés au Liban, des Sierraléonais dont les parents sont Libanais, et des métis dont l'un des parents était libanais, ce qui est le cas de « Jamil »). Ces Libanais ont mis le pays en coupe réglée et la plupart des politiciens ne sont que des marionnettes entre leurs mains. Siaka Stevens, qui a « dirigé » la Sierre Leone de 1967 à 1986, était en réalité l'homme de « Jamil ». « Eu égard au nombre d'habitants, la Sierra Leone est le pays le plus corrompu du monde. Depuis dix ans, la corruption y est devenue la seule activité en constante progression et qui se pratique du bas en haut de l'échelle sociale », raconte un diplomate occidental à Stephen Smith[1].

A la fin de l'ère Siaka Stevens, tous les observateurs considéraient que ce pays en voie d'effondrement n'était plus gérable. D'après eux, c'était la seule raison pour laquelle « Pa Siaka » avait dû céder la place au général Momoh. Plus rien ne marchait. Les richesses nationales étaient systématiquement détournées à des fins privées. Les diamants, qui avaient longtemps contribué à l'aisance de ce petit pays, disparaissaient, *via* la Guinée et le Liberia, vers les grandes places occidentales. L'or, le café et le cacao connaissaient le même sort. Moins de 5 % de la production étaient déclarés. Le budget était exsangue. Le revenu par tête d'habitant avait chuté de 380 dollars en 1980 à 300 en 1984. Les échanges commerciaux avaient diminué de plus de 200 % dans le même temps. La dette était évaluée à 400 millions de dollars ; l'État ne pouvait plus faire face à ses échéances. Le F.M.I. avait d'ailleurs décidé de suspendre son aide tant que des mesures de redressement ne seraient pas prises.

Officiellement, on expliquait cette faillite par la crise internationale, notamment la hausse des prix du pétrole et la baisse des cours du diamant. On évoquait aussi les folies commises en 1980 pour accueillir le sommet de l'Organisation de l'Unité Africaine : plus de 200 millions de dollars avaient en effet été engouffrés dans la construction de deux hôtels de luxe, de soixante villas résidentielles et dans l'éclairage public des rues

1. *Libération* du 4 janvier 1988.

de Freetown, la capitale. Mais tout le monde savait que la cause de cette dégradation était « la dilution des richesses à travers un *système parallèle de commercialisation* ». Ainsi, la production de diamants, qui diminuait officiellement, en fait augmentait, mais les contrôles exercés sur son écoulement devenaient de moins en moins efficaces. Ce type de détournements touchaient tous les secteurs : 95 % des produits de la pêche, par exemple, étaient exportés clandestinement.

Pour les Sierraléonais, il y avait plus grave : le marché noir. Vendu par le gouvernement à des intermédiaires officiels 52 leones, le sac de riz de 50 kg arrivait sur le marché à 160 leones, alors que le salaire d'un employé de base n'était que d'environ 120 leones par mois. « Ce sont les effets de la pénurie organisée et de l'absence de contrôle honnête des prix par l'administration », expliquait un fonctionnaire du ministère de l'Agriculture à l'A.F.P.

La communauté libanaise, qui contrôlait la quasi-totalité du commerce en Sierra Leone, était ouvertement critiquée à Freetown. Au cours de nombreuses manifestations d'étudiants, des magasins appartenant à des Libanais avaient eu leurs vitrines saccagées et certains marchands avaient préféré tout simplement murer leurs échoppes en attendant que la situation se stabilise.

L'énoncé du diagnostic embarrassait tous les observateurs-diplomates-experts du F.M.I. : comment éviter de lui conférer une tonalité raciste ? Lorsque les rapports officiels parlaient en mal des « intérêts privés », il fallait donc lire : « Libanais ». Cette communauté avait depuis belle lurette la haute main sur le commerce. Il suffit de se promener dans le centre de Freetown pour mesurer l'ampleur de son implantation. *Baasma, Hobeika, Tasane, Hussein et Fakry, Nahim and Sons, Pujem Bros*, lit-on au fronton des grands comptoirs commerciaux. Les Libanais contrôlaient également environ 80 % de l'économie du diamant, et, de manière générale, toute activité susceptible de rapporter quelque argent. Au sommet de la pyramide trônait « Jamil » qui, d'une maison en briques rouges située au centre de Freetown, contrôlait son empire : l'or, le diamant, le nettoyage à sec, la compagnie aérienne nationale, une flotte de pêche, une banque, des assurances, la peinture, la métallurgie — soit un capital estimé à 600 millions de francs. Son contrôle s'étendait aussi bien à la « State Mansion », la Présidence de la République, et à son occupant Siaka Stevens. « Jamil » le connaissait depuis l'enfance, Stevens étant déjà à l'époque l'ami de son père...

A l'arrivée au pouvoir de Momoh, tout le monde à Freetown réclamait un « nouvel ordre » et un « nationalisme constructif ». Considéré par tous comme un homme intègre, Momoh commença par dissoudre l'Office de commercialisation du diamant et de l'or, présidé par « Jamil ». Il savait que sa tâche première serait de reprendre le contrôle des entrées de devises et de remettre sur pied un système fiscal efficace. Mais, sous l'énergique pression du Libanais, il en vint presque aussitôt à créer un autre organisme chargé d'évaluer et de commercialiser les diamants et l'or. A qui allait-il en confier la direction ? Au même « Jamil », évidemment...

Momoh semblait néanmoins décidé à sortir du piège. C'est ainsi qu'il contacta le F.M.I., dont les exigences habituelles sont peu conciliables avec les pratiques levantines. Tout en affichant une amitié de façade avec les Libanais, Momoh signa avec l'institution internationale des accords secrets afin de desserrer l'étau et libérer son pays de la corruption. Alors s'engagea une extraordinaire bataille entre différents services secrets étrangers. Une lutte d'influence mit aux prises l'O.L.P., les gens d'Amal, le Mossad (services secrets israéliens), les services sud-africains, ceux de l'Iran, entre bien d'autres... sous les yeux des agents des services de contre-espionnage allemands qui racontèrent plus tard le feuilleton !...

Pour quelle raison les combats fratricides du Moyen-Orient se reproduisaient-ils dans ce petit pays d'Afrique de l'Ouest ? Nabih Berri est originaire de Sierra Leone et trouvait toujours une partie du financement de son mouvement Amal auprès de négociants libanais de ce pays, et notamment de « Jamil ».

L'O.L.P. entretenait pareillement de fructueux contacts avec une fraction de cette communauté. Yasser Arafat possédait même une représentation à Freetown où il s'était rendu en visite officielle (financée par « Jamil »). Voulant dans un premier temps ménager la chèvre et le chou, Momoh avait signé une déclaration commune avec le leader palestinien condamnant tout à la fois le sionisme et l'apartheid. Puis Arafat avait offert 8 millions de dollars en échange de l'autorisation d'organiser un camp d'entraînement pour 300 de ses combattants sur l'île de Banama. Momoh avait d'abord donné son accord, puis les membres de son gouvernement l'avaient convaincu qu'il serait dangereux de voir une force étrangère aussi importante s'installer à une heure d'hélicoptère de Freetown... Arafat était reparti avec ses 8 millions de dollars...

L'Iran de Khomeini, enfin, développait des liens étroits avec la communauté chiite, même si, d'après la D.G.S.E. (note interne du 13 août 1987), « la politique de pénétration amorcée par l'Iran dès 1984 ne semble pas porter tous ses fruits. Le prosélytisme religieux de Téhéran est mal accepté par l'opinion publique (l'ambassade iranienne à Freetown compte 11 diplomates qui s'irritent régulièrement de la corruption et de l'absence de piété des populations). Toutefois, l'Iran maintient sa présence en Sierra Leone, poursuit sa politique économique (livraison de pétrole) et assure les autorités de Freetown de son soutien en échange d'une attitude conciliante dans les assemblées internationales ». Le service de contre-espionnage français estimait néanmoins que la « Sierra Leone était devenue la plaque-tournante des activités couvertes de Téhéran » dans la région. Le cheikh de Sierra Leone était d'ailleurs intervenu, pendant l'été de 1986, pour aider la France à libérer ses otages.

Le général Momoh se sentait quelque peu désarmé pour lutter de front contre des gens dotés d'amis aussi puissants. Des amis qui, de surcroît, n'hésitaient pas à faire parler les armes. Le bon général est alors approché par Shabtai Kalmanovitch, homme d'affaires israélien, officiellement directeur d'une entreprise, la L.I.A.T., qui va bientôt développer son activité dans les transports, le logement, l'ingénierie, les travaux publics. En réalité, derrière cet homme d'affaires se profilent probablement certains intérêts d'Israël et d'Afrique du Sud, dont l'objectif est d'aider Momoh à briser la mainmise politique et commerciale des Libanais. Un objectif que Tel Aviv partage avec le général, car Israël considère que la Sierra Leone est l'une des bases arrières de ses ennemis de toujours. Quant à l'Afrique du Sud, diplomatiquement alliée à Israël, elle s'intéresse en outre au diamant et à toutes les filières discrètes qui peuvent être montées pour sa commercialisation. L'implantation de la L.I.A.T. provoque évidemment de violentes réactions parmi les Libanais et leurs alliés à l'intérieur du gouvernement de Momoh. Un ministre d'État, Daramy Rogers, est alors victime d'un attentat en juillet 1986. Momoh y voit la main de « Jamil » et fait expulser deux personnes originaires du Moyen-Orient. Cependant, la L.I.A.T. pousse ses pions aussi bien dans les productions de première nécessité que dans le secteur du diamant. Une véritable partie de bras de fer s'engage. Les intérêts israélo-sud-africains marquent un nouveau point en « mouillant » Lady Hanna, l'épouse de Momoh, dans une association exerçant le négoce de diamants. Puis, en mars 1987, un complot visant personnellement Momoh est découvert. Une vingtaine de personnes sont arrêtées, des caches d'armes découvertes :

> « Selon les premiers éléments de l'enquête, écrit le lendemain l'A.F.P., il existerait des preuves d'une complicité étrangère dans cette tentative de putsch qui s'est soldée officiellement par la mort d'une personne. Dans les milieux proches du parti unique, le "All People's Congress", on parle, sans le citer, de l'implication d'un pays du Moyen-Orient. Un porte-parole du gouvernement n'a ni confirmé ni infirmé cette rumeur, se bornant à déclarer : "Tout sera mis en œuvre pour qu'éclate la vérité".
>
> Les conjurés, pour la plupart des membres de la police paramilitaire, des militaires en activité et d'autres en retraite,

voulaient renverser le régime du général Joseph Momoh, successeur en 1985 de Siaka Stevens qui avait dirigé sans partage le pays pendant 17 ans.

Ce dernier, de l'avis unanime des observateurs, continue toutefois à vouloir diriger le pays en sous-main en mettant des bâtons dans les roues à son successeur. Le général Momoh, commandant en chef des armées, plus d'un an après son arrivée au pouvoir, n'a jamais pu, en effet, mettre en place "le nouvel ordre et le nationalisme constructif" qu'il avait promis. »

Le 7 juin, la tête de « Jamil », en qui tout le monde voit l'instigateur du putsch, est mise à prix. La L.I.A.T. en profite pour étendre ses tentacules. Le F.M.I. tente de son côté de remettre un peu d'ordre dans l'économie du pays, mais tout y est tellement délabré... En juillet, le gouvernement lance néanmoins une nouvelle campagne contre les fonctionnaires corrompus. Des perquisitions sont opérées aux ministères des Finances et de la Santé où on saisit des camions entiers de documents comptables susceptibles de révéler au grand jour fraudes et détournements de fonds. A la suite des nombreuses affaires de corruption qu'a connues le pays, le gouvernement a décidé d'engager des agents de police en civil, qui, les jours de paie, contrôlent les comptables pour éviter les malversations. En août, le secrétaire d'État aux Finances est arrêté en même temps que cinq autres responsables. Une semaine plus tard, Momoh odonne à un ex-ministre de l'Agriculture, démissionné en juillet, de rembourser au Trésor public plus de 6 millions de leones (720 000 F.F.) Puis c'est au tour du chef de cabinet du ministre des Travaux Publics d'être arrêté pour corruption, faux contrats et paiements illégaux. Le président Momoh affirme sa détermination de faire rendre des comptes aux 500 000 employés du service public et parapublic : « Je ne permettrai à aucun individu, groupe ou institution de dilapider les maigres ressources du pays alors qu'il est sur le point de manquer de tout. » La Sierra Leone n'en semble pas moins sombrer de jour en jour plus profondément.

Le 2 novembre, Momoh décrète l'« urgence économique »

et prend toute une panoplie de mesures d'exception allant du dépôt obligatoire de l'épargne dans les banques jusqu'aux fouilles à domicile pour débusquer les fraudeurs de tout poil. Momoh, surtout, suspend toutes les licences d'extraction diamantifère et aurifère : depuis son arrivée au pouvoir, et malgré toutes ses campagnes contre la corruption, plus de 90 % de la production de diamants et d'or continuaient de s'écouler par des réseaux occultes et toujours libanais.

Le président de la Sierra Leone est si désarmé qu'il demande à toutes les communautés de prier chacune son Dieu pour le salut du pays. Les prières ne font pas revenir pour autant la lumière dans la capitale, qui n'a de courant que pendant une vingtaine d'heures par mois. Le carburant fait si cruellement défaut que pendant quatre mois, à la fin de 1987, le ferry reliant l'aéroport international à Freetown n'a pas fonctionné, ce qui obligea les voyageurs à un très long détour par la route. *Libération*[1] rapporte les propos désabusés du chef de l'État qui constate que son pays est à la merci de trafiquants assez riches pour acheter tout le monde, du simple gabelou au ministre d'État : « Pour assurer une surveillance plus efficace de nos frontières, les douaniers obtiendront désormais un pourcentage sur les prises effectuées... Il faut enfin trouver des approches plus réalistes que les simples appels à la probité d'agents souvent mal payés... »

Les policiers découvrent de temps en temps des stocks de vivres et des coffres-forts remplis du produit de la contrebande, mais l'esprit de corruption ne saurait disparaître à la faveur de quelques opérations « coup de poing ». La L.I.A.T., qui devait constituer l'arme absolue pour réintégrer des pans entiers de l'économie dans les circuits officiels, n'a pas donné les résultats escomptés. Le 12 janvier 1988, Shabtai Kalmanovitch, l'homme d'Israël et de l'Afrique du Sud, est arrêté à Freetown pour espionnage au profit de... l'Union Soviétique[2] ! Les soutiens

1. Numéro du 4 janvier 1988.
2. Il est actuellement jugé — en septembre 1988 — pour ce motif en Israël.

des Libanais au sein du gouvernement de Momoh ont marqué à leur tour un point. Et la Sierra Leone continue de dépérir, gangrenée par la corruption...

L'exemple de la Sierra Leone est certes caricatural, mais il n'en est pas moins vrai que les communautés libanaises, qui se sont considérablement accrues depuis que la guerre civile ravage leur pays d'origine, posent de très sérieux problèmes dans un certain nombre de pays africains. On l'a déjà vu pour la Côte d'Ivoire où, selon la D.G.S.E., « la communauté libanaise (120 000 personnes), à majorité chiite, reste très isolée au sein d'une population qui ne l'apprécie pas, en raison des activités illicites auxquelles de nombreux Libanais se livrent (devises, drogue, armes, prostitution)... La communauté libanaise, qui était à ses origines soit de confession chrétienne, soit musulmane sunnite, a très mal ressenti d'être submergée en nombre, à partir des années 70, par les vagues successives de Libanais d'obédience chiite, chassés de leur pays par la guerre et pour lesquels, même au Liban, ses membres n'éprouvaient aucune sympathie... De surcroît, les derniers arrivants ont vite constitué à Abidjan une véritable pègre, dont les Libanais anciennement implantés, et souvent fort riches, sont les premières victimes ».

Aujourd'hui, environ 240 000 Libanais vivent dans les pays d'Afrique sub-saharienne ; la moitié d'entre eux sont de confession chiite. La communauté est fortement concentrée dans quelques pays :

— 120 000 en Côte d'Ivoire, dont 70 000 Chiites ;
— 3 000 au Gabon, en majorité Chiites ;
— 20 000 au Sénégal, dont 18 000 Chiites ;
— 3 500 au Zaïre, dont 3 300 Chiites ;
— 27 000 en Sierra Leone, dont 15 000 Chiites ;
— 50 000 en Afrique du Sud ;
— 15 000 au Nigéria.

Dans certains pays, comme la Centrafrique, le Cameroun

ou le Congo, les communautés libanaises sont petites, mais très actives, et s'accroissent rapidement. Les Libanais ont généralement une très mauvaise image auprès des masses africaines qui voient en eux les responsables de la pénurie et des hausses de prix des produits de base. Cette vindicte s'explique par le fait que les Libanais se sont principalement installés dans le petit commerce. Dans une note du ministère français des Affaires étrangères du 10 août 1987 sur le « rôle des communautés chiites d'origine libanaise en Afrique », le problème de la corruption est ainsi abordé en termes diplomatiques :

> « Socialement, les Chiites libanais ne se distinguent pas des autres confessions libanaises. Ils sont particulièrement actifs dans le domaine des services. Ils disposent de complicités actives dans les administrations locales et les milieux dirigeants, ce qui leur permet de développer leur influence économique. Les communautés libanaises ne s'intéressent, semble-t-il, que marginalement à la politique locale. Tout au plus cherchent-elles à influer sur les décisions susceptibles d'infléchir la politique d'investissements publics, la politique douanière... »

La France se préoccupe des risques que font peser sur la sécurité des régimes africains ces communautés chiites. Ainsi, au Gabon, « la mission iranienne a déployé un activisme soutenu en direction des milieux chiites, jusqu'à ce que les autorités gabonaises limitent ses activités. Compte tenu de son potentiel économique (pétrole, manganèse, uranium) et du soutien que le Gabon apporte à la politique française, notamment en Afrique, la présence chiite au Gabon revêt un caractère sensible. Mais les réflexes xénophobes de la population gabonaise à l'encontre des Libanais ont été encouragés à diverses reprises par les autorités qui y voient un moyen de limiter leur poids dans le pays ».

La corruption pratiquée massivement par les Libanais risque néanmoins d'annihiler les efforts des autorités africaines. « On peut craindre — explique la note du Quai d'Orsay — que la détermination des responsables soit battue en brèche par les nombreux passe-droit et les réseaux de clientèle que se sont acquis de nombreux Libanais. »

L'Afrique avait déjà suffisamment de maux à soigner pour ne pas mériter que des communautés réfugiées sur son sol viennent en ajouter...

CHAPITRE XIII

ELLE COURT, ELLE COURT...

Dans la bouche des responsables économiques et politiques comme sous la plume de la plupart des auteurs, parler de la corruption en Afrique serait au mieux une immixtion dans les affaires intérieures des pays visés, au pire une marque de racisme, puisque les détournements de fonds publics, la généralisation des pots-de-vin chez les élites, la fraude seraient des traits inhérents aux sociétés traditionnelles, alors qu'inversement, la responsabilité, le civisme, l'intégrité seraient des valeurs du Nord. Un tel partage du monde, typiquement néo-colonialiste, ne correspond évidemment à aucune réalité. Mais l'antiracisme et l'anticolonialisme ne sauraient constituer des alibis commodes pour faire silence sur la corruption. Comment expliquer l'extraordinaire présence de ce thème dans la vie politique de *tous* les pays africains — et, en fait, de la quasi-totalité des pays en voie de développement ?

Au vrai, la corruption existe *partout.* Elle est *rejetée par les masses*, qui y voient une cause importante de leurs malheurs. Les responsables, à la fois pour contenir la corruption dans des limites tolérables, et pour calmer leurs peuples, sont obligés d'en faire un thème important de leurs discours.

L'ampleur de la corruption a servi de prétexte à de nombreux coups d'État, et la lutte pour l'éliminer a légitimé d'innombrables prises de pouvoir par les militaires. Mais on s'aperçoit que les régimes militaires ne règlent pas mieux le problème que les civils. Bien des années après s'être installés dans les palais, les soldats se battent encore (plus ou moins sincèrement) contre le fléau en lançant régulièrement de grandes campagnes destinées à moraliser la vie publique. L'idéologie socialiste ou marxiste ne vaut pas non plus label d'intégrité, même si un universitaire américain a pu conclure dans une étude récente[1] que la corruption serait *plutôt* moins importante sous ce type de gouvernement.

Le poids des traditions

La coutume est une réalité pour tout Africain et lui impose de nombreuses contraintes. L'oublier, c'est s'exposer au rejet, à l'envoûtement, à l'empoisonnement. Le fonctionnaire qui se marie devra payer la dot aux parents de son épouse, même si cette pratique a été légalement supprimée. A défaut, la société traditionnelle ne lui pardonnerait pas. Il devra héberger, tout le temps qu'ils le souhaiteront, les parents de son épousée. Les funérailles coûtent également très cher. Les obligations familiales sont beaucoup plus étendues qu'en Occident. Il est difficile au ministre, au haut fonctionnaire et plus généralement à tous ceux qui bénéficient d'un revenu fixe de ne pas venir en aide (logement, emploi, argent) à un « petit frère » qui n'est le plus souvent qu'un parent lointain, mais qui appartient au « clan », version très élargie de la famille. L'hospitalité africaine grève les budgets de ceux qui sont entrés dans le secteur moderne, mais qui gardent toujours un pied dans la société traditionnelle. « Le fonctionnaire est la première victime de ce système », constate Hyacinthe Sarassoro[2].

Refuser de donner ou de recevoir un cadeau est difficilement concevable en Afrique. « Naguère, les commerçants du Sahara

1. Diamond Larry, « The political economy of corruption in Nigeria », *African Studies*, Los Angeles, novembre 1984.
2. La corruption des fonctionnaires..., op. cit.

et du Sahel offraient quelques cubes de sel à leurs partenaires de la forêt qui, à leur tour, offraient quelques noix de kola. Signe d'amitié, signe de bienvenue », explique *Jeune Afrique* dans un article sur la corruption. Le sel et la kola n'ont plus cours aujourd'hui, mais la *kola* signifie aujourd'hui « pot-de-vin » et prend la forme de chèques, de billets de banque ou d'actions dans une société. Tout comme hier, elle ne se refuse pas...

L'échange de cadeaux est-il un mal spécifiquement africain ? Le même article publié par le journal de Béchir Ben Yahmed précise néanmoins :

> « Le vieux principe latin *"Do ut das" (Donne-moi pour que je te donne)* n'a pas été inventé par les Soudano-Sahéliens ou par les Bantous ! L'Afrique pourrait même se protéger en puisant d'autres principes dans la sagesse populaire. Tel ce précepte du *Mawdo* malien Ahmadou Hampaté Ba : "*La main qui donne est toujours au-dessus de la main qui reçoit. La première peut frapper la seconde à tout moment.*" Un avertissement qui vaut toutes les lois et discours réunis ! »

Les superstitions et croyances en tous genres pèsent aussi lourdement sur l'Africain. Il croit aux fétiches et aux pouvoirs surnaturels des féticheurs, sorciers et autres marabouts. « S'il est malade, par exemple, et que, par la force des choses, il doit se faire traiter à l'hôpital, il ne négligera pas pour autant la pharmacopée indigène ; s'il commet une infraction grave pour laquelle il risque une peine d'emprisonnement ou une forte amende, il va trouver le marabout, le charlatan ou le féticheur pour que ce dernier, par quelques incantations ou rites magiques, envoûte les autorités de poursuites, afin que l'affaire soit étouffée comme par enchantement », explique Sarassoro. Ce carcan n'est pas sans conséquences : il coûte cher et doit donc être « amorti » ; les détenteurs de pouvoirs peuvent exiger beaucoup des gens qu'ils « tiennent », y compris les contraindre à commettre des détournements, des vols...

Fétichisme et sorcellerie n'ont pas seulement des effets sur le comportement des petits fonctionnaires, ils touchent les cadres, les ministres, et jusqu'aux chefs d'État. Houphouët-Boigny a parlé de ces croyances en public :

> « Beaucoup parlent des fétiches sans les connaître, beaucoup de gens parlent d'animisme sans savoir... Le fétiche, la plupart du temps, nos frères de la Côte ne le connaissent pas. Ce sont les hommes du Centre et du Nord qui viennent donner le fétiche à la basse côte... Nous avons, pour tous ceux qui sont initiés comme moi, le fétiche dit mâle et le fétiche dit femelle. Le mâle a derrière lui le poison, la femelle a derrière elle le contre-poison. Vous comprendrez les raisons pour lesquelles, quand des jeunes gens s'amusent à rechercher le fétiche contre moi, j'ai toujours souri, méprisé cela. Ils sont incapables de m'avoir par le fétiche[1]... »

Nombre de présidents africains musulmans ou chrétiens ont recours à des féticheurs ou à des marabouts qui occupent généralement une place de choix dans la hiérarchie occulte. Ils sont consultés dans les grandes décisions touchant la vie personnelle aussi bien que la vie publique du dirigeant. Certains deviennent très riches et perçoivent des commissions sur les contrats acceptés sur leurs conseils. Le cas de Mobutu, avec son marabout sénégalais Kébé, est le plus connu. Kébé est mort milliardaire. Il « touchait » sur tout, dit-on, y compris sur les ventes de Mirage au Zaïre... Nous évoquerons plus loin le cas de Bonkano, marabout inculte, devenu l'homme fort du Niger aux côtés de Seyni Kountché, et l'homme d'affaires de celui-ci. Mamadou Cissé, dit Djiné (« le Diable »), le marabout malien de Mathieu Kérékou, président du Bénin, a été nommé ministre d'État chargé de la Sécurité et des Relations avec les pays islamiques. Djiné avait été « utilisé » auparavant par Mobutu, qui fait un grand usage des sorciers et marabouts.

Plus que de toute autre mission, ces personnages sont chargés par les chefs d'État de veiller à la conservation de leur pouvoir, de détecter et neutraliser d'éventuels opposants... Le

1. Abidjan-Matin du 14 avril 1964.

président Omar Bongo a lui aussi son marabout, le Malien Babanin Sissoko, devenu, comme il se doit, extrêmement riche. On raconte[1] que Sissoko a doté son village natal, Dabiya, dans le sud-ouest du Mali, de l'électricité et d'un aérodrome pour son avion personnel, et que de surcroît il distribue sans compter voitures et maisons... Le président Houphouët-Boigny entretient également des relations suivies avec le marabout sénégalais N'Djily M'Baye qui, tout naturellement, serait lui aussi milliardaire.

Au poids de la tradition et des superstitions s'ajoute celui de la société moderne issue de la colonisation, avec toutes ses tentations : de la villa à la voiture, des domestiques au whisky, à la baguette de pain et à la salade importée de France... Quand on est petit fonctionnaire, que le standing impose l'entretien d'un deuxième, voire d'un troisième « bureau » (deuxième et troisième maîtresses ou femmes), que la tradition oblige à nourrir une partie du « clan », à payer la dot, les funérailles, et qu'en plus de tout cela, le Chivas doit couler à flots, il est tentant (voire nécessaire) de chercher à arrondir ses fins de mois.

A côté de ces facteurs objectifs qui encouragent la corruption, la tradition africaine, c'est aussi l'inverse : le partage, la solidarité, le respect du bien d'autrui, des valeurs spirituelles — toutes valeurs qui ont été largement oubliées par des élites soucieuses seulement d'utiliser leurs pouvoirs pour satisfaire au plus vite leurs besoins et ceux de leur entourage. Le discours des responsables africains montre à l'évidence qu'ils sont parfaitement conscients de la nécessité de « moraliser la vie publique », de ne pas confondre intérêt public et intérêts privés ; le poids des traditions n'est pas une excuse suffisante pour justifier des comportements qui vont si radicalement à l'encontre de leurs propos.

La corruption des dirigeants n'est pas acceptée par le peuple,

1. Lire à ce sujet *Africa Confidential* du 2 décembre 1987 et *Islam et sociétés au Sud du Sahara*, n° 2, mai 1988.

pourtant encore très largement enraciné dans la société traditionnelle. Preuve, s'il en était besoin, que la justification « culturelle » de la corruption est fabriquée de toutes pièces par le clan des corrupteurs, qui englobe aussi bien politiciens et hommes d'affaires occidentaux que dirigeants locaux de pays en voie de développement.

La corruption effrénée n'a pas été étrangère à la chute de Kwamé N'Krumah, le grand leader du Ghana. Le renversement de Modibo Keita au Mali en 1968, comme celui de Kasavubu au Congo-Léopoldville, ou encore celui d'Hamani Diori au Niger en 1974, s'expliquent en partie par des réactions populaires de rejet de la corruption au sommet... Au Ghana, en juin 1979, le sergent Jerry Rawlings prend le pouvoir pour « nettoyer les écuries » et fait exécuter les anciens dirigeants corrompus. Au Libéria, en avril 1980, le sergent-président Doc exécute treize dignitaires après avoir réussi son coup d'État. C'est également pour lutter contre la corruption que le capitaine Thomas Sankara prend la tête de la Haute Volta en 1983. Cette liste est loin d'être exhaustive. Mais le scénario est toujours le même et met en scène des masses exaspérées par l'arrogance et le luxe des « bandits » qui les gouvernent, des militaires généralement mal payés qui rêvent de remettre de l'ordre et d'introduire plus de justice... Au début, le peuple applaudit à voir ses anciens dirigeants mordre la poussière, car il se reprend à croire que le pire n'est pas toujours sûr pour le pays et pour lui-même...

L'exemple nigérien

Quelques jours après avoir évincé Hamani Diori en avril 1974, le général Seyni Kountché, commandant en chef des forces armées nigériennes, affirme qu'il ne tolérera pas plus longtemps le « commercialisme » affiché par les fonctionnaires. Désormais, les mots d'ordre seront l'efficacité, la célérité, la dévotion à la cause nationale. Les fonctionnaires doivent choisir entre leurs affaires privées et le service public. Quelques jours plus tard, Kountché crée une commission de contrôle et d'enquête qui fait saisir des biens acquis frauduleusement par treize membres du gouvernement d'Hamani Diori et par cinq hauts fonctionnaires.

L'année suivante, il faut croire que la corruption sévit encore, puisque le général Kountché réitère sa détermination de combattre les détournements et de changer la mentalité des fonctionnaires. En 1976, cinquante de ceux-ci sont arrêtés pour corruption... Et toujours les mêmes banderoles dans la grande « avenue des Ministères » : « A temps nouveau, attitudes nouvelles ! » Tous les discours réclament des fonctionnaires qu'ils soient « vigilants, honnêtes et justes », car les militaires affirment que les pratiques égoïstes ont toujours cours dans le service public. D'année en année, les mêmes « mises en garde » et les mêmes mots d'ordre sont ainsi lancés...

Pendant ce temps-là, le peuple n'ignore pas qu'à la Présidence même sévit « Bonkano », qui non seulement dirige la police et les services secrets, contrôle le Conseil des ministres et les hauts fonctionnaires, assure la protection de la famille Kountché, mais est également devenu un très riche homme d'affaires. Il s'occuperait notamment des intérêts de Madame Kountché qui, elle aussi, se serait bâti une fortune respectable. Le tout-puissant « Bonkano » dispose également de pouvoirs magiques. C'est d'ailleurs à ses dispositions maraboutiques qu'il doit son ascension fulgurante et l'extraordinaire influence qu'il exerce sur le Chef de l'État nigérien. Ancien planton de la Garde républicaine, dépourvu d'instruction coranique, il fut d'abord nommé lieutenant de gendarmerie, puis chef des services secrets. Tenant la même place que le Kébé de Mobutu, il utilisa ses services de renseignement pour « contrôler » les Nigériens eux-mêmes, laissant les uns détourner, tançant les autres, ou bien les emprisonnant, choisissant ainsi ceux qui avaient le droit de « toucher ».

Il devint si encombrant que Kountché finit par s'en débarrasser le 6 octobre 1983, après une tentative de coup d'État montée contre lui par son plus fidèle collaborateur. Une nouvelle fois, les écuries furent nettoyées. Mais on imagine la crédibilité rencontrée parmi le peuple par les nouveaux couplets contre la corruption...

Le fléau n'a cessé de se développer. En janvier 1984, un sous-préfet du département de Zinder fut accusé d'avoir détourné 89 millions de francs C.F.A. puisés dans les caisses de l'État. De nouveau, en juin 1985, onze ans après avoir pris le pouvoir, Kountché se lança dans une enième campagne de moralisation : ses services venaient de découvrir que des hauts fonctionnaires détournaient les maigres recettes du pays qui souffrait de plusieurs années de sécheresse et de la chute des ventes d'uranium. Directeur des services de douanes, soupçonné de détournement, Étienne Sidibe fut arrêté. Directeur du Crédit, Albora Naba fut également arrêté : 318 millions de francs C.F.A. avaient disparu des comptes de son service. Au service des Domaines, on découvrit un énorme trou de 800 millions de francs C.F.A. Les comptes du « Projet de développement rural de Maradi » accusaient un autre trou de 300 millions de francs C.F.A., et 116 millions de francs C.F.A. avaient été détournés à la sous-préfecture de Matameye. Enfin, des vivres pour une valeur de 157 millions de francs C.F.A. avaient disparu des stocks du « Projet Élevage Niger-Centre est ». Détournés et vendus au marché noir...

« J'irai jusqu'au bout, avait dit Kountché, quelles que soient les personnes mises en cause. » Le 12 septembre suivant, il créa une Cour spéciale chargée de juger « toute infraction portant atteinte aux biens publics ».

Kountché est mort le 10 novembre 1987 sans avoir remporté sa guerre contre la corruption, une corruption de plus en plus insupportable au fur et à mesure que se dégrade la situation économique du pays.

Le Nigéria

On pourrait écrire sur ce seul pays de plus de 100 millions d'habitants une encyclopédie de la corruption. Un exemple : les juges nigérians ont lancé des poursuites contre l'ancien ministre Umaru Dikko, accusé d'avoir touché des pots-de-vin pour un montant de 600 milliards de centimes... Ce pays pétrolier a eu la chance de percevoir 100 milliards de dollars de recettes pour la vente de son or noir. Vingt milliards — estime-t-on — ont été détournés et placés à l'étranger par des politiciens, des hauts fonctionnaires et des dirigeants de sociétés publiques (15 provenant de la surfacturation de grands projets, 5 de commissions). Au Nigeria aussi, une active communauté libanaise a facilité le fonctionnement des circuits de dérivation de l'argent public. Là comme ailleurs, les détournements ont été accompagnés de projets pharaoniques, tels le déplacement de la capitale fédérale à Ahuja ou la construction de l'aciérie d'Ajaokuta (aujourd'hui arrêtée). Toujours l'alliance de l'affairisme et de la corruption ; toujours le rôle douteux de certaines grandes entreprises françaises de Travaux publics (Dumez, Fougerolles et Bouygues notamment ; la dernière a été accusée par le gouvernement de corruption...)

Les militaires ont pris le pouvoir en 1983 et ont lancé la « W.A.I. » (*War Against Indiscipline*, guerre contre l'indiscipline). D'autres leur ont bientôt succédé. Le corps social est tellement gangrené que les chances de succès d'une vraie moralisation restent minces...

Le Togo

Dans ce pays aussi, un militaire a chassé les civils... Dix-neuf ans après avoir pris le pouvoir, le général Eyadema lançait le jeudi 26 septembre 1985, devant les transporteurs et les agents de la sécurité publique, un vibrant appel à la lutte contre la corruption. Le lendemain, *La Nouvelle Marche*, journal de Lomé, faisait sa manchette sur ce sujet :

> « La corruption est un véritable cancer. Un cancer qui s'attaque malicieusement et à petits coups à ce tissu social que constituent les citoyens chargés de l'administration et de la gestion des communautés auxquelles ils appartiennent. Cette corruption a été, comme nous l'enseigne l'histoire de l'humanité, à la base du déclin et de la décadence de certaines nations. Elle apparaît aujourd'hui comme une peste sociale contre laquelle il faut livrer une guerre rude et sans merci.
>
> Car elle sape le moral, détruit l'initiative, avilit l'individu et le ravale au niveau de la bête ; elle désorganise l'économie et développe les injustices qui sont le plus souvent à l'origine des troubles sociaux. De la corruption, le Togo d'hier avait fait une méthode de gestion dont les résultats ont été ceux que tous nous avons connus : un Togo dépouillé de toutes ses richesses, un Togo exsangue qui était devenu la visée des autres pays. Le Togo d'aujourd'hui, c'est-à-dire le Togo de la Nouvelle Marche, fort de l'expérience du passé, fait reposer sa philosophie du développement social sur l'honnêteté, l'intégrité, la conscience professionnelle et le sérieux dans le travail bien fait. Le modèle qui inspire et imprime ces vertus essentielles au comportement quotidien du Togo s'appelle le général Gnassingbé Eyadéma. Cet homme exceptionnel qui, pendant 19 ans, a appris aux Togolais à respecter le bien public, à vivre dans la dignité et le bonheur selon leurs moyens, a toujours prouvé, comme le philosophe, le mouvement en marchant. C'est-à-dire qu'il a opposé un refus net et catégorique à toutes les tentatives de corruption aux temps forts de notre vie politique. C'est cette attitude exemplaire et hautement militante qui a galvanisé tous les cœurs des Togolais et les a conduits vers des actions nobles... »

Les Togolais sont donc invités à suivre l'exemple de leur chef, présenté comme un Incorruptible. Beau programme et beau portrait, mais qui ne correspondent malheureusement pas à la réalité !...

Le rédacteur de *La Nouvelle Marche*, après avoir brossé les traits du « Robespierre togolais », raconte la rencontre du chef de l'État avec les 3 000 transporteurs, chauffeurs, commerçants, commissaires, commandants de brigade et gardiens de préfecture rassemblés sur l'esplanade du Palais de la Présidence :

> « Les acclamations, les chansons révolutionnaires et les ovations qui émanaient tout à coup de la foule, annonçaient l'apparition de l'homme du 13 janvier.
>
> D'emblée, le président-fondateur du R.P.T. engage la discussion : “Je voudrais avoir un dialogue direct avec vous”, a dit le chef de l'État.
>
> Au cours de ce dialogue direct, franc et sincère, le général Gnassingbé Eyadéma a eu à attirer l'attention des transporteurs, chauffeurs, commerçants et agents de la sécurité publique sur le fait que la corruption est érigée en système d'enrichissement dans leur milieu. Il leur a rappelé le danger social que constitue la corruption.
>
> Un agent dont la mission est de contrôler la circulation pour en assurer la sécurité et qui, par cupidité, se laisse corrompre, met en danger la vie de ses concitoyens, sabote l'économie nationale et travaille à la régression de son pays.
>
> En effet, un chauffeur, avec des papiers non à jour, conduisant une camionnette de 15 places en très mauvais état et transportant 30 passagers à bord, a déjà commis plusieurs infractions. Les agents qui sont affectés aux postes de contrôle de la circulation pour réprimer ces infractions et assurer la sécurité des biens et des personnes, devraient en principe arrêter ce véhicule et l'empêcher de poursuivre son voyage, compte tenu de son état.
>
> Mais, hélas, avec l'argent, la voie est libre, certains agents de la sécurité publique, peu scrupuleux, sont soudoyés et ferment les yeux sur toutes ces infractions. Ainsi, pour 500 francs ou mille francs C.F.A., met-on en danger la vie de plusieurs personnes... »

Et le général Eyadema de conclure : « A partir d'aujourd'hui, la corruption, c'est fini ! Un corrompu est un criminel et, comme tel, il doit s'attendre à des sanctions extrêmement sévères. »

Les responsables de la sécurité publique avaient deux mois pour enrayer définitivement le mal... Mais, pas plus que les autres citoyens, les policiers n'ignoraient que les projets aussi coûteux que vains lancés par leur dirigeant suprême n'avaient pas été inutiles pour tout le monde. Leurs vrais bénéficiaires étaient à rechercher du côté de certains conseillers économiques comme Maurice Assor (qui jouit d'un monopole de l'exportation de certains produits) et du côté de la Présidence elle-même. Les banquiers créanciers estimaient la surfacturation des projets d'investissements à plus d'un milliard de francs ! Beaucoup d'argent pour un petit pays de 2,5 millions d'habitants qui ne mangent pas tous à leur faim...

C'est ainsi que le Togo s'est offert une raffinerie, une usine de textiles (toutes deux fermées aujourd'hui) et une aciérie, véritable gouffre financier. Il s'est également lancé dans des dépenses de prestige inconsidérées : les plus belles sont un aéroport international dans le village natal d'Eyadema, pour la bagatelle de 200 millions de F.F., et l'Hôtel du Deux Février, qui a coûté 700 millions de F.F...

Les banquiers, bien placés pour connaître l'importance des pots-de-vin distribués ici et là, enrageaient de n'avoir pas encore été remboursés...

Le Mali

Le général Moussa Traoré fête en 1988 ses vingt ans de pouvoir sur ce pays sahélien. Le Mali est aux prises avec d'innombrables difficultés économiques et sociales, sa dette est importante... Le Docteur « F.M.I. » a été appelé. Comme partout, il a ordonné de faire des coupes sombres dans les dépenses publiques, de supprimer des sociétés d'État mal gérées...

Au printemps de 1987, le général a créé une commission de

lutte contre l'enrichissement illicite et la corruption. Au Mali, tout le monde se « débrouille » : les petits fonctionnaires vendent des rames de papier, des communications téléphoniques, des timbres, des papiers à en-tête... Traoré a l'habitude de dire : « Le Mali est pauvre, mais les Maliens sont riches... Même si on ne verse pas leur salaire aux douaniers pendant plusieurs mois, ils arrivent à vivre et à vivre bien. » Plus grave encore, les décisions de justice s'achètent au Mali.

Soumana Sacko, nommé ministre des Finances et du Commerce le 20 février 1987, est chargé d'appliquer les résolutions prises par son président. Il est jeune et croit si bien à sa tâche qu'il est rapidement baptisé *Zou*, comme « Zorro ». C'est la première fois que quelqu'un s'attaque vraiment au mal qui ronge le Mali. Le ministre oblige d'abord un industriel à rembourser au fisc les 700 millions de francs C.F.A. qu'il lui doit. Puis Zou s'attaque à des hauts fonctionnaires, limoge le directeur des Affaires économiques de son propre ministère, chasse des directeurs de banques. Plus de 500 voitures importées illégalement sont saisies... Il traque les privilèges, y compris ceux de l'entourage du général. Il lance des enquêtes sur les exploitations aurifères. Il sait que la fraude, dans ce seul secteur, a coûté au Trésor de 3 à 5 milliards de francs C.F.A. entre 1985 et 1987. Zou veut mettre fin à ce trafic. Un de ses informateurs le prévient que 150 kilos d'or vont être embarqués sur un avion de la Sabena, le 22 août 1987, alors que 50 kilos seulement ont été déclarés à la douane. Le ministre se présente à la coupée de l'avion, dirige personnellement la fouille. Pas un kilo d'or n'est trouvé. Le fraudeur, proche parent du général Traoré, a été prévenu des projets de Zou qui, piégé, se voit alors contraint de donner sa démission. Les affairistes respirent et sablent le champagne[1].

Quelques mois plus tard, Traoré n'en reprend pas moins, mais un ton plus bas, sa campagne pour « reconvertir les mentalités et les comportements », et il réaffirme que personne

1. *Jeune Afrique* du 14 octobre 1987.

ne sera épargné. Il annonce que des « milliards » sont déjà rentrés dans les caisses de l'État. Une dizaine de hauts fonctionnaires sont déférés devant la Cour spéciale de Sûreté de l'État, onze condamnations à mort sont prononcées en 1987 (mais non exécutées).

Le peuple, lui, ne croit pas à une volonté sincère d'éradiquer la corruption, puisqu'on se garde toujours d'inquiéter les « gros poissons ».

La Guinée

Le colonel Lansana Conté a du pain sur la planche ! Sékou Touré avait laissé un pays exsangue, ravagé par les meurtres politiques et les tortures, gangrené par une corruption effrénée. Les révélations de la « belle Monique », une égérie de Siaka Touré, commandant du camp Boiro, de sinistre mémoire, ont balayé les dernières réticences de ceux qui ne voulaient pas croire aux dérives affairistes du régime de Sékou Touré.

La « belle Monique » Goubet, hollandaise d'origine, mais titulaire de cinq passeports, servait d'intermédiaire dans les trafics d'or et de diamant organisés par des proches du Président. Elle avait joué un rôle similaire en Sierra Leone, le pays voisin. Emprisonnée à la chute de Sékou Touré, elle promit, dans une lettre adressée à Lansana Conté, le nouveau chef de l'État, de révéler « quelles personnes travaillaient pour Sékou Touré en Europe, à Abidjan, en Sierra Leone, à Londres et dans les pays communistes ; avec qui les anciens ministres avaient travaillé à Conakry, avec quelles ambassades, avec quelles entreprises ; qui étaient les hommes de confiance de l'ancien président et des anciens ministres ; comment et par qui l'or, le diamant et l'argent avaient quitté le pays ; dans quelles banques et dans quels pays ils ont été placés ». Libérée quelques mois plus tard, elle a multiplié les interviews à la télévision hollandaise, dans des journaux flamands, à *Jeune Afrique* :

Jeune Afrique : « Êtes-vous toujours prête à donner votre fameuse liste ?
La belle Monique : Oh oui ! Mais, cette fois, à une condition.
J.A.: De l'argent, bien sûr. Combien réclamez-vous ?
L.B.M.: 5 %.
J.A.: 5 % de quoi ?
L.B.M.: 5 % d'un billion de dollars.
J.A.: Vous voulez dire un million de dollars...
L.B.M.: Ah non ! Je dis un billion ! Un milliard de dollars ! Je veux 5 % contre ma liste.
J.A.: A quoi correspond ce milliard de dollars ?
L.B.M.: C'est le montant de l'argent qui a été placé à l'extérieur.
J.A.: Que vous avez placé pour le compte de vos amis ?
L.B.M.: Oh non ! Ce n'est pas moi.
J.A.: Qui a alors placé cet argent ?
L.B.M. *[souriant]* : Ah ça ! Je ne dis pas. J'aime la Guinée, mais je ne peux pas être indiscrète. Je suis peut-être sauvage, mais j'ai un peu d'éducation.
J.A.: Croyez-vous que les dirigeants militaires guinéens accepteront de vous laisser 5 % ? Ça fait quand même 50 millions de dollars, c'est-à-dire presque 25 milliards de francs C.F.A. !
L.B.M.: Vous ne travaillez pas pour rien, n'est-ce pas ? Moi non plus ! Ceci dit, je veux travailler pour la Guinée. Je n'ai rien contre le président Lansana Conté... »

Lansana Conté n'est pas un tortionnaire, comme son prédécesseur, mais si, avec lui, les affaires ont sensiblement repris, la corruption a suivi. Des membres du Comité militaire de Redressement national ont fait fortune en quatre ans. Les demeures somptueuses ne sont pas rares à Conakry, ni les grosses Mercedes...

Le Cameroun

Comme la Côte d'Ivoire, le Cameroun passait hier pour un pays véritablement engagé dans le chemin du développement, mis en œuvre par une classe d'hommes d'affaires et d'entrepreneurs dynamiques sous la houlette très rude du Président Ahidjo. Quand celui-ci passa la main à Paul Biya, un homme du Sud, tout le monde pensa que le nouveau président s'attacherait à compenser le déséquilibre créé en faveur du Nord par Ahidjo. Pour l'essentiel, croyait-on, il continuerait néanmoins l'œuvre de son prédécesseur. Quand il prit les rênes du Cameroun, Biya bénéficiait de surcroît d'un préjugé très favorable, tant à l'intérieur qu'à l'extérieur. Aujourd'hui, le pays est dans une situation financière très délicate. Comme partout ailleurs, des raisons externes expliquent ces difficultés, mais, comme dans les autres pays, une corruption grandissante s'est mise à déglinguer de plus en plus les mécanismes économiques. Les journaux camerounais débordent d'histoires sordides de détournements de deniers publics, de faux en écritures, de trafics d'influence, de concussion... Un mot a d'ailleurs été inventé par les Camerounais pour désigner ce phénomène : la *pajerocratie*, référence à l'apparition récente de grosses voitures japonaises Pajero dans les rues de Douala[1].

Nous ne résistons pas au plaisir de reproduire un article publié par *Le Continent*, qui, dans un style original, montre comment des « va-nu-pieds sont subitement devenus millionnaires » :

> « Tonton est gestionnaire de crédit (ministre, secrétaire d'État, directeur général ou directeur tout court) dans quelque administration publique ou parapublique où il détient quelque parcelle de pouvoir ou la totalité. Il se rappelle que le rejeton du frère ou de la sœur, du cousin ou de la cousine, et pourquoi pas le frère ou le cousin du "deuxième bureau", est sans emploi, le fond de ses culottes sur les bancs d'école. Après donc un "conseil de famille" ou alors un tête-à-tête avec la dulcinée du quartier, la décision est vite prise : il faut trouver "quelque chose" pour le "sans emploi". Mais quoi donc, puisque

1. Lire à ce sujet *Le Cameroun et la crise*, de Jean Ngandjeu, Éditions l'Harmattan, Paris.

le concerné n'a aucune qualification lui permettant de postuler un emploi ? On ne cogite pas longtemps, c'est tout trouvé : il va monter une petite "affaire", fournisseur de matériel de bureau. On déniche une baraque au quartier, une plaque est vite faite : "Ets Ta Tampion, fourniture de matériel de bureau : papier, encre, meubles, etc." Au diable le registre commercial, le fisc, la patente, les impôts et autres tracasseries administratives qui ne perdent rien à attendre.

Avec un "parapluie" comme tonton, quel impertinent oserait venir "mouiller" le fiston ?

Côté pratique, pas de problème non plus, puisque tonton s'en occupe. Signification est vite faite au comptable-matières que dorénavant, dans l'administration où tonton est chef, la fourniture du matériel de bureau ne sera désormais assurée que par les "Ets Ta Tampion", lesquels décrochent de ce fait un contrat exclusif, sans compter bien sûr que tonton ayant des amis, eux aussi décideurs dans d'autres administrations, il ne manquera pas de leur glisser à l'oreille, autour d'un verre de champagne, qu'un membre de la famille est en train de se lancer dans les affaires et qu'il faut l'"encourager".

Une fois la stratégie ainsi mise sur pied, il ne reste plus qu'à passer aux actes concrets. Après tout, dans un pays où le contrôle des prix (sinon le contrôle tout court) est débonnaire, on ne court aucun risque...

L'administration de tonton a besoin de rames de papier, on en fait donc la commande. Pour ce qui aurait dû revenir à 5 millions de francs C.F.A., on s'arrange à en débloquer 8 voire 10. Les poches qui se partageront le surplus des 3 ou 5 millions ? Celle de tonton (le maître d'œuvre), celles des comptables-matières (contrôleurs) et, bien sûr, celle de notre homme d'affaires (l'architecte). Ainsi en a-t-il toujours été du matériel de bureau et meubles divers : climatiseurs, photocopieurs, machines à écrire, travaux mécanographiques, etc.

Ainsi des voisins, hier encore des va-nu-pieds, sont subitement devenus millionnaires. »

Au-delà de ce type d'anecdotes, le rapport de la Banque

Mondiale du 18 février 1987[1] explique les racines du mal et en mesure l'ampleur. Quand le Cameroun est devenu un pays pétrolier dans les années 70, Ahidjo a estimé qu'il était plus sage de ne pas intégrer les recettes de l'or noir dans le Budget, et les faisait virer dans un paradis fiscal des Caraïbes. Lui seul avait la clé du compte et pouvait en disposer à sa guise. Il semblerait qu'il n'ait utilisé ce magot que pour ce qu'il estimait être le bien de son pays, un « bien » qui intégrait quand même la satisfaction de sa propre clientèle... Paul Biya s'est empressé de préserver ce système, si bien qu'il gère à sa guise et sans aucun contrôle environ 1,5 milliards de dollars (chiffre de 1985). On peut lire en effet dans le rapport de la Banque Mondiale que « les recettes pétrolières de l'État sont déposées dans des banques étrangères... et ne sont pas comptabilisées dans les réserves officielles. Ces fonds sont rapatriés suivant les besoins pour financer les dépenses de l'État et maintenir un niveau de réserves officielles adéquat à la Banque Centrale... »

Pour masquer les opérations douteuses, les statistiques ont été volontairement tronquées : « Les carences des statistiques officielles rendent difficiles l'analyse des résultats de la balance des paiements », écrit pudiquement le rédacteur de la Banque.

Les « missionnaires » internationaux ont été obligés de faire preuve de subtilité et d'acharnement pour découvrir, par exemple, que les dix plus grandes banques camerounaises ont 120 milliards de francs C.F.A. de créances douteuses, dont 60 milliards prêtés à des commerçants du Nord Cameroun, c'est-à-dire à des partisans d'Ahidjo, et 40 milliards correspondant à des prêts au secteur para-public. Dans les deux cas, il s'agit en fait de distributions à des dignitaires du régime. Seule évolution notable : hier, c'étaient les gens du Nord qui bénéficiaient des largesses du Président ; maintenant, ce sont les gens du Sud.

Dans une autre partie du rapport, on peut voir énoncer

1. Reproduit dans *Peuples noirs, Peuples africains*, n°s 55-56-57-58.

certains des maux habituels des entreprises publiques : « poursuite d'objectifs sociaux sans compensation financière bien définie, politisation de la direction et ingérence des ministères de tutelle dans leur gestion... » Les sociétés d'État servent d'abord, en effet, à caser tous les caciques illettrés, leurs cousins, leurs oncles, leurs beaux-frères et, finalement, l'ensemble du clan, ainsi que l'a bien expliqué le journaliste du *Continent.*

Au-dessus de ce réseau règne Paul Biya, dont l'avidité effraie parfois jusqu'à ses propres amis. Il utilise notamment les services de Henri Damase Omgba, qui a déjà su se rendre très utile au général Eyadema. Biya qui, heureusement pour lui, « utilise » d'excellents et onéreux agents français de relations publiques, n'a pas encore trop souffert dans l'opinion de ces débordements...

Cette triste litanie pourrait inclure pratiquement tous les pays africains. On ne reviendra pas sur la Centrafrique, qui ne se remet pas du règne de Bokassa et continue à être pillée, ni sur l'Ouganda dont la tragédie se poursuit après la chute d'Idi Amine Dada, ni sur le Gabon dont nous avons abondamment parlé dans *Affaires africaines*[1]... Mais il nous faut évoquer, fût-ce brièvement, le Bénin et le Congo marxistes. Les conseils du marabout Marx n'ont manifestement pas suffi pour convaincre Kerekou et Sassou N'Guesso que le développement passait aussi par la moralisation de la vie publique...

Le ministre des Finances de la République populaire du Bénin a reconnu publiquement que la « nomenclature » de son pays détenait l'équivalent du budget de l'État — 40 milliards de francs C.F.A. — dans des comptes étrangers. « Ces capitaux se sont évadés du pays depuis bien longtemps déjà, a déclaré le ministre Barnabé Bidouzo. Quand on considère la liste des détenteurs de ces "balances créditrices", on s'aperçoit que les trois quarts sont des hauts fonctionnaires, non des hommes

1. Éditions Fayard, Paris, 1983.

d'affaires. De plus, en observant les mouvements des comptes des hommes d'affaires..., on se rend compte qu'il n'en est pas sorti grand-chose. » Les coupables sont donc des hauts fonctionnaires qui se disent tous d'ardents marxistes ! Et le Bénin a été lui aussi obligé d'appeler à son secours le F.M.I., d'entreprendre une cure d'austérité et de se lancer dans une croisade contre la corruption... après plus de dix ans de régime socialiste !

Au Congo, la manne pétrolière n'a pas profité uniquement au peuple souverain. Quand Jean-Baptiste Doumenc était encore vivant, il était l'interlocuteur obligé pour obtenir des contrats avec la République démocratique du Congo. L'attaché commercial français à Brazzaville qui, faute de travail, se morfondait dans son bureau, connaissait parfaitement le coût des prestations du « milliardaire rouge ». Des « prestations » qui, d'après la rumeur, se répartissaient selon deux directions : une partie allait en France, l'autre vers la Présidence de la République locale. Le système paraît aujourd'hui plus éclaté, mais Sassou N'Guesso a dû veiller à ne pas être oublié. Le flux principal provient du pétrole, dont la production a augmenté considérablement au début des années 80. Des prix élevés, un dollar cher et un nombre de barils plus que doublé ont tourné la tête des dirigeants congolais. Tous se sont alors lancés dans de grands projets. Surfacturés pour cause de « com », ces grands projets ont entraîné d'énormes emprunts qui ont conduit le pays au bord de la faillite.

L'homme clé qui ouvre toutes les serrures au Congo est Pierre Otto Mbongo, président du groupe G.P.O.M. (prononcez : *Gépom*). Sassou est le troisième président congolais qu'il sert sans états d'âme. Performance remarquable, car, au Congo, l'alternance est souvent éclaboussée de sang... Otto Mbongo ferait payer 200 000 F.F. tout rendez-vous obtenu par ses soins avec le Président congolais, dit-on dans les milieux d'affaires parisiens. Montant qui ne préjuge sans doute pas des sommes complémentaires à ajouter en cas de signature d'un contrat. A Poto Poto, le quartier populaire de Brazzaville, tout le monde parle ouvertement des ministres voleurs, de l'argent détourné à l'occasion de la construction de l'hôtel M'Bamou par une femme, amie de la « Présidente », laquelle dispose d'ailleurs elle-même de son propre réseau d'affaires...

Si l'on note que l'Angola et le Mozambique sont eux aussi touchés par le fléau, la question se pose pour conclure : existe-t-il en Afrique des régimes à l'abri de la corruption ? Le Burkina Faso constituait sans doute une exception entre 1983 et 1987. J'étais, jusqu'à une date récente, convaincu que le Sénégal en était relativement exempt : le mal était certes répandu, mais non généralisé. Lorsqu'il a pris la succession de Léopold Sédar Senghor, Abdou Diouf considérait la lutte contre la corruption et autres délits financiers comme une priorité absolue. Ce qui ne l'a malheureusement pas empêché de tolérer dans son entourage un homme d'affaires-écran, dénommé Sérigne Ndiaye, qui s'est enrichi de façon éhontée. D'après un journal sénégalais, *Taxi Ville*, la brigade sénégalaise d'enquête aurait découvert dans les comptes de la société de Serigne Ndiaye (Sotiba) une fraude fiscale portant sur 3 milliards de francs C.F.A. La Présidence, saisie de l'affaire, aurait demandé que le dossier soit classé... Toujours selon *Taxi Ville*, un document de la rue de Rivoli affirmerait que trois ans après l'arrivée au pouvoir de Diouf, 77 milliards de francs C.F.A. seraient sortis clandestinement du Sénégal, dont 40 à destination de banques suisses.

En dépit de ces éléments peu rassurants, on peut penser que le mal, au Sénégal, n'a pas encore atteint les mêmes proportions que chez ses voisins et qu'il peut donc être jugulé. Il n'est pas interdit d'espérer...

CHAPITRE XIV

THOMAS SANKARA, L'INCORRUPTIBLE

Une nuit du 4 août — un symbole ! —, le capitaine Thomas Sankara prend le pouvoir en Haute Volta. A 33 ans, lui aussi veut abolir les privilèges et donner la parole au peuple. Pour faire sortir ce pays de la misère (revenu annuel par habitant : 700 F.F.), un seul moyen : faire participer toute la population, et notamment les paysans, au développement. Bref, le jeune chef d'État veut une vraie révolution : « Notre révolution n'est pas le changement comme cela se fait au niveau des modes. Ce n'est pas le disco qui prend la place du jerk. C'est quelque chose de plus sérieux que cela », annonce-t-il lors de sa première conférence de presse. Et comme il importe de redonner sa dignité à tout un peuple bafoué, la corruption doit être définitivement chassée. Pour mener à bien cette tâche, il fait plus confiance aux jeunes militaires qu'aux civils : « Chaque fois, par le passé, sous prétexte de retour à la vie constitutionnelle normale, on remettait le pouvoir à ceux qui avaient vidé les caisses de l'État. Nous ne sommes pas d'accord avec cette supercherie ! », proclame-t-il.

Sankara a pour lui l'enthousiasme et un charisme certain. Qualité rare, il fait ce qu'il dit, dit ce qu'il fait, et pratique lui-même les vertus qu'il souhaite inculquer à « son » peuple. En 1982, ministre de l'Information, il avait quitté le gouvernement du colonel Saye Zerbo sur un éclat. Pointant son doigt sur le chef de l'État lors de la conférence des ministres africains du Cinéma qui se tenait à Ougadougou, capitale de la Haute Volta, il avait lancé : « Il n'y a pas de cinéma sans liberté d'expression, et il n'y a pas de liberté d'expression sans liberté tout court... Malheur à ceux qui bâillonnent le peuple et cherchent à lui imposer silence ! » Il s'était levé et avait claqué la porte.

Né en décembre 1949 à Yako, dans le Centre-Nord du pays, il fait ses études secondaires à « Ouaga ». Fils d'un ancien combattant de la Seconde Guerre mondiale, sa voie est toute tracée dans le métier des armes. Après le prytanée militaire de Kadiogo, il se rend à Madagascar à l'âge de vingt ans, pour entrer à l'Académie militaire d'Antsirabé (1970-1972) où il gagne ses galons d'officier. Il se spécialise ensuite dans les troupes aéroportées, effectuant des stages à l'école des parachutistes de Pau (France) et à l'école des instructeurs parachutistes de Rabat, au Maroc, en 1978. Il partage alors la même chambrée avec le capitaine Compaoré pendant cinq mois... C'est avec lui qu'il réussira le coup d'État de la nuit du 4 août 1983.

Sa discrétion n'obère pas sa détermination. Simple, il s'habille en treillis léopard ou d'un costume de toile tissée dans le pays. Son mode de vie restera toujours austère : il est le seul chef d'État africain à rouler en R 5... On le voit pratiquer le jogging avec ses amis. Populiste, il cristallise tous les mécontentements, mais s'aperçoit vite que les bons sentiments et l'enthousiasme ne suffisent pas à changer en profondeur les comportements. Les difficultés économiques ne se surmontent pas seulement par des discours. Mobiliser les masses par des C.D.R. (Comités de Défense de la Révolution), c'est bien ; mais pour quel objectif ?

Sankara saisit à bras le corps le problème de la corruption et institue des T.P.R. (Tribunaux populaires de la Révolution) pour juger les dirigeants corrompus du précédent régime. Le premier à comparaître, le 3 janvier 1984, est Sangoule Lamizana, l'ancien maître du pays. Le « tribunal » est installé à la Maison du Peuple. Un président, quatre magistrats, trois militaires siègent devant un millier de personnes. Ils vont juger presque tous les anciens dignitaires des régimes passés. Ni avocat de la défense ni ministère public : ces deux fonctions sont assurées par le peuple lui-même...

Lamizana est accusé d'avoir détourné environ un milliard d'anciens francs. Il assure sa défense, exhibe des factures pour un montant de 100 millions et assure n'avoir pas détourné un seul franc. Oui, il a bien utilisé, en revanche, des fonds spéciaux.

— Qui en a été le bénéficiaire ?

Lamizana refuse de répondre. Tous les Voltaïques ont l'oreille rivée à leur transistor, car le procès est retransmis et enregistré. Sur les marchés d'Abidjan, les cassettes des « T.P.R. » se vendent comme des petits pains (au grand déplaisir des autorités ivoiriennes...) Des gens se lèvent dans la foule de la Maison du Peuple pour défendre ou accuser l'ancien Président. Certains reconnaissent avoir touché des « enveloppes ». D'autres, parce qu'ils n'arrivaient pas à joindre les deux bouts, ont sollicité ces mêmes « enveloppes ». Puis Lamizana laisse entendre qu'une partie des fonds spéciaux est allée à des trafiquants d'armes au moment de la guerre frontalière, en 1974, entre le Mali et la Haute Volta. Finalement, Lamizana est acquitté.

Reste à juger 197 délinquants politiques. Sankara a fixé les règles du jeu : il n'y aura pas de peine de mort. (Son ami Rawlings, au Ghana, fera exécuter 700 corrompus). L'important est de sanctionner, « au nom de la Révolution du 4 août », les attitudes « crapuleuses », et de « rendre au peuple » l'argent détourné.

Le 4 août 1984, la Haute Volta devient le Burkina Faso, « la terre des hommes intègres ». Encore un symbole. Le « Robespierre africain » continuera à traquer sans relâche la malhonnêteté. C'est lui qui aura le courage de pourchasser les grands voleurs de la C.E.A.O., ainsi que nous l'avons vu. En 1986, une session budgétaire sera consacrée à l'étude de la gestion des entreprises d'État. En février 1987, une commission de « prévention contre la corruption » étendra son champ d'investigation à « toute personne appelée à des fonctions de responsabilité ». Le patrimoine des dirigeants du Conseil national de la Révolution (les compagnons de Thomas Sankara) sera examiné à la loupe...

Deux mois et demi avant sa mort, Sankara a longuement dialogué avec des Burkinabé de base, insistant encore sur l'importance de la lutte contre la corruption. Voici quelques extraits de ce « manifeste oral » :

> « Je crois qu'on ne peut pas définitivement supprimer la corruption dans le monde et dans notre pays tant qu'à tous les niveaux, toutes les tâches de transformation de la société n'auront pas été accomplies et même tant que notre environnement économique, politique, social n'aura pas lui aussi été sur des positions qui favorisent la lutte contre la corruption. Il y a des corrompus parce qu'il y a des corrupteurs.
>
> Même le jour où il n'y aura plus de corrupteurs au Burkina Faso, il se pourrait qu'il y ait des personnes à l'étranger, des personnes que nous ne contrôlons pas, qui croient encore à la corruption et en la force de la corruption pour résoudre les problèmes, qui vont être là pour piéger, tenter, séduire, soudoyer des Burkinabé. C'est pourquoi, de tous les maux de la société, le mal est toujours en avance, du point de vue de l'imagination, sur le bien. C'est pourquoi, également, les corrupteurs trouvent toujours des méthodes de corruption.
>
> Nous avons trouvé une méthode pour lutter contre une certaine forme de la corruption. Eux ont créé une nouvelle forme de corruption ; à nous de trouver encore de nouvelles méthodes. Mais ces nouvelles méthodes, quelles qu'elles soient, supposent que le peuple lui-même combatte la corruption, dénonce les corrompus, les corrupteurs, les cas de corruption ; et que nous n'hésitions pas à sanctionner tous ceux qui ont pu être corrompus, traduire en justice toutes les formes de corruption [...] Cela se fait, mais j'estime à mon avis que ce n'est pas encore suffisant. Ce n'est pas parce qu'on parle de lutte contre la corruption au Burkina que nous serions le pays le plus corrompu. Non. Même ceux qui ne parlent pas de corruption ont des corrupteurs chez eux. Et tous ceux qui

essaient de tenir des discours sur la lutte contre la corruption ne sont pas forcément si innocents que cela. Ils sont nombreux parce qu'ils ont peur de la Commission populaire de lutte contre la corruption. Ils font tout pour que la Commission n'agisse pas. Ils disent qu'elle est inutile, inefficace, dévalorise le régime et ses dirigeants, règle des comptes.

En réalité, ceux qui estiment que c'est inefficace sont plutôt des gens qui veulent qu'on laisse durer encore la corruption. [...] La Commission n'a pas encore publié ses résultats. Beaucoup d'autres personnes sont en train de se présenter devant la Commission, et je sais déjà qu'il y a des déclarations que la Commission n'a pas acceptées. Elle est en train de démontrer que ces déclarations ne sont pas justes. D'autres personnes ont dû préciser ou rectifier des déclarations qui vont être rendues publiques. En réalité, la Commission travaille, mais peut-être qu'elle gagnerait à se faire connaître [...][1] »

Quatre jours avant sa mort, Sankara reçoit un journaliste du *Matin*. Il sait que sa lutte sans merci contre la corruption dérange de plus en plus :

> « Maintenant, ce que je crains, c'est qu'il y ait une unité des mécontents. Je veux faire adopter un code de bonne conduite et former les cadres dans les C.D.R. Il y a aujourd'hui des gens au pouvoir qui vivent mieux que la population, qui font des petits trafics avec les commerçants syro-libanais ou placent leurs familles, leurs petits-cousins, tout en ayant un discours très révolutionnaire. Et ils craignent le fait que l'on va écouter à nouveau tous ceux qui ont été sanctionnés dans la campagne contre la corruption. La situation est difficile... »

C'est Blaise Compaoré, son « ami », qui fera assassiner Sankara le 15 octobre 1987. Le journaliste de *Libération* Stephen Smith a recueilli le récit du seul rescapé de la fusillade. A Ouagadougou, ce jour-là, il est 16 heures, toute la ville semble calme. Comme tous les jeudis à 17 heures, Sankara a enfilé son survêtement pour aller s'entraîner :

1. Publié en exclusivité par *Jeune Afrique* le 4 novembre 1987.

« Il téléphone à sa femme, Miriam, évoquant, dit-elle, *"seulement des choses banales"*. Pourtant, au même moment, le chauffeur du capitaine Blaise Compaoré, accompagné d'un soldat armé, vient arrêter, à son domicile de l'avenue Augustino Neto, le commandant de la gendarmerie, Ousseini Compaoré, dont les parents et le gardien sont brutalisés au passage.

Serge-Théophile Balima, un des conseillers de la presse présidentielle, la dernière personne à s'être entretenue avec Thomas Sankara, note que celui-ci a reçu un coup de téléphone à 16 h 10. L'appel provient du Conseil de l'Entente, un ensemble de cinq pavillons situé à l'intérieur de la zone de « haute sécurité » autour du palais présidentiel. L'interlocuteur de Sankara lui rappelle qu'il est attendu à une réunion de travail fixée à 16 heures dans le pavillon Haute Volta qui sert de bureau et de résidence au président.

Immédiatement après son départ dans une Citroën noire, suivie d'une seconde voiture, une Renault 5, également noire, plusieurs éléments de la sécurité du Conseil de l'Entente arrivent au palais présidentiel et pressent tous les fonctionnaires encore dans les bureaux de partir : *"Allez, on sort, la journée de travail est finie."*

Empruntant le chemin, interdit à tout autre personne, derrière le palais présidentiel, le cortège de Thomas Sankara — sans motards ni sirènes — arrive vers 16 h15 au Conseil de l'Entente. A cette heure précisément, la radio nationale burkinabée commençait à diffuser de la musique militaire. Sankara descend de voiture devant le pavillon Haute Volta et rejoint aussitôt les membres de la commission.

Les gardes du corps présidentiels, qui ont garé les voitures plus loin, ont tout juste le temps de remarquer des soldats embusqués alentour quand les premières rafales de Kalachnikov éclatent. Le chauffeur et les gardes sont tués avant même d'avoir pu esquisser une riposte, sauf l'un d'entre eux qui, grièvement blessé, parvient à franchir le mur.

A l'intérieur du pavillon, tout le monde s'est jeté à terre en entendant les premières rafales. *"Restez, restez, c'est moi qu'ils cherchent"*, hurle Thomas Sankara en prenant son arme pour sortir. Une grenade offensive, lancée à l'intérieur, provoque un mouvement de panique vers la porte. Plusieurs personnes sortent avec le président et essuient des salves meurtrières. Sankara tue un gendarme en le fauchant dans le couloir. Gagnant l'extérieur, il fait face à deux gardes du corps de Blaise Compaoré, désignés, assurent des témoins, pour l'abattre.

Le premier hésite dans ce face-à-face avec le président, mais le second tire une rafale meurtrière sur Thomas Sankara, qui s'écroule. Le commando donne alors l'assaut du bureau en l'*"arrosant"* de rafales nourries. Outre Thomas Sankara, douze personnes ont ainsi trouvé la mort, dont certains des plus proches collaborateurs du président. Un seul a survécu. *"Faisant le mort"* parmi les cadavres, Halouna Traoré, le délégué de la « Commission du peuple chargée des secteurs ministériels » auprès de la Présidence, a échappé à la tuerie. Découvert bien plus tard et, en présence de nombreux témoins accourus entre temps, Traoré a été finalement épargné. »

Blaise Compaoré, le compagnon, l'ami de l'« Incorruptible », n'assume pas sa terrible décision et affirme que ses hommes voulaient seulement arrêter Sankara, et que celui-ci a tiré le premier...

Il a été en fait abattu comme un chien. Il était devenu insupportable à la plupart des dirigeants africains. Il leur tendait un miroir cruel, dans lequel ils se voyaient tels qu'ils étaient et tels qu'ils sont : des chefs corrompus, plus préoccupés de leurs patrimoines personnels que du bien public. Parce qu'on avait encore peur de lui après sa mort, on a craché sur sa mémoire en voulant faire croire aux masses voltaïques que l'« Incorruptible » était lui aussi un corrompu. Pendant des semaines, les sbires de Compaoré ont recherché une certaine valise. Après avoir torturé le frère de Thomas, les agents de la Sûreté ont fini par la trouver chez ses beaux-parents. Elle contenait effectivement de l'argent : 83 090 000 francs C.F.A. L'explication de cette affaire est fournie à *Jeune Afrique*[1] par une personne proche de Thomas Sankara et de Blaise Compaoré.

1. Numéro du 30 mars 1988.

« Les trois chefs historiques du Front populaire en savent long à ce sujet. Cette somme, remise par un chef d'État voisin, a été gérée rigoureusement. Elle servait de fonds secrets à la présidence du C.N.R. Elle n'a pas été versée dans les caisses de l'État, compte tenu de l'utilisation secrète qui devait en être faite. C'est le P.F. [président-fondateur], le capitaine Blaise, le commandant Lingani et le capitaine Zongo qui décidaient ensemble de l'usage de ces fonds. Et ils le savent parfaitement, puisqu'ils s'en servaient. C'est pourquoi ils ont recherché partout cette valise. Aujourd'hui, on veut salir la mémoire du P.F., on va dire qu'il avait détourné cet argent. Mais quel chef d'État ne gère pas une caisse noire ? »

Sa femme n'en connaissait même pas l'existence. Les fonds secrets de Sankara étaient misérables par rapport à ceux qu'utilisent les chefs d'État africains. Mais, pour justifier l'assassinat d'un des rares dirigeants du Tiers monde à avoir gardé les mains propres et à avoir décidé d'extirper le « mal », il était impératif de le salir.

Pour Sankara, la lutte contre la corruption était prioritaire. Elle s'inscrivait dans un plan plus large de réintégration dans le jeu social des habituels exclus, et notamment des paysans. Il est vrai que la Révolution voltaïque s'était essoufflée et qu'après certains dérapages, les mécontents s'étaient multipliés. « Il y avait de moins en moins de monde dans les structures de masse. Et, pour les gens, la participation aux grands projets de Sankara ressemblait plus à un travail forcé. Ils en avaient marre, il n'y avait plus que les jeunes pour suivre » — a expliqué un militant désenchanté au journaliste de *Libération*. Même les paysans ne suivaient plus qu'en traînant les pieds... Mais les vrais opposants, les adversaires irréductibles se recrutaient parmi ceux que Sankara traquait : les corrompus potentiels ou accomplis parmi les hauts fonctionnaires et les hommes d'affaires.

Sankara avait su redonner une dignité aux Burkinabé et réhabiliter le sens de l'effort... Un symbole qui méritait bien d'être assassiné.

CHAPITRE XV

LES MARCHANDS DE MORT

Après celui des marchands d'esclaves, des chercheurs d'or, des marchands de vent, le temps des marchands de mort paraît venu. Quand on est prêt à semer la mort dans le village, c'est qu'on a tout vendu, dit un proverbe yacoma. Quelques dirigeants africains ont accepté l'inacceptable : le commerce de la mort. Des responsables de Sierra Leone, de Guinée Bissau, du Bénin, du Congo, du Sénégal, de Mauritanie, de Centrafrique, du Kenya, de Somalie, du Mozambique et du Gabon ont accepté, moyennant finances et commissions diverses, d'enfouir dans le sous-sol de leurs pays des déchets industriels toxiques et des déchets nucléaires. Contrats si sinistrement symboliques qu'ils donnent la nausée. Après avoir importé des esclaves noirs, après avoir bâti sa richesse sur les matières premières arrachées pour pas cher au sol de l'Afrique, l'Occident se propose maintenant de déverser dans ses anciennes colonies les détritus de ses usines dont ses propres populations, prévenues du danger, ne veulent pas chez elles. Endettés, asphyxiés, clochardisés, les Africains risquent de devenir les gardiens des dépotoirs de la planète. Une fois de plus, seule l'absence d'opinion publique dans des pays dirigés par des despotes a rendu possible la négociation de tels contrats. Hommage doit être ici rendu à la presse portugaise, à certains parlementaires européens, et tout particulièrement à Roelants du Vivier, un Belge du groupe « Arc en Ciel » : ils ont réussi à secouer la torpeur générale, à faire annuler au moins deux de ces gros contrats, et à faire prendre conscience de la gravité du problème aux forces vives de l'Afrique...

Déjà, en 1980, le *Washington Post* révélait qu'une compagnie américaine avait offert 25 millions de dollars au président de la Sierra Leone, le très corrompu Siaka Stevens, pour qu'il accepte d'accueillir des déchets industriels dans son pays. En 1981, cinq mille tonnes de déchets mercuriels étaient découverts au Mexique : ils avaient été importés illégalement des États-Unis.

Mais la plus scabreuse de ces affaires a été récemment dénoncée par la presse portugaise : en avril 1988, la Guinée Bissau, petit pays d'Afrique de l'Ouest qui jouxte le Sénégal, acceptait de recevoir sur son territoire des résidus toxiques en provenance d'Europe, des États-Unis et d'Australie. *Deux contrats d'une durée variable de 5 à 10 ans* avaient été signés par les autorités de ce pays pour enterrer des déchets d'origine pharmaceutique[1]. Le premier contrat concernait l'entreprise suisse Intercontrat S.A., de Fribourg, et une quantité variant entre 50 000 et 500 000 tonnes, selon les besoins. Le deuxième contrat intéressait les firmes britanniques Bis-Import-Export Ltd (Londres) et Hobday Ltd (Ile de Man), pour un volume annuel d'un à trois millions de tonnes. Les déchets devaient être conditionnés *en bidons de plusieurs centaines de litres ou en conteneurs*, avant d'être enterrés à une profondeur de 6 et 15 mètres. La Guinée Bissau devait recevoir en contrepartie *40 $ par tonne* de déchets enfouis dans son sol, soit au total 600 millions de dollars pour 15 millions de tonnes de déchets. Les deux terrains où devaient être enfouis les déchets se trouvent près de la frontière du Sénégal, non loin de la rivière du Geba. Tous deux appartiennent au frère du Président bissau-guinéen, Carlos Nino Vieira. Autrement dit, le Président ne pouvait ignorer l'opération. Les milieux informés y voient la preuve de l'existence de dessous de table.

1. *Lettre Afrique-Énergies* du 4 mai 1988.

Les entreprises s'étaient engagées à « valoriser » le site par l'aménagement, au-dessus du dépôt de produits toxiques, d'une couche imperméable de 3 à 5 m permettant la poursuite d'activités agricoles en surface. Le contrôle de l'opération avait été confié par le gouvernement bissau-guinéen au bureau français Veritas (plus précisément à sa filiale Tecnitas).

Roelants du Vivier et ses amis écologistes révélèrent quelque temps plus tard que les deux firmes britanniques n'étaient en réalité que des sociétés-écrans protégeant la firme américaine Lindaco, de Detroit (Michigan). Outre l'argent proposé en échange de la transformation du pays en poubelle, Intercontrat — qui travaillait également pour le compte de sociétés italiennes — proposait d'équiper la ville de Bissau de deux ou trois bennes à ordures, ainsi que d'un brûleur pour les déchets urbains. Les Américains, plus généreux, offraient quant à eux d'aménager à leurs frais le port de Bissau. La société suisse négociait dans le même temps avec le Sénégal et la Mauritanie...

Le gouvernement de Guinée Bissau nia l'existence de ces contrats jusqu'à ce que Roelants du Vivier en distribue des photocopies à la presse...

Finalement, vers la mi-juin 1988, les autorités de Guinée-Bissau, la mort dans l'âme, envoyaient un télégramme à Lindaco pour mettre un terme aux pourparlers : « Ayant à faire face à une campagne internationale lancée contre la Guinée-Bissau, nous sommes au regret de suspendre toutes activités et négociations entreprises dans le cadre de ce projet », écrivit le ministre des Ressources naturelles Filinto de Barros.

Quelques semaines avant que n'éclate cette affaire de Guinée-Bissau, des rumeurs faisaient état de l'enfouissement à Abomey, au Bénin, d'une cargaison de déchets nucléaires en provenance du Havre, « opération qui aurait suscité le mécontentement de la population locale, qui l'aurait manifesté publiquement », écrivait avec prudence, le 30 mars, la *Lettre Afrique-Énergies*. Quelques jours plus tard, cette publication confidentielle fournissait davantage de détails sur un chargement de déchets en partance de Brest... Une enquête menée avec diligence à l'intérieur de l'appareil d'État français montrait que la France n'avait jamais envisagé d'envoyer des déchets nucléaires en Afrique, mais permettait de lever un autre lièvre...

Au même moment, en effet, un mouvement d'opposition béninois (M.B.L.D.) lançait un appel au Parlement européen dont les membres devaient examiner, les 15 et 16 mai, la question de l'exportation en Afrique de déchets nucléaires et toxiques en provenance des pays industrialisés. Le M.B.L.D. s'élevait notamment contre la signature d'un contrat entre la société britannique Sesco-Gibraltar (qui serait contrôlée par des intérêts sud-africains) et le gouvernement béninois, pour le déversement dans la région marécageuse des Agégé, située à l'embouchure de la rivière Ouémé, de 5 000 tonnes par an de déchets industriels en provenance d'Europe et des États-Unis. Selon le communiqué du M.B.L.D., « le peuple toffin, qui vit dans les villages lacustres des Agégé, avait déjà presque disparu dans les années 70, victime d'une épidémie de choléra ». Prenant en compte l'appel du M.B.L.D., le groupe communiste au Parlement européen déposait, le 16 mai, une proposition de résolution sur le « trafic de déchets industriels toxiques », dans laquelle il mettait directement en cause la France en évoquant « les déchets radioactifs de la France au Bénin ». Les parlementaires européens jetaient un nouveau pavé dans la mare en présentant le *fac-similé* d'un contrat signé le 12 janvier 1988 entre la vice-présidente de la société britannique *Sesco-Gibraltar* et quatre ministres béninois : Ibrahim Souradjou (Plan et statistiques), Barnabé Bidouzo (Finances et économie), Souley Dankoro (Équipement et transports) et Saliou Aboudou (Justice et entreprises publiques). Ce contrat prévoyait la livraison de 1 à 5 millions de tonnes de déchets toxiques (toutes catégories, sans clause d'exclusion des déchets radioactifs) pendant dix ans. Sesco-Gibraltar devait verser 2,5 dollars par tonne et investir dans le pays à concurrence de

0,5 dollars par tonne de déchets. La société britannique avait demandé à bénéficier d'une clause d'exclusivité.

Question troublante : pourquoi ces ministres avaient-ils signé un contrat sur la base de 2,5 dollars la tonne, alors que la société Intercontrat (qui s'était déjà fait connaître en Guinée Bissau) proposait 40 dollars ? Pas besoin d'être grand clerc pour deviner la direction empruntée par les 37,5 dollars manquants...

Un mois plus tard, la France était de nouveau sur la sellette. Le 21 juin, en effet, le quotidien nigérian *The Guardian* affirmait que la Cogema, filiale du C.E.A. (Commissariat à l'Énergie Atomique) chargée notamment du retraitement des déchets nucléaires français, avait déversé des déchets au Bénin. Indignation de l'ambassadeur de France à Lagos, Jacques Thibau : « Les affirmations du *Guardian* sont graves et constituent en termes de droit une véritable diffamation, parce qu'elles font craindre aux lecteurs une pollution des eaux de Lagos par la prétendue décharge béninoise ». Selon certaines sources, des services béninois auraient pu être à l'origine de ces informations, affirmait la *Lettre du Continent* : « En tout cas, trois jours avant cette publication, le colonel Charles Gbébada, chef d'État-major général des forces armées béninoises et ancien attaché militaire à Lagos, aurait rencontré au Nigeria les responsables du journal, accompagné du capitaine Moustapha Elégbé, préfet de la province de l'Ouémé qui jouxte la frontière nigériane, et ancien chef de la sécurité militaire, et de Séfou Fagbohoun, un homme d'affaires yoruba, l'un des plus riches du Bénin, qui aurait participé aux négociations avec les entreprises industrielles européennes à l'origine des contrats de transport de déchets industriels et pharmaceutiques au Bénin. »

Lors de son voyage au Gabon et en Centrafrique, fin juin 1988, puis le 7 juillet, lors d'une conférence de presse, le nouveau ministre français de la Coopération, Jacques Pelletier, affirmait solennellement : « *Aucun déchet atomique français n'a été enfoui en Afrique*, et il n'est pas question qu'il y en ait.

C'est scandaleux, inadmissible ! La France le dit hautement et fera tout pour éviter que l'Afrique ne devienne la poubelle des pays du Nord. » Effectivement, après enquête, nous pouvons confirmer que la France n'a jamais envoyé de déchets nucléaires au Bénin, pas plus qu'ailleurs en Afrique, et n'a jamais eu l'intention d'en envoyer. Au micro de R.F.I., à Bangui, Jacques Pelletier avait toutefois reconnu : « Il est certain que des sociétés privées industrielles avaient réussi — il y a deux ou trois exemples récents — à décharger des produits toxiques. La plupart des États ont réagi, mais peut-être un peu tard... » Le ministre manifestait en l'occurence un sens de l'humour corrosif. Le 8 juin, la *Lettre du Continent* avait en effet révélé qu'un contrat d'envergure avait été signé à la fin de 1985 en Centrafrique pour l'enterrement de déchets industriels et pharmaceutiques toxiques dans la région de Bakouma, au tarif de 42 dollars la tonne. La *Lettre* donnait ainsi sa version de l'opération :

> « Un premier chargement de 70 000 tonnes a été débarqué en 1986 au port de Pointe-Noire, au Congo, dans des fûts chargés dans des conteneurs et marqués *"engrais agricoles"*. La moitié de ce chargement a été remontée par voie fluviale sur le *"Ville de Bozoum"* jusqu'au port de Socada-Lakouanga, puis sur les petits pousseurs *"Ngounde I et II"*, jusqu'à Mobaye. On ne connaît pas la destination de l'autre moitié de la cargaison de déchets.
>
> A l'origine de ce contrat serait intervenu M. Bramy, homme d'affaires centrafricain, spécialisé dans le bâtiment et les travaux publics. Les contacts avec les industriels européens auraient été poursuivis par Denis Neves de Pesquidou, Maurice Metho, ancien président de la Chambre d'industrie et d'agriculture, Jérôme Agoundou Koua, directeur général d'Ucatex, Jonathan Koué, directeur adjoint de Tocages, Jacob Gbeti, ancien Haut Commissaire et président de nombreuses sociétés mixtes. Le contrat a finalement été signé à Paris, dans le Quartier latin, chez un tailleur connu de nombreux chefs d'État africains, par Bernard Christian Ayandho, ancien Premier ministre, président

de la Chambre de commerce, Jean Gbassingba, Haut Commissaire chargé des sociétés d'État, et M'Baye, vice-président de la Cour Suprême.

L'un des intermédiaires français de cette opération, patron de la société d'import-export Sagrimex, aurait par ailleurs obtenu des industriels qui voulaient se débarrasser de leurs déchets la livraison à la Centrafrique d'une centaine de camions Iveco de 11 tonnes[1]. »

D'autres sources apportent ici quelques précisions : Denis Neves de Pesquidou serait bien connu à Bangui comme un spécialiste des « transferts » (transferts en Suisse de l'argent de certains des plus hauts dirigeants, cela va de soi) ; un frère du ministre de l'Intérieur serait également intervenu dans cette transaction : c'est lui qui aurait fait le « pont » entre le « tailleur connu » du Quartier Latin et la Présidence...

Le 16 février 1988, les pêcheurs de l'île de Kassa, en face de Conakry (Guinée), voient approcher le *Bark*. Pendant quinze jours, l'équipage du cargo décharge dans une fosse 14 500 tonnes de produits. Très rapidement, la végétation dépérit. Les pêcheurs, angoissés et furieux, se plaignent. Et le scandale éclate. On découvre vite que le cargo est affrêté par une filiale du groupe norvégien Klaveness, déjà en affaires avec l'État guinéen, et que les cendres viennent de Philadelphie. La société norvégienne transporte toute la bauxite de Boke. Et elle possède la majorité des parts de la S.I.A.G. (Société internationale Aluko-Guinée). Or c'est la S.I.A.G. qui a obtenu, le 11 janvier 1988, de la direction générale du Commerce extérieur, une licence d'importation pour débarquer des « matériaux de construction » et des « cendres provenant de l'incinérateur de Philadelphie ». Prix : 12 dollars la tonne. 85 000 tonnes devaient être enfouies en Guinée...

1. A la suite de cette publication, plusieurs acteurs cités — Bramy, Metho, M'Baye et la société Ucatex... —, s'estimant diffamés, ont intenté des procès. Le président centrafricain Kolingba paraît décidé à faire toute la lumière sur cette affaire. Espérons que ces procès en cours y contribueront.

Au retour du sommet de l'O.U.A., tenu fin mai à Addis Abeba, le Président guinéen est obligé de se fâcher. Le sommet a en effet entériné une résolution déclarant que « le déversement de déchets nucléaires et industriels était un crime contre l'Afrique et les populations africaines ». De retour chez lui, Lansana Conté convoque des cadres du ministère du Commerce, des agents des Douanes, de la gendarmerie et de la police des frontières, puis les fait incarcérer pour complicité et *corruption*. Le 8 juin, le consul honoraire de Norvège Sigmund Stromme est inculpé... Un cargo de 35 000 tonnes est envoyé en Guinée pour rembarquer les cendres entreposées dans l'île de Kassa.

La position de principe de l'O.U.A. a, de même, contraint le Bénin (« une certaine presse à sensations mène une campagne d'intoxication », répétait le président Kerekou), la Guinée Bissau et le Congo, à annuler leurs engagements vis-à-vis des sociétés qui cherchaient à transformer ces pays en décharges. Le déballage sur la place publique des contrats passés entre certaines sociétés-écrans et des responsables africains a réveillé l'opinion. Les dirigeants ont été obligés de faire marche arrière. Pour se dédouaner, ils accusent des lampistes. C'est ainsi qu'au Congo, cinq personnes, dont trois hauts fonctionnaires, ont été incarcérées au lendemain du sommet d'Addis Abeba, alors qu'elles étaient « couvertes » au plus haut niveau de l'État.

Début 1988, l'entreprenant Luciano Spada débarque à Brazzaville pour le compte de la Bauwerk A.G., société-écran basée au Liechtenstein. Il a deux millions de tonnes de produits toxiques à « placer » : un million en provenance d'Europe, un million venant des États-Unis. Les rémunérations qu'il propose sont alléchantes : 74 millions de dollars. Un avocat, Vincent Gomez, un conseiller du Premier ministre, Dieudonné Ganga, un responsable de l'environnement, Gamissamy Issanga, et le directeur du Commerce extérieur, Abel Tschicou, obtiennent les feux verts nécessaires pour monter l'opération. Depuis que le scandale a éclaté, le gouvernement congolais soutient que le contrat a été signé à son insu. C'est peu probable. Un télégramme de l'ambassade américaine à Brazzaville tendrait à prouver que l'opération avait reçu la bénédiction du Premier ministre. Et d'après « Radio-trottoir », toujours très bien informée à Brazzaville, Christian-Gilbert Bembet, ministre de l'Information et des Télécommunications, homme très proche de Sassou Nguesso, aurait été le principal instigateur du contrat signé avec la Bauwerk. Bembet passe pour un gourmand, qui aurait déjà suivi avec un intérêt tout particulier une opération conclue avec T.R.T., société du groupe Thomson, pour la couverture du pays en réseaux hertziens. Le ministre, dit la rumeur, se serait rendu, au début de 1988, chez son collègue de la Recherche scientifique et de l'Environnement, Christophe M'Bouramoue, et chez Alphonse Poaty Souchalaty, qui détient le portefeuille du Commerce et des P.M.E. ; il leur aurait demandé les deux autorisations nécessaires : feu vert au titre de l'Environnement, et licence d'importation. Christophe Bouramoue aurait d'abord manifesté son opposition :

— Tu n'as pas le choix, je viens de la part du Président, l'aurait prévenu Bembet.

Le problème changeait alors de nature. Quand le scandale éclate, les lampistes sont mis au trou, et le ministre de l'Environnement se précipite à la Présidence :

— Camarade-Président, j'ai donné effectivement des ordres, mais c'est parce que Bembet m'a dit que c'était sur vos propres ordres...

Depuis lors, une bataille se déroule au plus haut niveau de l'État, à laquelle participe également le Premier ministre, Ange-Édouard Poungui, pour savoir qui va porter le chapeau d'une affaire qui devait rapporter gros à ses instigateurs. Quatre millions de dollars de pots-de-vin auraient en effet été déjà distribués... Un remaniement ministériel est intervenu le 30 juillet. Bembet et M'Bouramoue ont été limogés. Le Premier ministre a, dit-on, sauvé sa tête de justesse...

Last but not the least, l'affaire du Gabon... Une fois de plus, le « Clan des Gabonais » s'est illustré[1]. En pleines vacances, le 27 juillet 1988, le *Canard Enchaîné* annonçait que « le Gabon était entré dans la danse » en matière de déchets radioactifs. Et il citait un extrait d'une annonce légale parue au Gabon cinq mois plus tôt, sur la création d'une société, la Sogaben :

> « *Ladite société a pour objet, en République gabonaise, toutes activités se rattachant au secteur des sciences et techniques nucléaires, notamment l'étude et le développement de projets se rapportant au domaine du cycle industriel du combustible nucléaire (...)* »
>
> Le président du conseil d'administration de la Sogaben est M. Hervé Moutsinga..., ministre de l'Environnement gabonais. Le second administrateur est Mlle Pascaline Mferri Bongo, fille du président de la République... »

« On n'arrête pas le progrès ! » concluait Patrice Vautier. Ces quelques lignes n'étaient pas mises en valeur, ne faisaient l'objet ni d'une manchette ni d'un gros titre. Elles étaient pourtant redoutées au plus haut point par les services spéciaux français qui, quelques jours auparavant, avaient annoncé des fuites sur le sujet en provenance de l'Assemblée nationale du Gabon. Le même jour, le Morena, mouvement gabonais d'opposition, révélait dans un communiqué l'existence et le contenu de deux ordonnances datées du 28 janvier 1988 et du 8 avril 1988, signées du Président Omar Bongo et de ses principaux ministres, ordonnances qui attribuaient un monopole à la Société gabonaise d'Études nucléaires (Sogaben) sur le « stockage, l'importation, le transport et la gestion des déchets radioactifs ». La Sogaben avait notamment pour obligation de créer, sur une aire concédée à cet effet par les autorités gabonaises, un « *Centre d'Études nucléaires dont le premier objectif sera de réaliser et de gérer un centre international de stockage de produits radioactifs* ». Le communiqué ne fut connu à Paris que le lendemain 28 juillet par une dépêche de l'A.F.P. Le théologien Paul M'Ba Abessole, généralement bien

1. *Cf. Affaires Africaines, op. cit.*

renseigné, y affirmait également qu'Omar Bongo et son équipe auraient touché dans cette affaire la bagatelle de 35 milliards de francs C.F.A. Il affirmait également que des déchets avaient déjà été entreposés.

Deux affirmations erronées. La seconde allait même permettre à Bongo et à ses amis de démentir avec virulence les « insinuations » du Morena, organisation qui, pour eux, « n'est rien du tout et n'existe pas ». Une dépêche de l'A.F.P. tombait en effet l'après-midi même sur les téléscripteurs : « Pas de déchets nucléaires importés au Gabon selon les autorités. » Lesdites autorités mettaient au défi — et pour cause ! — qui que ce fût de prouver que des déchets radioactifs avaient été déposés au Gabon. La dépêche affirmait que les textes cités le matin même par le Morena avaient été abrogés, et, de toute façon, ne concernaient que les « résidus générés par l'extraction de l'uranium dans le pays ». Et l'A.F.P. d'expliquer :

> « Sur le fond, ces sources rappellent que le Gabon produit et traite sur place l'uranium, extrait dans la région de Mounana (sud-est du pays), à raison de quelque 850 tonnes par an. L'uranium produit au Gabon est exporté sous forme de "yellow cake" (qui contient 75 % d'uranium), notamment vers la France, le principal acheteur étant la Compagnie générale des Matières nucléaires (Cogema) qui l'utilise pour fabriquer du combustible nucléaire.
>
> C'est dans cette perspective que le Gabon avait projeté, ajoute-t-on des mêmes sources, de créer un "centre d'études nucléaires" ayant un triple objectif : former des spécialistes du nucléaire, étudier les applications du nucléaire dans les domaines de l'agriculture, des mines et de la santé, enfin "assurer la gestion des déchets nucléaires" du Gabon, à l'exclusion de ceux d'autres pays...
>
> Le terme "international", affirment les autorités, n'implique en rien l'importation de déchets radioactifs, mais vise à souligner que le Gabon, comme le précise le texte, s'engage à "suivre (...) les recommandations de l'Agence internationale de l'Énergie atomique", qui avait été consultée sur ce projet, tout comme le Commissariat à l'Énergie atomique français...

> Cependant, assurent les autorités, les deux ordonnances relatives à ce projet ont été "abrogées" à la suite de l'"avis défavorable" de l'Assemblée nationale. "Le dossier est clos", ajoute-t-on encore de mêmes sources, en relevant que l'avis négatif du Parlement témoigne du "caractère démocratique des institutions gabonaises" et de "la transparence" de l'action du gouvernement. »

A Paris, quelques initiés, notamment au Commissariat à l'Énergie atomique, suivaient avec fébrilité l'évolution de cette très délicate affaire, car ils redoutaient que la France ne fût de nouveau « éclaboussée » par les dernières fantaisies gabonaises et les imprudences de certains "amis" français de Bongo.

A l'origine de cette histoire, on trouve Basset, directeur général (musclé) de la Comuf, filiale de la Cogema (elle-même liée au C.E.A.) qui exploite l'uranium de Franceville, et Maurice Delauney, ancien président de la Comuf, toujours membre de son Conseil d'administration. Tous deux sont des relations de Jacques Foccart, revenu aux « affaires » avec Jacques Chirac en mars 1986. Basset et Delaunay (qui fut ambassadeur de France au Gabon de 1967 à 1972, puis de 1974 à 1979) discutèrent à l'automne de 1987 avec Omar Bongo et Rawiri, le numéro deux du Gabon, affairiste notoire et ami de longue date, lui aussi, de Jacques Foccart, d'un projet qui tenait beaucoup à cœur au Président gabonais : la création d'un Centre d'Études nucléaires.

Depuis longtemps Bongo souhaite faire du Gabon un « pays nucléaire », comme il dit. L'idée est simple : il ne veut pas seulement être un grand fournisseur d'uranium — notamment de la France —, mais il aspire à implanter progressivement au Gabon les éléments du cycle nucléaire — jusques et y compris le retraitement et le stockage des déchets. A l'arraché (notamment après la publication d'*Affaires Africaines*), il avait obtenu en mars 1984 de Pierre Mauroy, alors Premier ministre, la promesse que le C.E.A. construirait dans le pays une centrale nucléaire. La naissance du projet fut marquée par les relations très tumultueuses entre Gérard Renon, administrateur général du C.E.A., et Bongo. « Ce n'est pas au C.E.A. de me dire que ce projet est une idiotie !... » s'emportait souvent le Président gabonais. Finalement, après avoir envisagé successivement de construire la centrale en mer, puis au cœur du pays, les problèmes de transport eurent provisoirement raison du grand rêve de Bongo... Le départ de Renon du C.E.A. et son remplacement par Jean-Pierre Capron furent accueillis avec soulagement par le numéro un gabonais, qui n'avait pas renoncé à faire « quelque chose dans le nucléaire » avec la France. De son côté, Capron estimait que le Gabon était suffisamment important pour le C.E.A. pour qu'on acceptât de faire plaisir à son Président. C'est ainsi qu'en 1987 fut conçue la possibilité d'arriver à un accord de coopération scientifique et technique dans le domaine des utilisations pacifiques de l'énergie nucléaire entre le C.E.A. et le Gabon.

Parallèlement à ces négociations, Basset et Delauney proposèrent à la fin de 1987 à Bongo de créer un Centre international de déchets radioactifs au Gabon, projet qui rejoignait l'ambition du numéro un de ce pays et ferait en outre gagner beaucoup d'argent aux Gabonais. Mais les deux hommes étaient bien placés pour savoir que leur maison-mère, le C.E.A., ne serait pas enthousiaste pour aider et soutenir l'idée d'un tel centre. La politique officielle de la France est claire en la matière : non seulement elle traite et stocke ses propres déchets, mais elle travaille à façon pour d'autres pays. Abstraction faite de toutes autres considérations, le projet gabonais entrait manifestement en concurrence avec l'Andra, filiale du C.E.A. qui traite les déchets radioactifs.

Pour contourner ce problème de taille, les patrons locaux de la Comuf prirent contact avec un groupe anglo-canadien, Dennison Mines, qui accepta d'assurer la maîtrise d'œuvre du centre de stockage. A Jacques Foccart fut dévolue la mission d'obtenir la couverture scientifique du C.E.A. Les amis d'Elf seraient sollicités pour « accompagner » les efforts de Foccart. Pecqueur n'était-il pas le « père » de l'usine de retraitement de La Hague, l'ancien président de la Cogema et l'ancien patron du C.E.A. ?

Décision fut donc prise au Palais présidentiel de Libreville de demander au C.E.A. de signer, en même temps qu'un accord-cadre de coopération scientifique, un accord spécifique concernant le centre de stockage de déchets.

On est en décembre 1987, tout doit aller très vite, car les élections en France approchent. Il faut que tout soit bouclé avant le scrutin. Le 28 décembre, le ministre de l'Énergie et des Ressources hydrauliques, Divungi Di Ndinge, fait un rapport devant le Conseil des ministres sur un projet de programmation de l'énergie nucléaire, en insistant sur « la valorisation du patrimoine national ». Constatant à la fois l'absence de règlementation et le manque de spécialistes gabonais, les ministres décident de créer une commission interministérielle présidée par le ministre d'État, ministre de l'Enseignement supérieur et de la Recherche spécifique.

Cette commission ministérielle n'est qu'un écran de fumée destiné à abuser ceux qui ne font pas partie du « Clan »... Elle n'a rien de plus pressé, en effet, que de créer une société *privée* à laquelle l'État accordera le monopole du stockage, de l'importation, du transport et de la gestion des déchets radioactifs. Une société anonyme dont le pivot sera la propre fille de Bongo, Pascaline, et qui sera aidée financièrement par l'État gabonais. Autrement dit, les bénéfices de cette affaire iront au « Clan »...

Dans les premiers jours de janvier 1988, Bongo prévient officiellement Jacques Chirac de sa décision de créer le Centre d'Études nucléaires, comprenant d'abord un Centre international de stockage de déchets de faible et moyenne activité. Il lui demande l'aide de la France pour réaliser ses projets. Foccart, qui rappelle au Premier ministre tous les efforts récents déployés par le Gabon pour lui venir en aide, et tous les bons souhaits formulés par ses dirigeants pour sa réélection, fournit à Jacques Chirac les éléments complémentaires du dossier. Le

C.E.N. sera créé sur le site de Panga, dans la province de la Nyanga, tout près de la ville de Mayumba[1]...

Jacques Foccart prend d'autre part contact avec Jean-Pierre Capron, lui explique la situation, et lui demande de signer dans le plus grand secret un accord spécifique sur les déchets — donc, semble-t-il, sans prévenir les autres responsables de l'appareil d'État concernés par une telle opération.

Autant le patron du C.E.A. était favorable à une amélioration des rapports avec le Gabon, autant il est convaincu que la France a tout à perdre à s'associer au projet gabonais. Il téléphone au ministre des Affaires étrangères, Jean-Bernard Raimond, qui réagit immédiatement et estime que s'associer avec le Gabon pour la création d'un centre de stockage de déchets radioactifs serait une « connerie politique ». Il s'en ouvre à Maurice Ulrich, directeur de cabinet du Premier ministre, qui, à son tour, prévient Jacques Chirac.

Capron part donc, fin janvier, pour Libreville. A lui d'arrondir les angles et de ne pas heurter de front Bongo. Il signe un accord-cadre très général avec Hervé Moutsinga, ministre de l'Environnement et de la Protection de la Nature, sur l'utilisation de l'énergie nucléaire à des « fins exclusivement pacifiques ». La coopération entre les deux pays englobe expressément les « techniques de stockage et de gestion des déchets radiactifs ». En revanche, Capron s'abstient de signer le moindre accord spécifique qui, seul, engagerait concrètement le C.E.A. Arguments avancés : le choix d'un maître d'œuvre anglo-canandien, concurrent du C.E.A., rendrait délicat tout engagement de cette sorte ; par ailleurs, une coopération plus étroite est difficile, compte tenu de la politique française en la matière, qui est de garder et traiter ses déchets.

Le jour même — 28 janvier 1988 — où Capron signait cet accord-cadre, Bongo, encore convaincu qu'il obtiendrait l'aide du C.E.A., prenait une ordonnance accordant le monopole du

1. Un choix qui n'est pas dû au hasard, mais à Moutsinga — patron du projet, un Punu originaire de la Nyanga.

stockage du combustible nucléaire à la Sogaben (Société gabonaise d'Études nucléaires) créée quelques jours plus tôt sous l'égide de sa propre fille. La Sogaben était présidée officiellement par Moutsinga, ministre de l'Environnement. A son conseil étaient également entrés deux Corses, Toussaint Luciani, patron d'Elf-Corse, conseiller général M.R.G. du sud de l'Ile de Beauté, ami du président d'Elf-Gabon, et Noël Pantalucci.

Les principaux membres du gouvernement gabonais étaient impliqués dans le projet d'attribution du monopole à la Sogaben, à commencer par le fameux Rawiri. Tous étaient évidemment insatisfaits de la demi-victoire obtenue auprès de Paris. A peine Capron eut-il repris l'avion qu'ils recommencèrent à faire le siège du C.E.A. pour obtenir de lui la signature d'un accord spécifique. Tous les « amis » furent alors mobilisés : c'est ainsi que Pecqueur, accompagné de Tarallo, rencontra Bongo à la fin mars et promit de s'entretenir du problème avec son ami, le patron du C.E.A. Dès lors que les conditions de création du site de Panga se révéleraient saines et ne susciteraient pas d'objections... S'engage alors une course de lenteur : sous mille prétextes — y compris la difficulté d'appréhender le complexe réseau hydrographique du site —, le C.E.A. oppose des réponses dilatoires aux multiples pressions et requêtes du Gabon avant les élections présidentielles.

Le 8 mai au soir, François Mitterrand écrase Jacques Chirac. Les amis chiraquiens de Bongo font leurs bagages. Libreville change alors de stratégie et entame une manœuvre destinée à forcer la main du gouvernement français en s'adressant directement à l'Agence internationale de l'Énergie atomique de Vienne. Rendez-vous est pris pour le jeudi 26 mai. La délégation gabonaise de cinq personnes, dirigée par Moutsinga, est reçue par le professeur soviétique L.V. Konstantinov, directeur général adjoint de l'Agence. Moutsinga est porteur d'une lettre datée de la veille, faisant état de l'accord signé avec le C.E.A. et expriment l'espoir qu'il sera prolongé par un accord spécifique (Libreville et Paris étaient pourtant convenus que toute cette affaire devait rester confidentielle...). Moutsinga expose les projets décidés par le chef de l'État gabonais et interroge l'Agence sur les domaines dans lesquels elle est susceptible de fournir une aide technique en vue de la réalisation du Centre de stockage.

« Nous sommes très satisfaits de l'initiative de Son Excellence El Hadj Omar Bongo, qui correspond tout à fait aux préoccupations de l'Agence » — traduit l'interprète après que le Soviétique a commencé de répondre. Quelques secondes plus tard, celui-ci évoque la décision « noble » prise par l'État gabonais ; les mots « sérieux » et « transparent » viennent même caractériser le projet. Bref, les Gabonais n'en peuvent plus de bonheur. Le « Patron » (Bongo) va être rudement content !

Porté par cette ambiance chaleureuse, Moutsinga reprend la parole et fait part avec émotion de la volonté du Gabon et de son président de faire profiter d'autres pays africains de leur centre de stockage... Là, quand même, le Gabonais en fait un peu trop ! Konstantinov, avec beaucoup de diplomatie, suggère à la délégation de ne point trop tarder à informer ses voisins de la création du centre, et calme quelque peu les ardeurs de Moutsinga et de ses amis en leur disant que les statuts de l'Agence ne lui permettraient ni d'être partenaire ni de contrôler les différentes étapes d'un tel projet. Mais, reprend le professeur moscovite, l'Agence est favorable au Centre et donne sa « bénédiction ». Enfin, l'A.I.E.A. examinera avec bienveillance toutes les demandes gabonaises.

Moutsinga explique alors que, dans un premier temps, le Gabon préparera un projet de règlementation touchant la sécurité des établissements utilisant des matières nucléaires, et le soumettra ensuite à l'Agence de Vienne. Bref, le Gabon sera heureux de recueillir les avis des experts et de les accueillir au Gabon, tout en s'engageant à informer Vienne de l'avancement du projet.

Mission accomplie : Vienne était « mouillée ». Bongo pensait avoir ouvert le meilleur des parapluies. Mais, alors que

Moutsinga quittait Vienne, l'affaire des déchets qui avait « monté », comme on l'a vu, à Bruxelles, éclatait au sommet de l'O.U.A. Pour éviter un nouveau scandale, le Président gabonais décidait de laisser passer la tempête en gelant momentanément son projet, convaincu qu'il pourrait rapidement le relancer et réussirait notamment à convaincre Paris de l'aider. Rien de moins sûr...

CHAPITRE XVI

UNE BONNE VIEILLE TECHNOLOGIE QUI A FAIT SES PREUVES : LA DÉMOCRATIE...

Le Tiers monde a manqué son rendez-vous avec le destin. Pendant quelques années, les prix des produits du sous-sol et du sol s'y sont envolés. Les dieux semblaient enfin avoir fait un clin d'œil aux oubliés de la Terre et délaissaient provisoirement leurs protégés d'Occident. Des fleuves d'argent se déversèrent dans les déserts et gagnèrent de nombreuses capitales du Sud. Une telle manne aurait pû être utilisée pour favoriser le sort des peuples et leur préparer des lendemains meilleurs. Or le Tiers monde, après cette décennie qui aurait dû être celle des promesses de bonheur, ressemble aujourd'hui, à de rares îlots près, à un vaste champ de ruines : croissance démographique galopante, analphabétisme dominant, misère du plus grand nombre, inégalités sociales criantes, exode rural continuel, chômage croissant, exacerbation des haines tribales... Les pauvres se sont appauvris. La machine économique s'est partout arrêtée, car les flux financiers qui allaient vers le Sud à la recherche de rentabilité se sont taris. Comble d'ironie, désormais le Sud donne plus au Nord qu'il ne reçoit de lui. L'énorme faillite à laquelle on assiste n'est pas seulement financière (problème de la dette), c'est celle de l'ensemble d'un système de relations entre le monde occidental et le monde développé, système où l'esprit de solidarité ne joue qu'un rôle mineur, largement vicié par les appétits d'argent et les politiques qui les servent. L'Afrique et les pays pauvres des autres continents sont décidément bien mal partis.

Quelques Bédouins ont bouleversé les jeux traditionnels de l'économie mondiale. Devenus — au fil de leurs épées — les maîtres absolus d'un grand désert, ils ont cru pouvoir devenir les maîtres de la planète. Mal préparés à ce rôle, ils croyaient l'assumer superbement alors que les spectateurs expérimentés apercevaient déjà les ficelles qui les faisaient bouger. Ils ont épongé la soif énergétique de l'Occident, ils ont confié au même Occident le soin de gérer leurs énormes richesses, ils ont acheté, beaucoup acheté — du béton, des armes, des usines, d'innombrables gadgets. Si bien que, pendant quelques années, les musulmans n'ont pas été les seuls à se tourner vers La Mecque...

Cette réorientation de l'Occident vers la Pierre Noire ne suffisant pas à réajuster les équilibres antérieurs au choc pétrolier, avec une grande énergie, les industriels des pays riches, assistés par leurs gouvernements respectifs, ont vendu tout et n'importe quoi au Sud. Grâce aux mêmes Bédouins — mais aussi grâce aux banquiers —, des crédits ont été distribués sans limite aux pays du Tiers monde pour leur permettre de telles emplettes. Que reste-t-il de cette frénésie commerciale, sinon une dette de 1 200 milliards de dollars, beaucoup d'armes et des milliers d'« éléphants blancs » ? Les déséquilibres économiques entre le Nord et le Sud se sont aggravés. A y regarder de plus près, on a le sentiment que cette nouvelle dégradation n'a été possible qu'avec la complicité active d'une infime minorité d'individus — ceux qui administrent les pays du Tiers monde comme ils le feraient de leurs propriétés privées.

A la suite d'une série d'articles consacrés par *Le Monde* au Nigéria après le coup d'État du 31 décembre 1983, Ola Balogun, un cinéaste nigérian connu, s'était emporté contre la façon dont les journalistes occidentaux présentaient son pays. Pour lui, ces journalistes avaient « surtout servi à donner un semblant de légitimité à la mainmise d'une poignée d'escrocs de grande envergure sur le Nigéria ». Et il analysait ainsi la corruption :

> « A vrai dire, la corruption en Afrique (et dans le Tiers monde en général) n'est ni un fléau endémique ni un mal mystérieux dont souffrirait l'élite africaine seule, selon la fausse optique présentée par votre reporter. En fait, la corruption qui se manifeste parmi l'élite dirigeante d'un pays comme le Nigéria est la conséquence directe du déséquilibre des rapports économiques entre ce pays et l'Occident. En l'absence de vraies industries et de structures économiques appropriées, cette *élite est essentiellement réduite au rôle d'intermédiaire entre les investisseurs et industriels étrangers et le gouvernement du pays.* Les 10 % ou 20 % perçus au passage représentent donc le salaire du travail que l'élite bourgeoise effectue pour le compte des pays industrialisés qui continuent à exploiter les ressources du Nigéria et à y déverser leurs produits industriels, y compris sous forme de "matières premières" pour les usines d'assemblage. A qui profite donc la corruption de l'élite dirigeante des pays africains ?
>
> L'hypocrisie doit tout de même avoir des limites. Après tout, chaque fois qu'une entreprise étrangère ou une multinationale paie 5 F de pot-de-vin à un dirigeant ou à un cadre africain corrompu, n'est-ce pas pour pouvoir récolter 100 F de bénéfice en fin de compte ? Qui entretient donc la corruption au sein de l'élite dirigeante d'un pays comme le Nigéria ? A qui profite le déséquilibre profond des structures économiques des pays africains ? (...) Les pays dominants se servent volontiers de la corruption comme d'un moyen parmi beaucoup d'autres pour maintenir leur domination du monde, en faisant des élites dirigeantes des pays dominés des auxiliaires complaisants[1]. »

Nous partageons volontiers l'essentiel de cette analyse[2]. Nous avons en effet montré que les deux tiers de la dette du

1. *Le Monde*, 25 avril 1984.
2. Cf. notamment le chapitre « Avec le Sud, ne pas perdre le Nord... ».

Tiers monde correspondent à des crédits bancaires distribués essentiellement sous la pression conjointe de l'affairisme et de la corruption. Un affairisme très attiré par les pays sous-développés, en raison de l'importance des profits qu'y permettent l'inconscience et/ou la vénalité des dirigeants. Un affairisme puissant : les principaux groupes exportateurs des pays riches sont très organisés et peuvent peser sur leurs gouvernants, puisqu'ils contribuent notablement à les installer au pouvoir en finançant leurs partis et leurs campagnes électorales. Puissance qui se concrétise par des garanties accordées à toutes leurs opérations réalisées à l'extérieur, par des États (surtout l'État français) qui ne se soucient pas le moins du monde de la situation financière des acheteurs ou des effets pervers de ce commerce sur le sort des peuples pauvres. Un affairisme si aveugle qu'il a pu conduire de grandes banques à distribuer de nouveaux prêts à des pays sous-développés, au début des années 80, alors que le service de la dette extérieure de ces pays absorbait plus de la moitié, voire parfois plus des deux tiers de leurs recettes d'exportation. Un affairisme qui cherche, aujourd'hui encore, à masquer les conséquences de ses erreurs en persistant à réclamer de nouveaux financements bancaires pour des pays manifestement surendettés. Un affairisme dont le grand espoir serait de recommencer les opérations des années 70, si lucratives pour une petite minorité, mais si contraires aux intérêts généraux communs aux pays riches et aux pays pauvres. Un affairisme assez puissant non seulement pour vicier les financements bancaires destinés au Sud, mais pour fausser l'aide au Tiers monde et orienter dans son sens les idées et les actes de la politique Nord-Sud. Un affairisme assez insensible et assez aveugle pour ignorer les dangers et les drames qui grandissent non seulement en Afrique, mais en Amérique latine et en Asie, et les menaces impressionnantes que cette évolution fait peser à terme sur les pays riches eux-mêmes...

Nous sommes également persuadés que les opérateurs économiques de l'Ouest et leurs représentants n'ont pas été les seuls à encourager la corruption dans le Tiers monde. Des politiciens et des services spéciaux ont vu dans le recours à cette méthode un système de protection contre la « menace rouge ». Mauvais calcul à terme, car la corruption est toujours un facteur d'instabilité. En minant la confiance des masses, elle conduit inéluctablement à la violence, même si Marcos hier, Mobutu aujourd'hui, sont la preuve que des régimes atteints par la gangrène peuvent résister longtemps. Au Zaïre, corrompre et durer ne semblent pas en effet — du moins pour l'instant — antinomiques. Ces réserves faites, l'« homme blanc » ne « sanglotera » pas davantage, car il n'y a rien de surprenant à constater que les pays dominants dominent, et que les grandes sociétés cherchent d'abord à réaliser des profits. Chacun joue là son rôle. En revanche, nulle part il n'est écrit que les dirigeants du Tiers monde et les élites qui les entourent aient pour fonction d'aider la machine du Nord à exploiter le Sud. Rien ne les condamnait à « toucher » de grosses sommes pour cette « collaboration » qui, vu l'ampleur des dégâts qu'elle a causés, ressemble fort à de la « trahison ».

Nous ne reviendrons pas sur les causes psychologiques de la corruption. Autant vouloir disséquer l'âme humaine. L'on pourrait disserter sans fin sur le point de savoir si l'humus du Tiers monde est plus propice à l'éclosion de ces fleurs du mal que celui des pays développés. Mais nous avons acquis une certitude : seule la démocratie — donc le pluralisme qu'elle implique, les contre-pouvoirs qu'elle suppose — permet de limiter le fléau de la corruption. Nous ne chercherons pas davantage à savoir si la corruption est une cause ou une conséquence du sous-développement : éternelle parabole de la poule et de l'œuf. Nous affirmons en revanche que le phénomène de la corruption est devenu trop important, depuis les années 70, pour être ignoré des analystes du sous-développement. La corruption n'est certes pas le seul facteur de la détresse actuelle du Sud. Il n'y aurait évidemment pas de « crise » de la dette si les prix des matières premières ne s'étaient effondrés, si les termes de l'échange ne s'étaient détériorés.

Nous avons beaucoup insisté ici sur l'Afrique. La corruption y est plus présente qu'en d'autres régions du monde, et, de surcroît, ses effets y sont le plus dramatiques, parce que les pays y sont plus déshérités, les peuples plus pauvres. Nous aurions pu encore évoquer le cas du Brésil, champion du monde de l'endettement, mais aussi en réelle « voie de développement ». Là-bas, une « mer de boue » submerge l'équipe au pouvoir, y compris le Planalto, le palais présidentiel de Brasilia... Nous aurions pu également consacrer quelques chapitres au Panama, dirigé par un escroc, et aux trois pays d'Amérique latine (Pérou, Bolivie, Colombie) dont les économies sont plus alimentées par l'argent de la cocaïne que par toute autre forme d'exportation, et où la corruption sauvage et sanglante tient souvent lieu de loi suprême... Nous aurions pu parler aussi de la Chine, submergée à son tour par ce fléau.

La corruption dans le Tiers monde est devenue telle que les organisations internationales ont commencé à réfléchir aux moyens de la combattre. Enfin la Banque Mondiale, dans son rapport de 1983, en a bien décrit les conséquences :

> « Le détournement des deniers de l'État et la perte de confiance du public sont ce qui est le plus préoccupant. La corruption sape l'efficacité du gouvernement.
>
> • A la longue, la corruption sape la confiance de la population dans les institutions publiques. Il devient alors difficile de relever la qualité de la fonction publique, l'attention du public se détourne de la situation économique pour se concentrer sur cette seule question et, dans les cas extrêmes, la corruption déclenche des révolutions (ou tout au moins leur sert de prétexte).
>
> • La recherche du pot-de-vin peut devenir pour les fonctionnaires la préoccupation dominante. Ils ne font rien pour rien et beaucoup de gens passent leur temps de façon improductive à s'assurer leurs faveurs ou à acheter leur silence. La corruption devient alors la raison d'être de l'administration

plutôt qu'une activité mineure. Dans les cas extrêmes, par exemple dans les pays gros exportateurs de stupéfiants, il arrive que l'administration de régions entières et des branches du gouvernement soient totalement corrompues.

- La corruption tend à favoriser ceux qui détiennent le pouvoir économique ou institutionnel.
- La corruption peut prendre des dimensions telles qu'elle a des conséquences économiques considérables : elle peut, par exemple, stimuler les exportations illégales de capitaux ; ou bien de gros projets sont attribués au plus offrant (qui est souvent une société multinationale) et non au meilleur.

Pour éliminer la corruption de la vie publique, il faut non seulement que le gouvernement intervienne spécifiquement, mais également que se crée progressivement, sur le plan politique et dans la population, un climat favorable à l'impartialité des institutions. De nombreux gouvernements ont entrepris de temps à autre des campagnes anticorruption, qui généralement ont rapidement avorté parce qu'elles étaient fondées sur des mesures punitives et un renforcement des contrôles, impossibles dans la pratique, alors qu'il aurait fallu prendre des dispositions pour réduire les occasions ou les raisons que les fonctionnaires ont de se laisser corrompre. On peut, par exemple, limiter la corruption en évitant les pénuries créées par l'administration (c'est ce que certaines économies à planification centrale font en acceptant l'existence de fait d'une "économie parallèle"), en réduisant les contrôles des changes et des paiements internationaux et, dans les domaines où une réglementation reste applicable ou dans lesquels l'administration conserve un pouvoir discrétionnaire, en incitant les fonctionnaires à s'acquitter convenablement de leur tâche par un système de récompenses et de sanctions. Il est généralement plus efficace, pour lutter contre la corruption, de confier à un nombre réduit de fonctionnaires bien payés la tâche de contrôler ce qui doit réellement (et peut) l'être au grand jour, que de lancer épisodiquement des campagnes. »

Concrètement, mais de manière souterraine, pour éviter les problèmes diplomatiques, Banque Mondiale et F.M.I. tentent de faire cesser les pratiques les plus honteuses, comme celles qui ont cours au Zaïre ou, plus récemment, au Gabon. Mais, depuis la crise — et surtout après la « cassure » mexicaine —, du fait de la raréfaction des flux financiers qui l'a suivie, la grande corruption a considérablement diminué. Pour une raison simple : les gros contrats sont devenus rares. Les distributeurs de crédits et les divers dispensateurs d'aide (F.M.I., Banque Mondiale, F.E.D., F.A.C., C.C.C.E., Trésor français...) ont, par des procédures plus sévères, réduit considérablement les possibilités d'évasion, tout en analysant de beaucoup plus près l'utilité des projets qui leur sont soumis. Il est vrai que les achats d'armes, de télécommunications et les contrats de travaux publics continuent encore à générer des « com »...

Si les possibilités se sont réduites comme peau de chagrin, les habitudes n'ont pas changé pour autant. Considéré dans les démocraties comme un système d'arbitrage entre les intérêts des différents groupes d'une nation, l'État, dans le Tiers monde, est le plus souvent perçu comme une machine à pomper les surplus au profit d'une petite clique réunie autour du chef de l'État. L'institutionnalisation de la corruption est si répandue en Afrique, souligne Zaki Ergas[1], professeur à l'Université de Georgetown, qu'aucun résultat rationnel ne peut être attendu de relations impliquant les gouvernements, l'administration, la justice, le législatif et l'exécutif. Rien ne peut être fait sans le paiement routinier d'un pot-de-vin « hiérarchiquement déterminé ».

Autrement dit, la corruption a introduit cette contradiction majeure : en l'état actuel des choses, on ne peut rien attendre de gouvernements qui devraient être les principaux opérateurs économiques. Non seulement l'État ne défend ni ne développe le Bien public, mais il pressure ceux qui devraient être les privilégiés : les paysans dont dépend la survie générale. A force d'être écrasée — surtout en Afrique —, cette paysannerie se révolte. Elle mène contre la ville une guerre souterraine et

1. In *African Affairs.*

larvée ; elle ne produit plus que pour ses propres besoins. Oppression et corruption sont donc très largement synonymes de menace de famine et de dépendance accrue vis-à-vis de l'extérieur.

Au-delà des effets directs de la corruption sur la richesse des pays malades, il en existe de beaucoup plus pervers, et, à terme, de plus dramatiques encore. « Le peuple se règle sur les classes dirigeantes : si les dirigeants sont réactionnaires, égoïstes et corrompus, le peuple est découragé et semble manquer d'initiative », constate un rapport de l'O.N.U. Le sentiment d'impuissance se généralise et conduit souvent à un renforcement des égoïsmes, à un sauve-qui-peut des élites non corrompues. Les frustrations engendrent toujours l'instabilité. Beaucoup de coups d'État militaires, rappelons-le, ont eu pour moteur la volonté de supprimer la corruption d'une clique au pouvoir.

L'Occident a osé mettre la question des droits de l'homme au centre de ses relations — y compris économiques, notamment du côté américain — avec les pays de l'Est. Par une extraordinaire pudeur, les mêmes gouvernements de l'Ouest, invoquant le principe de non-immixtion dans les affaires intérieures, se sont généralement interdits d'aborder ce thème avec les gouvernants des pays du Tiers monde. Comme si, pour la France par exemple, les « nègres » étaient assez développés pour qu'on leur vende le *nec plus ultra* de nos techniques, mais pas assez pour accueillir une bonne vieille technologie qui a fait chez nous ses preuves depuis deux siècles : la démocratie.

Le respect des droits de l'homme et la lutte contre la corruption sont deux facettes d'une même exigence. Le développement passera obligatoirement par la démocratisation de régimes que, pour de mauvaises raisons diplomatiques ou économiques, on n'ose appeler tyranniques et corrompus. La Déclaration des droits de l'Homme et du Citoyen reste partout d'une brûlante actualité ; en elle gît peut-être le dernier espoir pour les masses et la plupart des forces vives du Tiers monde. A l'Ouest comme à l'Est, au Nord comme au Sud, la démocratie pluraliste reste ou sera le plus moderne outil du développement.

21/6/90

Table

Cet ouvrage a été réalisé sur
Système Cameron
par la SOCIÉTÉ NOUVELLE FIRMIN-DIDOT
Mesnil-sur-l'Estrée
pour le compte des Éditions Fayard
en octobre 1989

Imprimé en France
Dépôt légal : 5244 – octobre 1989
N° d'impression : 13200

35.57.7976.09
ISBN : 2.213.022046

35-7976-0